20세기 한국민중의 구술자서전 **3.** 상인편
박현수 엮음

장사길, 인생길

"이 책은 한국학술진흥재단 2002년도 기초학문육성지원
사업으로부터 지원을 받고 출판되었습니다"

20세기 한국민중의 구술자서전 **3.** 상인편
박현수 엮음

장사길, 인생길

| 서현정 · 임경희 · 김종숭 · 염철 |

小花

일러두기

1. 책은 다음 순서로 구성되었다. 1) 책머리 2) 서론 3) 개인 생애사 구술 (①개인 약사 ② 개인 가계도 ③개인 연보 ④개인 구술) 4) 생애사 좌담회 5) 20인 연보. 단, 좌담회의 경우 본 생애사 시리즈 마지막 편인 제5편 '고향이 어디신지요?'에만 실었다.

2. 생애사 좌담회는 생애사 구술 텍스트 작업에 참여한 20명의 연구자들이 구술 생애사에 관한 논의한 내용을 정리한 것이다.

3. 20인 연보는 생애사 구술에 참여한 구술자 20인의 연보를 하나의 연대기 속에 묶어 대비(對比)한 것이다.

4. 개인 생애사 구술 부분은 구술자의 구술을 중심으로 구성하였다. 그리고 독자의 이해를 돕기 위해 연구자 영역을 두어 용어나 자료 해설 및 핵심 구술 등을 첨가하였다.

5. 개인 가계도는 구술자의 상황에 따라 생략하기도 했다.

6. 구술은 최대한 구술자의 발음을 그대로 살렸으며 부분적으로 잘못된 사실관계나 이해 불가능한 내용은 연구자가 바로잡았다.

7. 개인 구술 중 (   )는 구술자의 몸짓이나 표정 묘사, 사투리 해제 및 설명을 위한 부호이며 [   ]은 구술에서 생략된 말이나 이해를 돕기 위해 연구자가 첨가한 말의 부호이다.

8. 전문 용어나 부연설명이 필요한 단어들은 각주처리하였다.

장삿길, 인생길

지금 아니면 안 되는 일:
民衆生活史의 記錄과 解釋

遠近法의 必然性

한국의 인문학도들이 몇 해 전에 가까운 옛날의 民衆生活을 記錄하고 解釋하자고 모여들게 된 것은 사회나 문화 變動의 過速에 대한 현기증을 참을 수 없었기 때문이다. 물론 어느 시대에나 사람들은 자기네 시대가 급속히 변하고 있다고 생각했다. 공자는 급변하는 시간이 사람을 타락시키고 있다고 하여 걸핏하면 "古之君子는…" 하였다. 인류 역사에서 변화를 심각하게 느낀 것은 19세기의 서구인들이었을 것이다. 우리의 선조들이 변화하는 것을 '세상' 또는 '風俗'으로 파악할 때 서구인들은 그것을 '社會' 또는 '文化'라고 하였다.

그러나 오늘날의 변화는 어느 시대, 어느 사회에서나

느꼈던 그러한 변화가 아니다. 변화는 사회나 문화에 그치지 않고 자연에서도 일어나고 있다. 인류의 역사와 비교할 수 없을 만큼 유구한 역사를 가진 까치나 감나무를 보라. 해류나 기후를 보자. 자연이나 생태의 변화도 결국은 인간의 문화변동의 결과에 지나지 않는다.

碧初의 『林巨正』을 처음 읽은 1970년대에, 나는 30년대의 그 벽초가 1970년대보다 1500년대에 더 가까운 사람이 아닌가 생각하였다. 그러나 지금은 그 70년대조차 16세기에 더 가까웠던 것이 아닌가 생각하게 된다. 우리가 살아온 이 시대는 그만큼 중요하다. 변화의 주체였던 우리와 우리 부모도 그렇다.

그러나 우리와 우리 시대는 합당한 대우를 받지 못하였다. 공간적으로나 시간적으로나 사회적으로나 가까운 것은 별로 관심을 끌지 못하였다. 원래 가까운 것이 크게 보이게 마련이다. 원근법 없이는 살 수도 없다. 遠近法은 회화의 表現技法일 뿐만 아니라 우리의 事物認識 方法이기도 하다. 그것은 공간에만 적용되는 것이 아니다.

단위시간당 역사교과서에서 차지하는 페이지 숫자는 확실히 가까운 시대가 많다. 그렇다고 해서 우리의 시대, 20세기가 제대로 대접받고 있는 것은 아니다. 현대사의 중요성을 주장하는 것은 일반 원근법 때문만이 아니다. 20세기의 특수한 의미가 이런 주장을 강요하는 것이다.

시간적, 사회적, 문화적 원근법은 우리에게 現代 生活歷史 작업을 요구한다. 홉스봄에 의하면 진정한 역사는 사

회역사(history of society)여야 하며 그것은 역사의 하위 부
분 또는 특수 분야로서의 사회사(social history)이기를 거부
해야 한다. 이러한 명제는 우리가 구체적으로 추진해야
할 역사 연구에도 그대로 적용되어야 할 것이다. 역사란
생활역사(history of life)일 수밖에 없으며 그것은 결코 기존
역사(학)의 部分(學問)일 수 없을 것이다.

우리가 지향하여야 할 생활역사라는 거창한 개념은 오
늘날의 긴박한 상황에 구체적으로 적용되어야 한다. 그렇
다면 현 시점에서 우리가 현재의 사회와 문화를 이해하고
기존 역사학이 채 수행하지 못한 현대사 연구에 기여하기
위해 해야 할 일은 무엇인가 생각해 보자. 가까운 것에 대
한 경시와 아울러 개발의 열기 및 세대간의 傳承空間 축
소가 植民地時代와 6 · 25 시대의 자료를 말살하고 있다.
모든 학문이 경계를 넘어 해야 할 중요한 것은 이 시대를
위해 앞선 시대의 자료를 남기고 다음에 올 시대를 위해
이 시대를 증언하는 일이다.

過去事와 歷史談論

최근 한국에서 일어난 현대사에 대한 관심은 歷史라는
말과 過去事라는 말을 구분시켜 주고 있다. 또한 역사를
역사학의 학문영역에서 시민사회의 영역으로 풀어 주고
있다. 이제 차츰 역사란 특정계급만의 것이 아니라는 생
각이 대중화되고 있다. 人類學은 이른바 역사 없는 사람
들에 대한 연구에서 출발하였지만, 자의식적인 자기 성찰

로 역사에 접근토록 하였다. 인류학의 역사 연구는 특히
한국 생활역사 연구에 많은 것을 보여 준다.

역사가들이 역사를 서술(historiography)할 때 인류학자들
은 문화를 서술(ethnography)하였다. 역사가들이 他時代의
무한한 事象에서 취사선택하여 역사를 구성한다면 인류
학자는 他文化 또는 他民族의 무수한 사상을 취사선택하
여 에스노그라피를 작성한다. 그런데 두 가지 작업은 독
립된 별개의 작업일 수 없다. 역사는 여러 사회에서 나름
대로 문화적으로(문화에 의해) 짜여진다. 그 逆의 명제도
타당하여 문화의 틀은 역사적으로 짜여진다. 문화란 본질
적으로 과거의 소산이며 과거에 대한 담론은 문화 속의 중
요한 부분이다. 그것은 거기에 그냥 있는 것이 아니라 여기
서 엮어내는 것이다. 역사 연구는 문화 연구일 수밖에 없
으며 문화 연구와 역사 연구를 구별하는 것은 무의미하다.

문화 연구를 위해서나 역사 연구를 위해서나 우리가 우
선적으로 연구하지 않을 수 없는 것은 한국 현대 생활 역
사다. 한국 인류학의 경우 긴급한 것은 가까운 과거에 관
한 연구다. 한두 세대 전의 사회와 문화에 대한 연구의 경
우에도 역사학은 문헌을 중요시하는 나머지 유물과 유적,
그리고 구전 자료 발굴에 소홀하였다. 이러한 작업이야말
로 인류학이 주도적으로 수행할 과제다. 여기서 중요한
당면 연구과제로 등장하는 역사란 過去之事 그 자체를 말
한다.

누구나 땅 자체와 이를 묘사한 地圖를 별개의 것으로

인식하고 있으며 文化 자체와 그것에 대한 敍述인 에스노그라피를 구별한다. 하지만 過去之事 그 자체와 이에 대한 서술을 歷史 또는 history 등의 이름으로 同一視하거나 혼동하는 일은 흔한 일이다. 공간이 극복될 수 있는 데 반하여 시간은 극복될 수 없으므로, 땅이나 문화는 지도나 에스노그라피 없이도 확인할 수 있지만 과거지사는 이에 대한 서술 없이 확인하기 어렵기 때문일 것이다. 그러나 적어도 개념상 양자는 구별되어야 한다. 역사라는 말로 표현되는 두 가지 개념, 즉 존재로서의 역사(Geschichte), 즉 과거지사와 인식으로서의 역사, 즉 역사담론(History)이 동일시 될 경우에는 역사가의 책임회피가 쉬워지기 때문이다.

흔히 역사는 언제나 새로 써야 한다고 주장한다. 그러나 역사 서술이 一回用이라면 이와 과거사의 관계는 어떻게 되는 것일까. 역사허무주의를 최소화하자면 "써야 한다"를 "쓸 수 밖에 없다"라고 수정하여 M. 블록이나 E. H. 카를 수용해야 할 것이다. 불가능한 줄 알더라도 과거의 실체에 도달하려 노력하는 것이 필요하다. 우리는 어떠한 에스노그라피도 한 문화의 실체에 이르지 못한다는 것을 알면서도 이에 접근하려 노력하는 것이다. "모든 역사는 동시대의 역사"라고 한다면 모든 에스노그라피는 자기 민족, 자기 문화의 에스노그라피일 것이다. 그것은 "자기 문화와 타문화의 대화"일 것이다. 모든 대화가 상대방에 대한 실체 확인을 바탕으로 하듯, 역사와 민족지는 대상 시대와 대상 문화에 대한 정확한 인식 없이 성공할 수 없다.

　실증주의 사학의 보수성에 대한 역사학계의 반발은 근래에 과거가 '어떠하였는가' 라는 문제보다 '어떻게 보고 있는가' 라는 문제에 비중을 두게 하였다. 이러한 경향과 무관하지 않겠지만 인류학에서도 사람들은 세상과 옛날을 '어떻게 이야기하는지' 밝히려 애쓰고 있다. 과거사에 대한 인식과 이의 서술은 문화의 중요한 항목인 만큼 이러한 노력은 한국 문화 연구의 중요한 공백을 채우는 작업이다.

　그러나 한국 인류학의 현 단계에서 기대되는 것은 (타자로서의) 원주민들의 신화나 민중의 역사 인식을 찾는 에스노히스토리(ethnohistory)의 전통을 극복하여 과거사 규명에까지 나아가는 것이다. 현장의 자료를 중시하는 인류학은 스스로 역사를 기록하지 못하고 기록되지도 못한 '역사없는 사람들' 의 역사 담론은 에스노히스토리라는 이름으로 연구하여 왔다. 그러나 이제는 이들의 역사를 ethno~가 아닌 진짜 history로 복권시키는 일이다. 자신들의 역사는 과학적이고 믿음직하지만 문자 기록이 없는 연구 대상자의 그것은 신화적이며 믿음직하지 못하다는 생각에서 딴 이름을 붙이는 것이야말로 에스노센트리즘의 노출이다.

조금 떨어져 바라보기

　지난 2년 반 동안 연구단은 결코 적지 않은 일을 하였다. 시민사회와 인문학의 발전을 위한 이 유례 없는 작업은 장시간에 걸친 기획을 요구하였다. 그러나 시대의 증인과 물증의 취약성 때문에 현장출동이 더 강조되었다. 엄밀한 준비를 위한 지연은 자체모순일 수밖에 없기 때문이었다.

작업 자체도 실험적이었지만 연구 작업의 진행과 연구단 운영 방법도 실험적일 수밖에 없었다. 컨소시엄의 규모도 컸지만 이를 구성하는 단위의 숫자도 많았던 것이다. 서울에서 후쿠오카에 이르는 넓은 분포지역도 여러 가지로 실험적 조건이 되었다.

음성 영상 아카이브를 지향하는 이 작업은 조사지역에 대한 공간 파악으로 시작되었으며 차츰 각종 생업군에 대한 조사로 전개되었다. 여러 성격을 지닌 대표성 있는 증인들의 생애사 조사 작업은 차츰 작업의 중심 영역이 되었다.

그 동안에도 쉬지 않고 20세기 민중생활사를 보여 주는 물증들은 사라져 갔으며 증인들은 세상을 떠났다. 가까운 옛날의 사실들은 여전히 왜곡되거나 외면당했다. 복원이라는 이름으로 청계천이 파괴되었다.

오래된 역사 연구와 가까운 시대의 역사를 연구하는 데에는 방법상의 차이만 있는 것이 아니다. 우선 고대의 역사에 비하여 가까운 과거의 역사는 직접적인 이해 당사자가 많아 연구에 어려움이 생긴다. 예컨대 친일 문제라든가 양민 학살 문제 또는 광주사건 연구가 어려운 것은 사료의 부족뿐만 아니라 관계자들의 압력 때문이기도 하다.

잠재적으로 많은 증인이 있더라도 이들의 작용은 부정적일 수 있는 것이다.

눈앞에서 벌어지고 있는 역사왜곡과 그에 대한 외면은 20세기 역사에 대한 또 다른 필요성을 깨우쳐 준다. 역사왜곡뿐만 아니라 20세기 역사 자료, 특히 민중생활을 보여 주는 자료의 급격한 소멸은 우리에게 위기를 느끼게 한다. 이런 위기감은 정체감의 상실을 불러온다. 정체감이란 나의 경험을 사회와 시대의 역사 속에 자리잡게 하는 것이기 때문이다.

지난 2년 반 동안에 20세기민중생활사연구단은 시민들과 지식인들의 관심 속에 실험적 작업을 해 왔다. 이제 작은 매듭을 지어야 할 때다. 이제 스스로를 돌아보고 자기를 성찰함으로써 학계로부터 주어진 일, 시민사회로부터 맡았던 일들이 보람되도록 해야 할 것이다.

이에 우리는 이번 심포지엄을 연구단의 협력기관이 있는 후쿠오카에서 개최하게 되었다.

우리는 20세기와 한국과 민중과 생활로부터 조금 떨어져 그 대상을 원경으로서 살펴보고 또 우리 자신의 모습을 돌아보려 하는 것이다. 이러한 疏隔은 조금이나마 觀照(theoria)를 가능케 해 줄 것이다. 볼리바르는 가까이서 관찰하고 떨어져서 판단하자고 했다. 우리의 소격은 어디까지나 密着觀察을 위한 것이다. 어려운 시대가 왔다고들 이야기한다. 가까운 관찰은 어려운 때일수록 필요하고 힘든 때일수록 성공한다.

현대 생활역사의 物證

우리가 현대 생활역사, 특히 민중의 생활역사를 구성하는 데에 있어서 가장 기본적인 자료는 물적 증거일 것이다. 현대생활에 관한 문자기록이나 서술이 기본적으로 심증적인 언증(증언)일 수밖에 없는 데 비해, 유물이나 유적은 일단 物證이기 때문이다. 물증도 잘못 해석될 수 있지만 그 자체로서는 거짓이 없기 때문에, 보수적인 많은 역사학자들이 보조적 사료로서 평가 절하함에도 불구하고 중요하다.

문헌사료보다 더욱 가치 있는 것이 물증적 사료이지만 그것은 한국 역사학으로부터 제대로 이용되지 못하고 있다. 따라서 이런 증거들은 인멸되기 일쑤다. 더군다나 개항기 이후 일제 강점기에 이르는 유물, 유적은 순수성을 인정받지 못하여 제대로 그 가치를 인정받지 못하고 있다. 이들이 제대로 보존되지 못하는 것도 이 때문이다. 식민지 시대의 체험을 떠나 오늘의 한국을 설명한다는 것은 어불성설이다. 식민지 시대를 부정한다는 것은 역사 왜곡이며 과거 은폐다.

물증에 의해 과거의 사회와 문화를 복원한다는 고고학도 요즈음 개발의 치닥거리에 바쁜 데다가 오래된 것일수록 중요하게 다루는 전통에 빠져 있어 가까운 과거에는 눈 돌릴 겨를이 없다. 뒷날에 이 시대는 고고학 자료의 공백기로서 기록될 것이다. 어차피 전해오는 삼국시대, 고려시대, 조선시대의 물증은 앞으로도 보존되겠지만 인멸되

어버린 이 시대의 물증은 어떻게 할 것인가. 골동 애호가
는 물론 학계로부터도 아무런 대접도 받지 못한 채 사라
져 가는 한두 세대 전의 유물 유적은 영화나 방송 드라마
제작자들의 관심밖에 끌지 못하고 있는 것이 사실이다.

현대 한국의 생활역사에 대한 본격적 관심은 한국보다
외국 인류학자나 박물관에서 잘 나타난다. 한국 농가 한
채를 완벽하게 실어간 외국 인류학자나 현대 한국의 일상
적 물질 자료를 체계적으로 수집, 정리한 외국 박물관은
우리들로 하여금 식민지적 상처를 재발시키게 한다.

현대 생활역사의 물증에 대한 우리의 천대는 민중 계급
에 관한 경우에 더욱 심하게 나타난다. 예컨대 서적의 경
우를 보자. 서정주의 시집은 보존되지만 유행가 책은 보
존되지 않는다. 『사상계』나 『현대문학』 등은 전질이 보존
되어 있지만 『아리랑』이나 『야담과 실화』 같은 책을 누가
보존하고 있는가. 당시 민중의 정서에 미친 영향력을 볼
때 미당의 시집과 세로보다 가로 길이가 길었던 삽화가
실렸던 유행가 책, 어떤 쪽이 보존 가치가 더 큰지는 쉽게
말할 수가 없다.

우선 개괄적인 유물 · 유적 종합조사부터 실시되어 인
멸과 파괴로부터 보존해야 한다. 도시 개발을 위한 환경
평가의 일환으로 이루어지는 고고학적 조사에 당연히 현
대생활역사를 대상에 포함시키거나 별도의 조사 작업을
설정해야 한다. 개발을 위한 파괴가 불가피한 경우, 지역
주민들의 생활에 관한 조사가 선행되는 것은 너무나 당연

한 일이다. 그것은 사라져 가는 것에 대한 예절일 뿐만 아니라 우리와 부모에 대한 자존심이기도 하다.

서울의 경우, 6 · 25 이후에 형성된 판자촌이나 청계천의 영세 봉제 공장은 물론 신문로의 호화 주택도 보존되어야 하였다. 가회동이 어느 정도 보존되는 것은 그것이 조선시대의 주택을 보여 준다고 생각되기 때문이다. 군산의 일제 건물은 물론 서울 보문동의 과도기 한옥도 조사, 연구되어야 한다. 한국의 초기 산업혁명을 상징하며 농촌의 공업을 대표하는 정미소, 식민지 지배자로 군림하던 일본인들의 주택들도 보존되어야 한다. 이들이 사라지고 나면 가까운 장래에 없어진 이것들을 복원한다고 막대한 자원과 인력이 허비될 것이다.

복원이라는 이름의 공사는 역사복원을 방해한다. 그것은 가벼운 구경거리를 제공하는 데 그쳐야 한다. 진짜 복원은 무형의 복원이어야 한다. 복원은 필요 충분한 근거를 전제로 한다. 그것들을 결여한 유형의 복원은 날조일 수밖에 없다. 황룡사 복원 논의는 많은 것을 시사한다. 보존 없는 복원이란 난센스다.

고고학이 선사고고학과 고대사, 역사고고학에 머문다면 이러한 現代生活에 대한 '歷史考古學' 또는 '考現學'的 작업들은 연구 대상의 성격과 방법론적 특징 때문에 인류학이 단독으로 감당할 수밖에 없을 것이다. 그러나 한국의 인류학도들은 인류학의 한 분야인 물질문화 연구에 별로 관심이 없다. 이 분야에 대한 연구는 시급한 과제인 만큼 연구인력의 양성도 집중적으로 추진되어야 할 것이다.

사진은 책과 마찬가지로 정보를 담고 있지만 시각적 매체다. 시각적 정보를 담고 있는 사진은 사라진 사물에 대한 물증이 된다. 한 장의 사진에서 읽어 낼 수 있는 정보의 양은 피사체와 그 배경에 대한 지식에 따라 달라진다. 지난 백년간 한국인들은 공적으로나 사적으로나 적지 않은 사진을 찍히고 찍었으며, 이를 보존하고 있다. 그러나 세월이 지나면서 이를 제대로 판독하고 해석할 능력을 갖춘 사람들은 사라지고 있다. 개인적으로 간직하고 있는 사진들을 발굴해 내고 이를 수집, 정리하여 치밀하게 판독, 해석하고 과학적으로 보존하는 일은 현대 생활역사 연구를 위한 필수적 작업이다. 봉투에 담아 장롱 속에 넣어 둔 사진, 액자에 담아 안방 입구 높은 곳에 걸어 둔 사진, 그리고 인쇄된 학교 졸업 앨범은 그냥 추억거리로 남겨 두기에 너무 아까운 것들이다.

歷史小說과 現在小說

일찍이 洪以燮은 소설이 갖는 사료로서의 가치를 높이 평가한 바 있다. 그 가치는 현대 생활역사 연구의 경우에 특히 강조될 만하다. 우리는 소설의 작자가 자기 시대를 직접 다루었을 때 그 작품을 현재소설이라 하며 동시대가 아닌 과거를 다루었을 때 역사소설이라 부른다. 그러나 문화와 역사가 양립할 수 없고 과거와 현재가 二分法的으로 구분될 수 없다면 역사소설과 현재소설도 단절되는 것이 아니다. 역사기록이나 민족지는 사실 서술을 지향하는 데 반하여 敍事文學 작품은 사실주의적 소설을 표방하는 경우에도 픽션이라는 울타리 안으로 피신할 수 있어, 양자의 자료적 가치는 일단 구분된다. 하지만 역사 기록에도 史料批判이 필요한 것은 신뢰도에 문제가 있기 때문이다. 기록과 소설의 사료적 가치는 연속선을 이룬다. 역사 기록의 사료비판이 참되지 못한 부분을 가려내는 작업이라면 문학 자료의 사료비판은 참된 자료를 골라내는 작업이 되어야 할 것이다.

현대생활역사를 총체적으로 구성하는 데에 나타나는 자료의 공백을 채우고 그 시대의 전체적 에토스를 이해하는 데에 소설은 중요한 자료가 된다. '典型性'을 추구하는 문학작품들은 다른 자료들에 비하여 문화적, 사회적 事象을 밀도 높게 정제하고 있는 경우가 많다. 특히 자료의 原初性이라는 시각에서 볼 때 역사소설보다 중요한 것은 작가 자신이 살았던 사회와 시대를 배경으로 하여 집필한 현재소설 작품이다. 追體驗보다는 直接體驗이 진짜에 가까운 자료를 제공하기 때문이다.

1930년대 지방도시 소시민을 그린 蔡萬植의 "濁流"를 분석한 洪以燮은 자신이 '조선 사회를 역사적으로 보는 의식의 한 소재로서 채만식의 문학'을 보았지만, '역사 증거로 채만식의 현실인식을 추구'했어야 했을 것이라고 말하여 Lukacs의 "역사소설론"에 접근하고 있다. 역사학

자 홍이섭조차도 작가정신이라든가 역사인식, 현실인식
을 중요시했으나 지금 우리에게 소설 자료가 중요한 것은
그러한 인식 자체보다 인식의 대상이 된 역사적 사실과
현실에 대한 자료다.

6 · 25를 전후한 시대에 대한 증언으로서 권정생, 하근
찬, 박경리, 박완서, 박정요 등의 작품과 이보다 앞선 일제
강점기를 그린 이기영, 채만식, 염상섭, 박태원, 최서해 등
의 작품을 이용하기에 앞서 우리는 자료적 부분과 허구적
부분을 구분해 놓아야 한다. 그러나 이러한 작업은 동시
대 사람이 아니면 어려운 일이다. 작가 자신의 설명과 同
時代에 同社會를 살아온 사람들의 텍스트 분석이 필요하
다. 이러한 작업이 시급한 것은 이러한 사람들도 생명에
한계가 있기 때문이다.

口述史의 중요성과 인류학적 방법

애당초 지배계급의 전유물이었던 문자는 나아가 물신
화되었으며 문자 자료는 구술자료보다 진정한(authentic)한
것으로 평가받게 되었다. 따라서 기록되지 않은 사회의
역사는 Geschichte건 Historie건 이를 ethnohistory라 하게
되었으며 문자 아닌 구술 전기는 biography라는 말 대신
에 생애사 또는 생애담(life history)이라는 말로서 차별해
왔다. 역사 기록이 없는 사람들의 역사를 구성하자면 구
전자료를 문자자료와 동등한 가치를 가진 것으로 인정해
야 하며 생애담은 문자로 정착된 전기와 동등한 대우를

받아야 한다. 자료의 원초성이라는 관점에서 보자면 꾸밈 없는 이야기로 된 구전 자료의 가치는 작위적인 문자 자료의 가치보다 앞설 수도 있다. 우리는 5 · 18 당시의 '유비통신'이나 '카더라 통신'과 제도권 언론의 보도 내용의 차이를 통해 이러한 사실을 확인할 수 있었다. 더군다나 역사상 중요한 결정이나 명령은 문서보다 말로 이루어지는 경우가 많다. 예컨대 일제시대와 6 · 25 전쟁이 한국 민중에게 무엇이었으며 그것은 현대 생활에 어떠한 조건으로서 작용하였는가. 역사문헌은 이러한 생활역사 구성에 별로 도움이 되지 않는다. '노근리 사건' 같은 事件史조차 전쟁 기록을 통해 밝힌다는 것은 불가능하거나 아니면 터무니없이 답답하고 힘든 일이다.

歷史라는 두 글자의 단어에는 원래 문자 기록이라는 의미가 강하게 내포되어 있었다. 그러나 이 말은 이제 '히스토리'의 번역어로 쓰이고 있으며 이 단어의 뿌리인 historia라는 그리스 말은 원래 이야기라는 뜻이니까 구술 자료일 수밖에 없었다. prehistory니 protohistory니 하여 히스토리를 문자 기록에 국한 시킨 것은 근래의 일이다. 원래의 뜻에 따른다면 구술된 역사를 그냥 history라 해야 하고 기록된 역사를 written history라 해야 할 것이다. 그렇다면 구술사라는 말이 없어지고 기록사라는 말이 생겼어야 할 것이다.

기록된 역사에서 가장 많은 부분을 차지하는 것이 개인의 전기인 만큼, 앞으로 수집되길 기대되는 구술사 자료

도 대부분이 구술 전기(라이프 히스토리)가 될 것이다. 구술
된 개인의 역사 또는 전기들은 제각기 하나의 과거사를
여러 관점에서 보여 주어, 이야기가 "羅生門" 식으로 전개
될 수밖에 없지만 이 점은 구술된 전기만의 문제가 아니
다. 문자로 기록된 전기도 다를 것이 없다. 또한 구술 역사
나 구술 전기에는 과거의 사실과 현재의 관점이 어울려
과거사가 그것 자체로서 서술되지 못하는 경우도 많다.
하지만 이 점도 기록된 역사와 다를 바가 없을 것이다. 문
자 기록과 구술 사이의 차이는 본질적인 것이 아니다.

  우리는 기록되지 않은 부분을 찾아내어 이를 구술사 자
료로써 채워야 할 뿐만 아니라 구술사 자료를 주된 자료
로 삼아 역사를 다시 인식하고 서술해야 한다. 이를 위해
시급한 작업은 직접 생활 터전에 나아가 자료를 수집하는
일일 것이다. 현대사의 중요한 사건들과 그런 사건 속에
서 개인이 겪은 외상들은 자료 수집에 좋은 조건이 된다.
더군다나 책 한 권으로는 어림도 없다고 생각하는 할머니
들의 '신세타령' 은, 그것이 '자서전' 으로서 복권되는 한,
한국 현대 생활역사 자료의 무한한 재고목록을 이룰 수
있을 뿐만 아니라, 歷史의 民主化에도 크게 기여할 것이
다. 현재 전국에 무수한 잠재적 구술사 자료가 있듯이 인
류학을 비롯한 인문, 사회과학계에는 적지 않은 학문 예
비군이 있다. 위기에 처한 기초학문을 살리고 한국의 인
문 사화과학을 독자적인 것으로 발전시키는 길의 하나가
현대 생활역사의 발굴과 그 결과물의 연구에 있을 것이다.

현대생활역사의 물증들이 인멸되고 있듯이 증인들도 사라지고 있다. 일본의 岩波書店이 "私の昭和史"라는 제목으로 개인사 자료를 공모한 것은 소화시대가 끝난 직후였으며 S. Terkel은 대공황 40년 뒤에 이에 관한 구술자료 *Hard Times*를 엮어 냈지만 6 · 25는 50년이 되었으며 일제강점기가 끝난 시점도 60년 전이다. 우리가 수집할 수 있는 직접체험 자료의 上限은 기껏해야 70년 정도다.

이제까지 적지 않은 회고록과 전기류가 간행되었고 '논픽션'이라는 사건 기록들도 나왔다. 그러나 대부분이 자기의 처지를 변호하는 명사들의 것이거나 큰 사건의 뒤안길을 이야기하는 데에 그치고 있다. 일단 문자로써 스스로를 표현할 수 있는 계급의 기록이라는 데서 한계가 주어진다. 민중 생활의 역사를 내세우는 "~어떻게 살았을까"류도 총체적 접근과 거리가 멀고, 문헌주의를 벗어나지 못했다. 이런 문제를 극복하여 사람들의 생활 모습을 빠짐없이 겹침 없이 밝히자면 조직적으로 상당히 많은 수의 증인을 채택하여 각 증인의 전기를 체계적으로 채록하여야 한다. 우선 순위는 자료수집에 있다. 자료의 비판과 해석, 그리고 편집과 텍스트의 문자화 작업은 자료 수집을 바탕으로 하기 때문이다. 소수의 대상에 대한 집중적 자료 발굴은 결코 안전한 방법이 아니어서 O. Lewis의 *Five Families*에서 보이는 바와 같은 조사 방법은 일단 유보할 수밖에 없다. 시급한 상황에서 그런 방법에는 너무 큰 위험이 따르기 때문이다.

이 과정에서 필요한 것은 그 내용의 콘텍스트에 대한 이해다. 이런 이해를 위해서는 문헌사학의 성과에 의존하지 않을 수 없을 것이다. 문헌주의 역사학과 마찬가지로 경계해야 할 것이 문헌을 무시한 채 유물, 유적과 구술 자료에만 의존하는 에스노히스토리의 전통이다. 적지 않은 문헌이 이용 가능한 만큼 한국의 현대사 규명을 위해서는 이의 이용이 필요하다. 구전자료 이용에는 철저한 준비 작업이 필요하다.

結語

바야흐로 세기가 바뀌었다. 세월이 비연속적으로 진행할 수 없다면 세기의 전환이란 별 의미가 없는 것이다. 그러나 시간의 매듭은 우리가 못 다한 일을 마무리할 기회를 준다. 한 시대를 정리하지 않고 다음 시대를 준비한다는 것은 있을 수 없는 일이다. 새로운 세기에 들어서는 이 시점은 늦었지만 더 늦기 전에 우리가 살아온 시대를 증언하고 그 시대의 증거를 지킬 것을 요구한다. 볼테르는 18세기에 역사가 손가락으로 꼽을 수 있는 소수에 관한 기록에 머무는 것을 개탄했다. 20세기에 들어와 역사학은 보통 사람들의 일상생활에 주목할 것을 주장하였다. 그러나 대다수 민중들의 비근한 생활 모습은 여전히 역사에서 물러나 있다.

어느 시대에나 사람들은 자기 시대가 가장 급변한다고 보았지만 우리가 겪은 백년 세월은 진정 미증유의 세기였다. 이 시대의 자취를 보전하고 역사에서 소외된 보통 사람들의 역사를 그들의 입을 통해 받아내는 일이야말로 오늘의 우리가 피할 수 없는 무겁지만 영광된 사명이다. 역사학과 달리 인류학은 발생 초기부터 역사 없는 사람들을 다루어 왔다. 역사 있는 민족이 역사 없는 민족을 연구하고 역사 있는 계급이 역사 없는 계급을 조사했다. 그러나 이제는 역사 없는 민족이란 허구이며 그들은 제국주의에 의해 역사를 빼앗긴 것이라고 생각하게 되었다. 역사로부터 소외되어 온 계급의 역사를 새로 구성하려 하고 있다. 그러나 역사를 빼앗긴 채 살아온 사람들의 역사를 대신 기록한다는 자세에는 문제가 있다. 우리는 그들이 스스로의 역사를 표현할 기회를 마련하여 주고 이를 정리할 각오를 해야 할 것이다.

현대생활역사를 연구하거나 이를 위해 자료를 수집 보존하는 일에는 엄격한 방법론적 준비가 선행되어야 한다. 그러나 대상은 방법에 선행한다. 방법은 목적 또는 대상에 의해 결정된다. 목적지가 길을 규정하는 것이지 길이 목적지를 정해 주는 것은 아니다. 매일 없어지는 물증과 증인은 우리에게 탁상의 논의를 허용하지 않는다.

엮은이 20세기민중생활사연구단장

박현수(영남대학교 문화인류학과)

20세기를 산 민중들의 구술생애사: 그 의미와 특징

구술생애사의 의미

20세기민중생활사연구단은 한국학술진흥재단의 2002년도 기초학문육성사업의 지원을 받고 지난 2년 동안 민중들의 이야기를 모아 왔다. 출범 당시 연구단이 내건 기치는 지난 세기를 살면서 격동의 역사 속에 묻혀 있었던 사람들에게 역사를 돌려주고자 하는 시대적인 소명의식이었다. 세계사에서도 유례를 찾기 힘들 만큼 변화를 겪으면서 살아온 우리 민중들의 삶을 되돌아보는 중요하고도 의미 있는 기회였다.

민중생활사연구단에서 중점적으로 모아 온 자료는 구술생애사이다. 구술생애사란 사람들이 자신들의 생애를 이야기하는 것을 말한다. 왜 이 방법이 민중생활사연구의 중심에 서게 되었을까. 첫째는 민중을 행위의 주체로, 나아가서 역사의 주체로 이끌기 위해서는 스스로의 이야기를 통해서 가능하기 때문이다. 지금까지 역사의 객체로만 머물러 있던 한국의 민중들을 역사의 주체로 바라보는 연구단의 시각은 역사학의 입장에서 보아도 일보 전진된 것이다. 이러한 시각을 대안적 역사라고 부르기보다는 올바른 역사 연구의 실천이라고 보아야 한다. 그러므로 민중이 스스로 하는 이야기는 그 자체가 역사로 기록되는 과정이다.

둘째는 20세기 초반에 태어나서 그 이후의 역사를 증언할 수 있는 사람들이 벌써 풍전등화 같은 존재가 되어버렸다. 고령이나 질병 등으로 곧 역사의 무대에서 사라질 날이 얼마 남지 않았기 때문이다. 한시라도 빨리 만나서 이들의 경험담을 듣는 일이 시급하다.

셋째는 새로운 역사 연구 방법의 창안이라는 점에서 의미가 있다. 기존의 역사 연구에 있어서 구술사 채록은 보조적인 자료수집의 한 방법이었을 뿐이었다. 그러나 민중들이 경험한 기억을 구술한 내용을 하나의 사료로서 끌어올리는 작업은 기록의 역사 못지않게 필요한 영역이다. 그래서 연구단에서는 구술사를 긍정적으로 인식하면서 구술자료의 신뢰도와 타당도를 높이는 일에 힘을 기울이고 있다. 예를 들면, 구술된 내용의 사실 여부를 확인하는 작업을 충실히 하고 있다.

넷째는 구술생애사는 구체적이고 상세한 내용을 놓치

지 않음으로써 다른 자료에서 구할 수 없는 사실을 밝힐 수 있다는 장점이 있다. 더욱이 전체사의 흐름 속에서 한 개인이 겪은 미시적인 생애사는 역사의 실제를 만나도록 해 준다. 경험과 기억의 장치를 통과하여 나오는 구술생애사는 특정한 정치적 이념에 의해서 기록된 역사도 아니고, 이론적 틀에 맞게 쓰여지는 역사는 더 더욱 아니다. 단지 한 개인의 삶 전체를 통해서 역사적 실재를 만나게 될 뿐이다. 때로는 치열하게 부딪치면서, 때로는 초월자처럼 담담하게 살아온 한국 민중들의 삶을 있는 그대로 그릴 뿐이다. 이것이야말로 이론, 논리, 그리고 이념을 뛰어넘어 조우할 수 있는 역사적 진리가 아닐까 하고 생각한다.

마지막으로 구술생애사는 일방통행식의 연구가 아니라 상호교류가 강한 공동작업이라는 점에서 민중생활사연구에서 꼭 필요한 방법이다. 민중을 이해하기 위해서는 연구자가 정해 놓은 틀이나 작업가설 등에서 벗어나야 한다. 다시 말해서 구술자와 면담자가 만나서 함께 말하고 듣고 기록하는 공동작업을 통해서 역사를 새로 기록하는 일이다. 이 작업에서는 구술자는 되도록 자신을 객관화시키면서 신뢰성이 높은 이야기를 하는 자세가 필요하다. 면담자도 개인적인 욕심을 줄이고 상대편의 입장에 서야 한다. 면담자들이 원하는 방향으로 질문을 유도해서도 안 된다. 한편으로 면담자는 직업적인 감수성을 총동원해서 구술의 상황—목소리, 눈빛, 손짓, 몸짓 등—을 빠뜨리지 않고 구술사 채록 속에 넣어 두는 일도 중요하다. 이야기의 컨텍스트가 그 내용이 제대로 전달되도록 돕기 때문이다.

연구단의 구술생애사 채록 작업은 한국 민중들의 실제 경험을 역사화하는 일이다. 이 방법은 면담자 혹은 연구자의 입장에서는 쉽지 않은 작업이다. 구술자들을 만나야 하고, 함께 이야기를 끌어내고, 기록하는 등의 어려운 과정을 거쳐야만 한다. 그럼에도 불구하고, 민중들의 구술생애사는 지금까지 소홀히 다루어져 온 민중들의 삶을 조망하면서 새로운 역사쓰기로 나아가기 위한 초석이 될 것이다.

구술생애사 내용의 특징

스무 명의 연구자들이 만난 스무 명의 민중들의 삶의 모습은 그야말로 각양각색이다. 결국 마흔 명의 작업이기에 일사불란하게 구분을 지워서 통일된 내용과 형식을 갖추어서 낱권으로 만들어 내기는 어려웠다. 각 화자와 청자의 입장이 다르다는 점을 존중해 주어야만 구술생애사의 진면목이 살아난다. 또 한 개인의 생애가 마치 파노라마처럼 펼쳐지기 일쑤여서 이들을 특정한 집단에 분류하는 것도 어렵다. 예를 들면, 농사를 지으면서 이십 년, 장사를 몇 년 하다가 품팔이 노동을 하면서 이십여 년, 그 후 다시 농촌으로 돌아가서 농사를 짓는 일도 드물지 않다. 이러한 민중들의 생애를 어떤 기준을 가지고 분류할 수 있을까? 이들을 직업별 또는 계층별로 나눌 때 농민에 속할까, 상인에 속할까 아니면 노동자에 속할까?

구술자들의 이야기를 명쾌하게 구분짓기는 어렵지만

이들의 생업활동 가운데에서 공통점을 찾아서 묶어 주기로 하였다. 마침 연구자들이 2차 연도 작업의 일환으로 민중들의 생업활동에 주목하면서 구술을 받았다. 조사를 위해서 사용된 생업활동의 분류는 농업, 어업, 노동, 그리고 상업이었다. 이러한 기준을 가지고 만난 사람들의 구술이기에 이 책에서도 우선적으로 유사한 생업활동을 기준으로 내용을 묶어 보았다. 그러나 한 동아리로 묶어 놓기는 했어도 그들의 생애가 유사하다고 보기에는 어색한 경우도 많다. 이 점을 미리 알려서 독자들에게 양해를 구하고자 한다.

20인의 이야기를 크게 다섯 권으로 묶어 보았다. 첫 번째 권 『짠물 단물』에서는 바다에 기대어서 한평생을 살아온 네 사람들의 이야기가 들어 있고, 두 번째 권 『흙과 사람』는 땀 흘리며 정직하게 땅을 일구며 살아온 네 사람의 시골농사꾼의 기나 긴 인생여정이 펼쳐진다. 세 번째 권이 바로, 『장삿길, 인생길』, 이 책이다. 여기에서는 사회적으로 합당한 대우를 받지는 못했지만, 부지런히 그리고 최선을 다하며 산 상인 또는 가내수공업자의 이야기를 담았다. 네 번째 권, 『굽은 어깨 거칠어진 손』은 막노동꾼으로부터 전문직 노동자에 이르기까지 모두가 힘을 다해서 산 네 명의 노동자들의 생애이야기이다. 다섯 번째, 『고향이 어디신지요?』에서는 태어나서 살던 곳을 떠나 낯선 곳으로 옮겨 살게 된 이주민들의 애달픈 이야기가 실려 있다.

다섯 권의 시리즈로 만들어진 20인의 구술생애사 가운데 한 책인 이 안에는 서울에 거주하고 있는 이기택, 대구의 봉기련, 포항의 김동호 그리고 서울 남대문 노점상 김관숙의 파란만장한 생애이야기가 들어 있다. 이들은 서로 다른 지역에서 살면서, 동시대에 비슷한 직업을 가지면서 한 번도 마주친 적도 없이 산 사람들이다. 그런 사람들이 민중생활사연구단을 만나면서 책 속 한 자리를 하게 되었다. 연구자들의 노고에 힘입어서 독자들은 이들의 이야기를 한 자리에서 들을 수 있는 좋은 기회를 가지게 된 것이다. 이들이 누구인가를 간략하게 소개해 보면 다음과 같다.

조선 말 양반집안에서 태어나 자란 이기택과 남편 이석주는 양반이 몰락하면서 신분적인 체면을 벗어버리고 살아야 했다. 이 부부는 기술을 배워서 조그만 철공장을 원효로에 차렸다. 이기택은 남편이 운영하는 철공장에서 함께 일하면서 자식 교육에 힘을 쏟았다. 이석주는 평생을 함께 산 반려 이기택보다 먼저 세상을 떠났다. 잠시 피난을 다녀올 요량으로 고향을 떠나서 대구에 정착하여 장사를 시작한 봉기련은 교동시장의 역사를 온전히 기억하는 산증인이 되었다. 신용과 친절을 자본으로 하는 그의 이야기에서 우리는 한국의 상인정신을 엿볼 수 있다. 포항의 죽도시장에서 참기름장사로 한때는 돈을 벌었다는 김동호도 처음부터 장사꾼은 아니었다. 산업화시기에 철강공장에서 일을 한 경험이 있던 그가 직장을 버리고 장사에 뛰어들었다. 김동호가 돈을 모은 시기는 한국의 지방 경제에 불씨가 살아 있었던 1980년대였다. 한국의 대표적인 시장인 남대문시장에서 노점상을 하는 김관숙은 평양 남도 용강이 고향인 월남 피난민이다. 서울에서 살면서 남대문시장에서 노점상을 시작한 때가 1950년대 중반이었고, 그 생활이 그의 나이 팔십을 넘긴 지금까지도 지속된다.

독자들은 이들의 이야기뿐만 아니라 이야기와 관련된 사진들까지 곁들여서 볼 수 있으며 때로 구술자들이 소장한 사진이 없을 때는 직접 손으로 그려서까지 자신들이 걸어온 삶의 작은 부분을 드러내 주는 정성과 수고로움까지도 느껴 볼 수 있다. 그래서 이 책 속의 네 분이 자신의 생애이야기를 언어로만 들려 준다기보다는 온몸으로 보여 주고 있다는 것을 독자들은 깨닫게 된다.

구술생애사 구성 방식

구술생애사 채록작업이 화자와 청자 두 사람의 공동작업임을 보여 주기 위해서 이 책에서는 시각적으로 각각의 공간을 분리하였다. 화자가 말하는 부분과 청자가 들으면서 해설하고 해석하는 부분이 바로 그것이다. 민중생활단 연구단에서는 이곳을 구술자의 공간과 연구자의 공간으로 부른다. 구술자의 공간에서는 말하는 사람의 이야기를 될 수 있는 대로 그대로 드러나도록 하였다. 구술자의 사투리, 어눌한 말솜씨, 반복적인 내용 등도 독자들에게 그

대로 전달될 수 있도록 하였다. 이러한 의도는 구술된 내용이 일차 자료로서의 기능을 유지하도록 하는 데 있다. 연구자의 개입을 자제하면서 구술자의 이야기가 잘 전달될 수 있도록 하는 것이다. 그러나 구술자의 이야기가 문자로 옮겨지면 대부분의 경우 가독성이 떨어진다. 구술이 문자로 바뀌는 순간 연구자들은 독자들의 입장에서 가독성을 생각지 않을 수 없다. 그리하여 이 책에서는 연구자들에게도 공간을 할애하였다. 연구자들이 독자들을 위하여 해설을 하기도 하고 주요한 내용을 뽑아서 간추리기도 하였다. 때로는 독자들이 이해할 수 없는 내용은 주를 달아서 친절하게 설명을 붙이기도 하였다.

이러한 구성상의 세심한 배려는 구술생애사가 단지 흥미로운 이야기의 차원을 넘어서 당대의 사회적, 경제적, 정치적 상황과 민중들의 인식세계를 알아볼 수 있는 사료가 된다는 점을 나타내기 위함이다. 이 구술생애사집은 각 개인들의 사적인 기억 속에 들어 있던 이야기들을 꺼내서 구술케 하고, 그것을 공적인 자료로 만들어 내는 데 그 목적을 두었다. 민중들의 구술이 개인적인 경험담의 범위를 넘어서서 당대의 문화를 보여 주는 자료집으로서도 기여할 것으로 본다.

이 책을 돋보이게 하는 생애사 연표와 좌담회 회의록에 대해 덧붙여서 설명하고자 한다. 생애사 연표를 작성한 이유는 두 가지이다. 하나는 국가적으로 중요한 일이 일어난 시점에 민중들은 어디에서 무엇을 하고 있었는가를

생각해 보도록 하는 것이다. 두 번째로는 각 구술자의 행
적을 추적하면서 비교해 볼 수 있는 이점이 있다. 이 연표
를 통해서 20여명의 구술자들이 언제 어디에서 무엇을 하
고 있었는가를 서로 대조하여 볼 수 있다. 이 책이 아니었
더라면 한 장소에서 모두 만나 보기 힘든 사람들을 모아
서 독자들에게 한꺼번에 만나 볼 수 있도록 한 것이 우리
들의 임무이다.

이 책의 장점은 구술생애사를 표방하면서도 구술자료
에만 치중한 것이 아니라 사진, 기록 및 물증 자료를 최대
한 많이 수집하였다. 그 결과, 책에서도 다양한 볼거리를
제시하고 있다. 이 자료들은 구술자의 이야기를 보충하는
자료로 제공되고 있다. 물증자료 그 자체가 말해 주고 있
는 나름대로의 이야기도 있다. 또 독자들은 사진이나, 그
림, 가계도 속에 들어 있는 인물, 옷차림, 거리풍경, 건물,
집안의 물건 등을 통해서 구술자가 살아온 시대의 사회적,
경제적 상황을 알게 된다.

또 연구자들이 좌담회를 개최하면서 그 동안 생애사를
수집하는 과정에서 경험한 문제들을 허심탄회하게 논의
하였다. 그 좌담회의 내용을 여과 없이 실었다. 연구자들
이 현지조사를 나가서 구술자를 선정하고 그들의 이야기
를 듣게 되는 과정을 진지하게 논의하였다. 뿐만 아니라
생애사 수집이 끝나고 연구실로 돌아와서는 녹음을 풀어
야 하는 어려움도 맞닥뜨리게 된다고 고백하였다. 그리고
연구자들이 집필하면서 느꼈던 문제점 가운데 특히 구술

생애사가 자료로서 또 민중들의 진정한 역사서로 거듭나기 위해서 짚어야 할 점들을 지적하였다. 이와 같은 연구자들의 성찰적 자세가 구술생애사 연구를 발전시킬 수 있을 것으로 기대된다.

이 책이 기획되면서부터 출판되기까지는 예상보다 많은 시간과 노력이 들었다. 우선은 20명 개개인의 작업을 하나의 시리즈로 묶기 위해서는 크고 작은 문제를 해결해야 했기 때문이다. 일의 성격상 일사불란하게 움직여지는 작업이 아니었다. 그러나 이 작업이 책으로 나올 수 있었던 것은 전적으로 박현수 교수님의 지도 아래 지난 2년 동안 동고동락하며 다져 온 연구교수들의 끈끈한 동지애와 팀워크의 결과였다. 또한 뒤에서 묵묵히 이 작업을 도와주었던 많은 연구원들의 노고도 빼뜨릴 수 없다. 그리고 마지막 공은 역시 출판팀에게 돌아가야 한다. 어렵고도 고된 작업인 줄 알면서도 선뜻 승낙하며 꼼꼼히 교열을 봐 주시고, 참하게 정성껏 꾸며 주신 소화가족들에게 감사드린다.

그리고 이 책을 만드는 데 가장 큰 공로를 세운 사람들은 바로 구술자 자신들이다. 연구자들이 수 차례 방문하면서 귀찮게 구는 것을 마다하지 않고, 자신들의 이야기를 진솔하게 해 준 구술자들에게 이 자리를 빌려서 다시 한 번 감사를 드리는 바이다. 지금까지 누구도 돌아보지 않았던 힘없는 민중들의 이야기를 듣는다는 것은 새로운 역사의 시작을 예고한다. 다시 말해서 역사의 민주화를

향한 노정이 시작되었음을 의미한다. 20세기민중생활사
연구단의 이러한 역사적 사명감에 동조해 주신 구술자분
들과 가족들에게 감사의 마음을 전하는 바이다.

20세기민중생활사연구단 공동연구원
함한희(전북대학교 고고문화인류학과)

명문 양반가의 자손에서
철공장 집 아내로

—이기택의 일과 삶

서현정(한국문화인류학회)

이 글은 철공장에 초점을 맞추고 있지만 이기택 씨가 직접 운영하였던 것은 아니다. 그러나 지난 시대 대부분의 가족, 부부가 그러했듯 이들도 철공장이란 하나의 생업을 중심으로 공동 운명체가 되어 변화하는 시대를 함께하였음을 볼 수 있었다.

1 澤堂 이식李植. 조선 중기 문신. 광해군 당시 폐모론이 일어나자 경기도 지평(현 양평군 양동면)에 택풍당澤風堂을 짓고 학문에 전념하였다.
2 德興大院君. 조선 14대왕 선조의 생부. 중종의 7남.

이기택은 1916년 음력 12월 8일 경기도 양평에서 2남매의 맏이로 태어났다. 아버지가 중국인에게 속아 큰 경제적 손해를 본 후 한학 선생 등의 일로 여러 지방을 돌아다니며 살았지만 집안은 덕수 이씨 택당[1] 자손, 충무공파로 명문가였다. 1936년 21살에 결혼한 남편 이석주(작고)도 전주 이씨 덕흥대원군[2]파 16대로 왕족의 반열에 드는 집안의 장남이었다. 한 살 위였던 남편과는 '두 집안이 잘 어울릴 것 같다'는 이웃의 중매로 서울 현저동에서 결혼을 하였다. 이기택은 손에 물 한 방울 묻히지 않고 귀하게 자란 양반가의 규수였으나 결혼 후에는 고된 시집살이를 할 수밖에 없었다. 당시의 한국 사회에서 며느리의 위치에 있는 한 그러한 삶은 불가피한 것이었다. 그러나 그 어려움이 더욱 컸던 것은 양가가 모두 기울어 가고 있는 상황이었기 때문이었다. 이석주의 아버지와 어머니는 일가인 의친왕비의 중매로 결혼을 하였고 이후 집안의 생계는 장안에 소문난 거부였던 외가에서 책임지고 있었다. 그러나 일제 시대라는 시대적 상황 속에서 세상이 변화하고 있었다. 가장인 시아버지는 책임을 방기하였고 외가 역시 몰락하고 있었다.

결국 생계를 위해 남편이 일본 사람이 운영하는 회사에서 기술자로 일을 시작하였다. 아버지 때문에 교육을 받지는 못하였지만 타고난 두뇌와 성실함, 기술력이 있었기에 해방 직전에는 원효로에 있는 작은 공장도 인수할 수 있었다. 그런데 해방과 전쟁, 그 이후 국가적 혼란이 이어지면서 열심히 일하여도 상황은 악화되기만 하였다. 종로의 집마저 전쟁으로 잃고 공장 옆에 작은 집을 지어 이사를 하였다. 철공장이라고는 하지만 한강변에 댄 배의 수리부터, 미군이 요구하는 배수관 공사, 대형 빌딩의 주먹구구식 벽면 장식물까지 닥치는 대로 일을 하였다. 그러나 기술은 인정받을 수 있었지만 그것이 경제적 성공으로 연결되지는 못했다. 변화하는 세상에 빠르게 적응하는 능력을 갖추지 못했고 혼란스런 사회의 구조적 모순도 더해졌기 때문이었다.

결국 이들 부부는 자녀들이 장성하여 일을 그만둘 때까지 열악한 경제적 상황과 사회로부터 인정받지 못함에 고통받으며 살 수밖에 없었다. 그러나 대신 '그 형편에 아이들을 대학에 보낸다'는 동네의 핀잔을 들으면서도 네 자

올해로 89세가 되시는 이기택 씨는 "내가 무뚝뚝하지. 오사바사하질 못해"라고 스스로에 대해 말씀하시는 것처럼 잔정이 많은 어머니라기보다는 묵묵히 자녀들을 바라보는 아버지 같은 모습을 지니고 계신 분이시다. 그 때문에 많은 이야기를 다른 사람들과 나누는 것을 그다지 즐기시는 분이 아니며 표현보다는 인내로 한평생을 살아오신 분이다. 그러나 본 연구자를 위해 여러 번의 인터뷰를 마다하지 않고 많은 말씀을 해 주시고 이 글을 낼 수 있도록 허락해 주셨다. 이기택 씨 지난 인생의 그 많은 이야기들을 몇 번의 짧은 인터뷰로 담아 낸다는 것이 어쩌면 불가능한 일을 욕심내는 것일 수도 있을 것이다. 그러나 나름대로 최선을 대해 들려 주신 이야기들을 이해하고 정성껏 이 글을 정리하고자 노력하였다.

녀의 교육에 정성을 기울였다. 부부의 자존심을 유지할
수 있는 유일한 일이었기 때문이었다. 당연히 지긋지긋한
가난에서 헤어날 수 없을 것으로 보이는 공장 일도 자녀
들에게는 물려주지 않았다.

인터뷰는 총 7회에 걸쳐 진행되었다. 먼저 본 연구단의
조사 1차 연도인 2002년 10월 2일과 2003년 2월 10일, 2차
연도인 2004년 1월 29일과 2월 13일, 그리고 추가 조사로
2004년 5월 26일과 6월 8일, 9일에 인터뷰가 이루어졌다.
인터뷰 장소는 모두 여의도의 이기택 씨 자택이었다. 처
음 인터뷰를 시작하게 된 것은 '마포'에 대한 제보자로서
였다. 이기택 씨는 서울 토박이일 뿐만 아니라 전쟁 후
1990년대 초 개발이 시작될 때까지 '마포'와 가장 인접한
지역 중 하나인 한강변 용산구 원효로 4가에 거주하셨기
에 제보자로 선정되었다. 그러나 인터뷰 과정에서 '마포'
에 대한 이야기만을 듣기에는 이분이 지닌 이야기의 가치
가 아깝다고 생각하게 되었고 다행히 '생업'을 주제로 한
조사가 시작됨에 따라 이야기의 주된 초점을 달리하며 다
시 인터뷰를 할 수 있었다.

이기택의 가계도

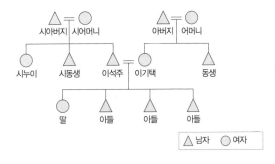

이기택의 연보

1916년(1세) 아버지가 한학 선생으로 경기도 양평에 내려가 있
던 중 2남매의 첫째로 출생.

1919년(4세)경 아버지를 찾아 할머니, 어머니와 함께 경기도
여주로 이사.

1922년(7세)경 서울로 잠시 올라왔다 다시 할머니의 고향인
충청도로 어머니, 할머니와 이사.

1925년(10세) 할머니가 돌아가시고 3년 상 후 서울로 올라와
누하동 작은 아버지 집으로 이사, 곧 현저동으로 다시
옮김. 아버지는 관청 대서소에서 근무.

1936년(21세) 이웃의 중매로 이석주와 결혼. 시조부모, 시부
모, 시동생, 시누이를 모시고 종로 교남동에서 삶. 남편
은 일본인 회사에서 기술자로 근무.

1941년(26세)경 남편이 원효로의 일본인 공장을 인수. 초기에
는 합자로 시작하였으나 곧 독자 운영을 시작.

1942년(27세) 큰 딸 출산.

1945년(30세) 해방.

1947년(32세) 큰 아들 출산.

1950년(35세) 한국전쟁 발발.

1953년(38세) 충청도로 피난 도중 시아버지가 돌아가심. 서울
로 올라온 후 집이 불타 버려 원효로 공장 옆에 '하꼬
방'을 지어 이사. 둘째 아들 출산.

1957년(42세) 막내 아들 출산.

1960년(45세)경 남편 공장에서 프레스 일 시작.

1975년(60세) 큰 아들의 취직과 함께 공장 정리.

1992년(77세) 지역 재개발에 의해 여의도로 이주.

1996년(81세) 남편 사망.

서울에서 여주, 충청도로, 그리고 다시 서울로

[옛날에] 서대문 살았지. 독립문 옆에, 현저동. 그리고 여주서도 이삼 년 살고. 충청도서도 이삼 년 살고.

일곱 살 때 서강에서 여주까지 배를 타고 갔어. 한강을 거슬러 올라가는 데 열흘이 걸렸다. 배 안에 작은 포장을 두르고 집 비슷한 게 맨들어져 있었는데 그 안에서 양반이고 상놈이고, 남자고 애고 어른이고 여자고 다 같이 먹고 자고 했지. 여자들은 포장 친 속에 들어가서 좀 따로 있기도 했지만. 볼 일 볼 때(하하하). 뱃사람들이 실어 논 쌀로 밥 짓고 암치를 걸어 놓고 반찬을 만들어서 줬다. 암치뿐이야. 열흘 동안 암치만 먹었다. 다른 게 있나. 그렇게 갔는데 몇 년 후 돌아올 때는 3일 만에 왔어. 내려오는 물길이라.

[여주서] 배 타고 오는데, 거기 갈 적에는 여기 서강서 일주일을 갔어. 올 적에는 내려오는 물이니까 사흘밖에 안 걸려. 한 일곱 살인가 여섯 살, 그때 강가에서 이렇게 강에다가 가마같이 휘장을 치고서 거기 들어앉아 있는 거야, 세 식구가. 그래서 이렇게 휘장을 열고 내려다보면 강 옆에서 벌거벗은 남자들이 배를 끌고 밀고 야단이야. 그러면 할머니가 '에구, 망측해라. 보지 마라'(아하하하).

그러고서 서울 와서 보니까 할머니가 나는 이제 더 살 수 없으니까 내 고향에 가서 내가 죽어야겠다. 너희는 너희대로 살아라. 그러니까 우리 어머니가 할머니가 혼자 고향에 가서 어떻게 사시느냐. 우리 세 식구 같이 내려가자구. 그래서 충청도로 내려갔어. 거기 내려가면 논도 있

"일곱 살 때 서강에서 여주까지 배를 타고 갔어.
한강을 거슬러 올라가는 데 열흘이 걸렸다.
배 안에 작은 포장을 두르고 집 비슷한 게 맨들어져 있었는데 그 안에서 양반이고 상놈이고, 남자고 애고 어른이고 여자고 다 같이 먹고 자고 했지."

뒤에서 자세한 이유가 더해지겠지만 어린 시절 함께 이사를 다닌 세 식구란 할머니와 어머니, 본인을 말한다. 아버지는 일자리를 찾아 혼자 다니고 남동생은 태어나기 전이었다.

고 조그만 밭도 있고 산도 있고 남겨 놓은 게 있으니까, 할
머니가. 그래서 산에서 나무를 베어서 동네 사람들아, 조
그만 집을 하나 지어 달라 그랬어.

(충청도까지는 어떻게 가셨어요?) 배로 한진까지 갔지.
한진. 한진 나루.[3] 한진 나루 가서 거기서는 걸어서 갔지.
그래 간다고 하니까 거기 아는 사람들이 와서 같이 갔지.
산에서 나무 베고 산에서 흙 파고 돌 파고 그래서 방 두
개 부엌 하나를 만들었어. 우리 산 옆에다가. 그래서 거기
서 사는데 삼년 만에 할머니가 돌아가셨어요. 아니 삼년
이 아니로구나. 거기서 삼간 오칸 집을 하나 오천 원을 주
고 샀다나? 거기서 살다가 내 땅에다 집을 지어야겠다고,
그래서 나무를 베서 집을 하나 져서 방 둘 부엌 하나를 지
어가지고 세 식구가 사는데, 산은 좀 넓으니까 거기서 나
무를 베어서 팔아서 쌀 사먹고 일용을 거기서 나는 거야.
그렇게 거기서 한 삼년 살다가 할머니가 돌아가셨지. 우
리 할머니가. 예순아홉에. 예순아홉에 돌아가시니까 거기
서 삼년을 지내고 나서, 삼년 탈상을 다 하고서 이제 아버
지가 서울로 오라고. 그래서 왔지. 왔는데 서울 배화학교
앞에 누하동이라는 데서, 우리 작은 아버지가 사셨어. 총
독부에 측량기사로 다니실 적에 거기다 집을 하나 사가지
고 사셨는데 그리 들어갔지 뭐, 어떡해. 거기서 몇 달 살다
가 [아버지가] 현저동에다가 조그만 집을 하나 샀어. 그래
서 거기서 살았다.

[그때] 아버지는 군에 대서소(에서 일하셨다). 그전에는
화신 뒤에 재판소가 있었어. 그래서 거기 군에 대서소에.
그래. 재판소 옆에. 그때는 전차 타고 다녔지. 현저동서 골
목길 내려오면 독립문 앞에서 전차가 종로 가는 게 있어.

"충청도서 한 삼년 살다가
할머니가 돌아가셨지.
우리 할머니가. 예순아홉에.
예순아홉에 돌아가시니까
거기서 삼년을 지내고 나서,
삼년 탈상을 다 하고서
이제 아버지가 서울로 오라고.
그래서 왔지."

3 충남 당진군 송악면에 있는
   나루.

그래서 전차 타고 다니셨어. 그래서 생활해 나가다가 거기서 내 동생을 하나 낳고. (터울이) 십년 차이야. 거기서 살다가 거기서 죽청학교[4] 다니구. 거기서 여러 해 살았지. 거기서 살다가 대동아 전쟁도 거기서 치르고 8 · 15 해방도 거기서 치르고.

친정의 어려운 형편

"그래서 땅을 팔아서
그 빚을 다 갚고 나니까
돈이 모자라지. 집안에.
그러니까 어머니 제가 나가서
돈을 벌어올게요.
그래서 복구해야겠다고.
그래가지고 그때부터
방랑생활을 하셨단다.
나가서 서울 가서도 살고
만주 가서도 살고 그렇게
돌아다니지. 당신이 벌어서
선생 노릇해서. [그런데] 돈이
그렇게 벌어지우?
그러니 집안이 엉망이지."

할아버지 참 속상하지. 할아버지가, 나한테 우리 아버지가 만고에 착한 양반이야. 술 잡수면은 전기 솟대 기둥을 붙잡고 한참씩… 그렇게 술을 좋아하시던 양반이.

나한테 할머니가, 아드님이 없었어. 아드님이 없으니까 혼자서 충청도에서 사시다가. 우리 아버지 생가는 양평서 살고 양가는 충청도에서 사는데 아드님이 없으니까 어디 가난한 집이라도 아들만 똑똑하면 데려오겠다고 어디 수소문을 하니까, 양평에 덕수리 쪽에 있는데 택당 자손이고 그런데 그렇게 가난해서 열 살이 넘었는데도 공부도 못하고 있다고 그러니까 거기를 수소문해서 우리 양할머니가 가서 모셔오는데, 그때 거기 삼백리 길을 교군이 두 틀에 말이 두 필…(교군이요?) 가마. 우리 아버지 가마타고, [친] 어머니 타고 형수 타고 가마가 네 틀이고, 큰 아버지하고 작은 아버지하고 말 타고, 그 비용이 얼마냐? 그래서 양평서 충청도를 내려가셨단다. 그렇게 해서 데려다가, 생가 집에 집을 사가지고 형수하고 어머니하고는 사시라고 하고, 열한 살짜리 아드님을 데려다가 그때부터 가르치셨대. 그렇게 가르쳐서 글방에 다녀오면은, 우리 양할머

4 일본인이 가르치고 서대문에 있었던 학교라고 하는데 정확한 정보를 찾아볼 수 없었음.

니가 주역까지 배우신 양반이야. 그런 양반인데, 강의를
받으신대. 그러면 열한 살짜리가 강의가 그렇게 떳떳하
냐? 그럼 진지 잡숫다가 김치국에다가 손을 이렇게 잠[담]
가가지고 이래이래 해가지고는 '이것도 모르냐?' 그러면
'내 눈 빼시오' (으하하하하하하하).

　그렇게까지 가르쳐서 장가들여 가지고서 결혼을 해서
사는데. 그러니 당신으로 해서 돈을 좀 많이 없앴어? 데려
오느라고 없애고, 또 생가 먹여 살리느라고 없애고. 그래
염치가 없으니까, 내가 돈을 벌어서 복구를 해야겠다고.
그래가지고, 그때는 일본 사람 돈을 갖다 쓰는 걸 외채라
그래. 중국 사람이 와서 어디 장사를 하면 배가 남는 장사
가 있다고, 그렇게 꼬셨단다. 그러니까 이 양반이 집안의
어머니는 돈이 있어도 내주지를 않으니까 일본 사람의 외
채를 얼마 내가
지고서 장사를
시작했대요. 그
랬더니 중국 사
람이 '에헴' 하
고서 달아나 버
렸지. 달아나 버
렸으니까 외채는
자꾸 늘어나지.
어떻게 할 수 없
으니까 어머니께
그런 이야기를
했대요. 그러면
아무데 땅을 얼

◀ 처녀 시절 모습.
왼쪽이 이기택 씨

마를 팔아서 그걸 갚아야겠구나. 그래서 땅을 팔아서 그 빚을 다 갚고 나니까 돈이 모자라지, 집안에. 그러니까 어머니 제가 나가서 돈을 벌어올게요. 그래서 복구해야겠다고. 그래가지고 그때부터 방랑생활을 하셨단다. 나가서 서울 가서도 살고 만주 가서도 살고 그렇게 돌아다니지. 당신이 벌어서 선생 노릇해서. [그런데] 돈이 그렇게 벌어지우? 그래서 돈이 모아져? 그러니깐 방랑생활을 해서, 그러니 집안이 엉망이지. 그러니 우리 할머니가 땅 요거 팔아서 살고, 요거 팔아서 살고. 그렇게 몇 삼년을 사니까 안 되겠다. 이제 이놈을 찾아가야겠다. 그래가지고는 거기서 땅을 조금 팔아서 내가 세 살인가 두 살인가 그럴 때, 나하고 어머니하고 할머니하고 세 식구가 떠난 거야, 아버지를 찾으러. 경기도 여주 삼막골이라는 곳에 민참판 집이 큰 부자야. 거기서 선생 노릇 하러 오시라구. 서울서 돌아다니니까, 친구 양반이 소개를 해서 여주 삼막골이라는 데 갔어. 가서 거기서 집 주고 다 주니까 거기 가서 살았지. 이 양반이 어디서 오래 붙어 있지를 못해. 그래서 거기서 몇 년을 살다가 내가 한 여덟 살인가, 한 이삼 년 살았을 거야. 그리고서 서울로 오셨지.

결혼

(해방 전에 결혼하셨지요?) 응, 거기서 했지. 현저동서. 할아버지가 거기서 살았어. 그런데 먼저 살던 그 집을 팔고서 요만큼 내려와서 살았어. 교남동이야. [가까워도 친정하고는] 떨어져서 각각 살았지. 우리 식구는 우리 식구

대로 살았지.

[결혼은] 스물둘에 했지. (좀 늦은 편이셨네요?) 내가 그렇게 작았어. 약하고. 그래서 결혼을 그때까지 안 시키셨지. 작다고.

[결혼식은] 서대문[현저동]에서. 이월 달에. 좀 썬썬하지. 이월 스무엿샛날. (결혼식은 옛날식으로 집에서 하셨어요? 신랑이 말 타고 오고 텔레비전에 나오는 것처럼 그런 식으로) [말이 아니라] 인력거. 옷은 옛날 거 그대로 입고. 다 새로 해 입었지. (절차가?) 신랑 집에서 신랑 오구 색시 집에서 하룻밤 자고 그렇지 뭐. 그것도 있는 사람, 다 가진 사람은 며칠씩 있고 그렇지 않은 사람은 하루 자고. (그럼 언제 친정 가요?) 친정 내가, 이, 은제 갔는지 몰라. 아주 오래 있다가 갔어. 친정 부모의 생신에 겨우 가지. [명절이나 이럴 때는] 못 가지. 어휴 말 마라. 거길 어떻게 가.

결혼 중매는 사촌오빠가 했어. 아버지가 한의학도 했는데 거기 댕기는 민씨 집에서 중매를 섰어. 양자가 비슷하다고 생각해서. 동네에서 [중매를] 한 거야.

시댁의 상황

염리동 꼭대기에다가 우리 [시]외갓집이 거기다 집을 지었지. 그래서 산정 마루에서 이렇게 내려다보면 강에 배 들어오는 거 다 보구. 그래서 ○승지라고, 지금도 마포에서 한 칠, 팔십된 할아버지들을 만나면 ○승지 집을 다 알아.

의친왕비가 우리 [시]할아버지 외사촌 누님이야. 외사

> "[결혼은] 스물둘에 했지. 내가 그렇게 작았어. 약하고. 그래서 결혼을 그때까지 안 시키셨지. 작다고. 결혼 중매는 사촌오빠가 했어. 아버지가 한의학도 했는데 거기 댕기는 민씨 집에서 중매를 섰어. 양자가 비슷하다고 생각해서. 동네에서 [중매를] 한 거야."

촌 누님인데 어떻게 가난한지 의친왕비가 생활비를 다 대셨어요. 대시다가 우리 할아버지가 [시]외할아버지가 서강서 부자로 사시니까는, 돈은 있으니까는 저 벼슬을 못 했어, 공부도 못하시고. 그러니까는 돈은 많고 그러니까 내가 참봉이라도 벼슬을 좀 했으면 좋겠다고. 친구들끼리 그러니까 [시]외증조할아버지 친구 양반이, 친구 양반의 친구가 의친왕 쪽의 살림꾼[5]이야. 그러니까 친구 양반이 의친왕 쪽에 살림꾼을 얘기를 하고는 내가 돈은 얼마든지 낼 테니까 벼슬 한 자리 좀 얻게 해달라고. 그러니까 거간꾼이 의친왕께 얘기를 하니까는, 들었는데 잊어버렸네 돈이… 돈을 얼마를 냈더니, 벼슬 한 자리를 해 주마고, 그랬대. 돈을 얼마를 냈는지는 모르는데, 참봉 자리를 하나 줬어요.

그래서 벼슬을 했는데, 그때 여기 [시]할아버지가 의친왕궁에 세배를 다니니까 [시아버지를] 데리고 다니셨대. 그러니까 의친왕 쪽에서 '허우대 잘 생기셨다. 키도 크고 허여멀건한 게' 그랬어. 그러니까 의친왕 쪽에서 내가 저 놈을 갖다가 혼인을 시켜서 나의 생활비를 끼워 맞춰야겠다. 그래서 ○승지[한테] 벼슬을 줬으니까 ○승지 가끔 다닐 거 아냐? 그러니까 ○승지 여식이 있으면 중매하겠다고. 그러니까 의친왕 거기서 혼인처를 구한다니까는 여기저기서 좀 많이 왔어? 그러니까 거기서 ○승지 손녀딸이 있다니 혼인하자. 그래가지고서 혼인해서. 그래서 그 할머니하고 혼인을 했단다. 그래 혼인을 하니까 ○승지 쪽은 부자 아냐? 그러니까 의친왕 쪽에서 '그럼 사돈집은 네가 먹여 살려라.' 그래서 의친왕 쪽에서 생활비 주시던 걸 ○승지 댁으로 떠넘겼단다. 그래서 ○승지 집에서 일동일

"염리동 꼭대기에다가 우리 [시]외갓집이 거기다 집을 지었지. 그래서 산정 마루에서 이렇게 내려다보면 강에 배 들어오는 거 다 보구. 그래서 ○승지라고, 지금도 마포에서 한 칠, 팔십 된 할아버지들을 만나면 ○승지 집을 다 알아. 그 외가에서 일동일정을 다 댔단다. 그래서 논 밭 모두 해 주니까는 그게 부질 있어? 자꾸 팔아잡쉈지. 다 팔아잡쉈다."

5 집안의 살림을 맡아서 하던 일종의 집사와 같은 사람.

정을 다 댔단다. 그러니 이 신랑은 열네 살짜리가 뭘 아니?
아니, 열다섯 살이구, ○승지 손자가 열세 살이구. 그러니
처남들끼리 기생집만 돌아다니구, 기생집을 돌아다녀서
그냥 재산을 다 날리지. 그래 여기 할아버지는 서강에 무
슨 은행이 있었어. 은행이 있어서 거기다 취직을 시켰단
다. 근데 취직을 시켰더니 은행 돈을 자꾸 빼다 쓰니 어떡
해. 그러니까 은행에서 빼왔지. ○승지 양반이 빼다가 집
에서 먹고 살아라, 먹을 것 대줄 테니, 그래서 논밭 모두
해 주니까는 그게 부질 있어? 자꾸 팔아 잡쉈지. 다 팔아
잡쉈다. 그래 나중에는 춘천에다가 오백 평인가 오천 평
인가 논을 사 주고, 거기 가서 농사지면서 살아라. 아, 춘천
가서 농사지을 게 뭐 있어? 큰 부자 왔다고 다 팔아서는.
다 팔아 잡수시고 굶게 되니까는 [시]어머니가 친정아버
지한테 편지를 하고, 서울 가서 아버지가 한달에 얼마씩
대줘야지 나 못살겠다고. 그러니까 춘천서 데려다가 서대
문에다가 집을 사서 놓고, 아흔 간이라나 팔십 간이라나
그런 집을 당신은 사서 그리 이사하고, 따님은 죽청에다
가 집을 사 주고 그렇게 살았는데.

그때는 ○승지 집도 다 거덜이 나서. 그런데 그게 또 사
위만 퍼 대는 게 아냐. 당신 동생도 퍼 대. 아들도 퍼 대. 그
래, 당신 집 있지, 우리 집 있지, 둘째 집 있지, 셋째 집 있
지, 작은 딸 있지, 아들 첩 있지, 동생에 첩 있지. 일곱 집을
다 먹여 살리는데. 고추를 사도 일곱 가마니를 사서 한 가
마씩, 조깃배가 들어오면 마당으로 조기를 쇠마차,[6] 마차
로 실어오는데, 몇 마차를 갖다가 앞마당에 쌓아 놓으면
어마어마하지. 그러고서 한 열일곱 살인가 열여섯 살인가
한 계집애가 있어요. 저 안방 심부름하는 계집애야. 그걸

6 우마차

갖다가 일곱 집을 보내는구나. 행랑 사람 와서 조깃배 왔으니 조기 실어가라고 보내지. 또 고추 때 고추 실어가라고 보내지. 쌀은 한 달에 쌀 두 가마니에 나무 한 마차. 그러면 [시아버지는] 쌀도 거기서 따꿈질해서[7] 팔아 잡숫지. 나무 죄 팔아 잡숫지. 할아버지개[남편이] 어디 수소문해서 철공장 차츰차츰 되니까는 집안 생활유지가 되잖아. 그러니까 외할아버지한테 '저는 제가 먹고 살 거를 벌 수가 있으니까 고만두세요.' 그래가지고서는 떨어뜨렸어.

[그때쯤은] 남는 게 뭐야, 모자라서 자투리 있는 땅을 되려 파실 땐데. 그 자손이 지금 말이 아녀, 시방. 그러게 삼대 가기가 어렵대. 그래서 할아버지개[남편이] 외갓집을 가면 그때 외할머니 외할아버지도 다 돌아가실 적에야. 외할아버지 외할머니도 그때는 다 망해가지고 장사도 여기 할아버지개[남편이] 지냈어. 그래 이제 ○승지, 그 할아버지의 손자… 얘기가 이렇게 죄 잊어버려… 집이 자꾸 기울어지니까는 삼청동에다가 조그만 초가집을, 오막살이를 하나 사셨대. 사고는 금덩어리 세 덩어리를 당신이 모았던 걸 거기다 밤에 가서 부제[부자] 분이… 응. 파묻어서 감쪽같이 덮어놓고는 세 주셨단다. 세도 아니고 착실한 하인에게 가서 그냥 살라고. '내가 어엿한 집을 사줄 텐데, 그건 못하고 초가집이 하나 있으니 가서 살게.' 그러니까 얼씨구나 하고 가서 살았지. 집안이 다 망하고 당신도 집을 하나 사서 이사 가게 되니까는 아드님은 몰래 거기 가서 금덩어리 하나를 패 왔단다. 패 오고 둘을 남겼는데, 아버지가 며느님이 집을 산다고 그러니까 거기 가서 그걸 패다가 며느님 하나 주고, 당신 막내딸이 손이 병신이야. 이래. 그래 거 하나 주고, 그렇게 써 없앴는데, 아

7 몰래 퍼내서

드님은 화계사 앞에다가 집을 하나 사가지고 금 덩어리 하나 가지고 작은 마누라하고 딸 형제 있는데, 네 식구가 떼로 가서 살았단다.

　[시]외할아버지는 돌아가시니까는 할아버지 아우님이 [시동생이] 돌아가셨다고 거길 찾아서 가니깐 거기 할아버지[외삼촌] 첩이 '아이고 애, 너희 외삼촌 시골 가신 지 며칠 됐다.' 그러더래. 그럼 어떡하냐 할아버지가 돌아가셨는데. 그럼 어떡하냐. 주소도 모르는데 기별도 못하는데. '할 수 없죠.' 그러고 오니까는 저 동구 밖에 오니까는 저기서 오시더래. 그래 할아버지가 돌아가셨다고 그러니까는 와서 앉으셔서 곡만 하고 말았지. 그래 장사는 여기 할아버지개[남편이] 지내고. 그래 만석꾼의 부자가 돌아가실 제 그렇게 돌아가셨다. 수의한 거는 죄다 며느님이 팔아 잡수고. 수의 공단으로 다 이불, 옷 다 해 놓은 걸, 누가 결혼한다고 그런 옷을 샀다 그러니까 그 옷을 팔아가지고서는, 돌아가실 때는 개량포[8] 사다가 돌아가실 때는 하는데… 그렇게 망하니까 초상집에 누가 있니? 할머니 형제 분허고 할아버지 형제 분허고… 그런데 내가 죽을 쒀가지고 상제님들 드시라고 달이 휘영청 밝은데 죽을 쒀서 많이도 못하고 요만한 동이보다 작은 똥그란 방우리 거기다 하나를 이고서 가지. 여기 고모하고 가는데 교복동하고 향촌동하고 거리가 얼마 안 돼. 그러니깐 시누 올케끼리 이고 간다구. 조금 가면은 그저 어디서 '버석버석버석, 버석버석버석.' 그게 하도 무서워서 내가 잊어버리지도 않아. 그래 어떻게 해서 목적지를 갔어. 갔는데 '어머니 무서워서 죽을 뻔했어요'. '뭐가 무섭냐? ○○하고 같이 오는데.' '뭐가 머리에서 부석부석해요'. 그래 마루에다 내려

8 공장에서 대량 생산한 삼베

놓고 보니까는 거미가 죽 동이 위에, 대문간에서 나갈 때 집에서 떨어져서, 그게 신문지 위에 돌아다녀서, 그게 그렇게 버석거려서. 아유. 아주 혼났어.

그렇게 다 망해 갔어. 도정궁[9]은 2리(리: 1전의 10분의 1)에 여의도를 팔아먹었다. 그게 다 도정궁 땅이었는데 지금같이 될 줄 알았나. 쓸모없는 땅이라고. 살림꾼이 그랬겠지. 이거 두면 쓸모없는 땅이니 임자 있을 때 파시라고. 그래서 2리에 팔았다. 그래 살림꾼이 잘 못하면 양반이 망해.

며느리의 일

(명절 쇠신 얘기 좀 해 주세요.) 설에는 떡, 만두, 떡국하지. 차례 지내고 세배하고. 차례 지내고 다 모여서 세시일 배 어른부터 차례차례. 숙항[10] 마주하고 사촌간 마주하고. 동네 친척, 연장자한테 세배하고 새해 인사하는 거지. 세배 돈은 어른이나 애들한테 엽전 한 푼씩 주고. 차례 지내고 나면 성묘를 가. 절을 하고 소나무를 꺾어서 하나 놔둔다. 한 사람[11]이 왔다갔다는 표시야. 정월 대보름에는 대갓집에서는 보름차례를 지내. 사당에. 술 한 잔 올리고 뭐. 돈 많이 차리지 않고 가족들끼리 갖은 과일, 땅콩, 호두 등 보름 먹는다고 그래. 놀고. 널뛰기, 윷놀이, 투호. 상놈 집은 뭘 가지고 해 먹어 부자 상놈도 돈이 많아도 끼질 못해. 행사도 못하고 옛날에는 반상을 너무 가려서 시방 그렇게 중두난발이 됐지. 양반의 집에서는 일제 때도 다 했어. 이월 초하루는 일꾼의 날이야. 일꾼들을 옷 해 입히고 해 먹이고 멈[12]의 생일날이지. 옷 겨울 한 벌 여름 한 벌, 춘추복

9 都正宮. 덕흥대원군과 종손 댁. 도정 이하전의 필택이라 도정궁으로 불림.
10 당숙뻘
11 한 집안
12 집에 부리는 일꾼. 머슴의 다른 말인 듯한데 인터뷰 내내 머슴보다는 이 멈이라는 말을 사용하였다.

이렇게 해 주는데, 여름 옷은 짧은 옷이고 고의적삼 한 벌,
사발 잠뱅이 적삼 한 벌, 모두 네 벌을 해 주지. 새경은 일
년에 쌀 두 가마니, 돈 백 냥 주는데 선금이야. 삼월 삼짓
은 화전해 먹고 제비가 나온다고 해서 주, 과, 돈 해서 사
당에 차례 지내고. 사당 문은 밤낮 열어 놔둔다. 밤낮 드나
드니까. 옛날에는 다달이 사당에 고했지. 사월 초파일은
부처님 오신 날, 스님이 불공드리고, 절들을 여자 남자들
이 돈, 쌀 가지고 가고. 단오에는 그네 뛰고 창포에 머리감
고, 그래야 장수한다고. 남자는 투호하고 오이선, 쑥구리
이런 거 해 먹고. 유두도 똑같애. 밀전병 부처 조상님께 천
신[13]하고. 밀 천신. 참외 천신. 유두 차례 사당에 지내는 거
지. 계절 것을 가지고 그때그때 지내는 거야. 칠석에두 놀
구 해먹고 일꾼들이 한밥[14] 먹는 날이지. 추석은 햇과일,
햇곡식 차례. 일꾼들하고 한밥 먹는 날이고. 노는 건 별루
야. 특별한 사람들은 일꾼들 별도로 옷 한 벌도 또 해 주고
그러지. 어려운 사람들은 멈 두면은 그 치다꺼리하다가
다 없어진다. 여자들이 제일 신나는 날이야. 나가 돌아다
녀도 되니까. 가난한 집 며느리가 더도 덜도 말고 팔월 한
가위만 같아라 그런다. 먹을 게 많아서가 아니라 나가 돌
아다니는 게 좋아서. 시월엔 시제를 지내는데 묵은 조상
님한테 지내는 거야. 사대까지는 집안에서 제사를 지내고.
오대가 지나면 께껴서 시제로 내거등. 없는 거 없이 다 차
리지. 소도 잡고. 돼지도 잡고. 흰 떡을 통을 이만하게 해서
접시에다 괴서 하나씩 대단하게. 몇 백 리래두 조상님이
계시면 그걸 다 가지구. 선산이 멀어서 여자들은 못 참여
하지. 비교적 가까운 데 여자들이 참여해서 음식 심부름
같은 걸 하지. 제사에는 참여하는 거 아니고 일은 남자들

"정월 초하루가
제일 골치 아파. 초사흘이
지나야 여자는 밖으로
핑계대고 나가지.
일도 많고, 집안에서는
[여자들도] 세배하지만
밖으로는 남자들만 나가지.
… 추석은 여자들이
제일 신나는 날이야.
나가 돌아다녀도 되니까.
가난한 집 며느리가
더도 덜도 말고 팔월
한가위만 같아라 그런다.
먹을 게 많아서가 아니라
나가 돌아다니는 게 좋아서."

13 薦新
14 많이 차려서 많이 먹는 밥

이 다 해. 종중에서 제일 나이 먹은 사람이 주관하고 또 묘지기가 같이하고. 묘지기에게 자본이 되는 땅을 종중에서 사 줘. 그걸루 먹고 살고 관리하고 그러라고. 십일월 동지에는 그저 동지 팥죽이나 끓여 먹고. 조상님께 옹심이 해서 올리고. 노나 먹구 그러지. 팥죽 한 그릇 먹으면 중간 살, 반 살 더 먹었다는 거야. 그뭄에는 친척, 나이 먹은 사람한테, 동네 나이 먹은 사람한테 묵은 세배. '묵은 세배 왔습니다' 하고 세배하면 술이나 돈 한 푼이나. 정월 초하루가 제일 골치 아파. 초사흘이 지나야 여자는 밖으로 핑계대고 나가지. 일도 많고. 집안에서는 [여자들도] 세배하지만 밖으로는 남자들만 나가지. 우리 산소는 장릉에 있어.

이제는 그렇게 못해. 조상님도 인제 멀어서 옛날 절차 다 차리려면 아무것도 못한다. 집에 일은.

[어려웠지만] 사람이 없으니 어떡하니. 양반 행세는 해야겠고. 그러니 행랑 사람을 둘 수밖에. 방은 있으니, 인제 행랑방은 있으니까. 그래 인제 아범이 물 길어다 주고 어멈이 빨래하구 그러구다 행랑 사람이 해다 주문… (살림꾼도 있으셨어요?) 살림꾼 웁지. (그럼 장은?) 행랑 사람이 봐 오지. 음식은 인제 안사람들이 하지. 그 행랑 어멈하고.

인제 행랑 어멈이 빨래 해다 주잖아 빨래 해다가 풀만 맥여서 널어 주거던 그러면 그거 다 만지고 다듬이하고 대리고 바느질 하고 그래애지. 그래 저녁 먹고 앉으면 바지든지 저고리든지 한 가질 해야… 잘 줄 알아. 일꾼들이 겉만 다 해다 주지 그걸 다 해 주나. 다듬이하구 바느질 하구 그건 다 아씨님들이 해야지. 그런 일 하는 거야. 며느리들이 그런 일 하는 거야. 그래 이게 이래이래 [팔이] 굵어

"인제 행랑 어멈이 빨래 해다 주잖아 그러면 그거 다 만지고 다듬이하고 대리고 바느질 하고 그래애지. 그래 저녁 먹고 앉으면 바지든지 저고리든지 한 가질 해야… 잘 줄 알아. 일꾼들이 겉만 다 해다 주지 그걸 다 해 주나. 다듬이하구 바느질 하구 그건 다 아씨님들이 해야지. 그런 일 하는 거야. 며느리들이 그런 일 하는 거야. 그래 이게 이래이래 [팔이] 굵어지는 거야. 그걸 은제 다 하니. 그래 에유─"

지는 거야. 대들이를 해서. 잘사는 집은 인저 침모가 있지 침모는 뭘 허는고 허문 아주 오야봉 할아버지, 오야봉 어머니 그 두 분만 침모가 다 해 주지. 나머지는 다 그 집 며느리가 다 허는 거야.

[시]할아버지 할머니 [것 까지] 내가 짓지. 침모가 어디 있어. 그러게 인제 저녁 먹고 나서 인제 화롯불 다독다독 해서 꺼지지 않게 꼭 묻어 놓고 저녁 먹고 들어앉아서 저 고리든지 바지든지 한 가지를 해서 접어놔야 잘 줄 알았어. 그걸 은제 다 하니. 그래 에유.

그런데 도정궁에 가 보면은 저 도정궁 그 부잣집, 양반 집 며느리가 먹는 게 없어. 뭘 줘야지. 이 살림하는데, 저 대감 있지, 아드님 있지, 며느리 있지, 손자 있지. 그런데 인저 대감집에서 인제 이 살림꾼을 갖다가 만일 돈을 백 원을 준단 말이야. 그럼 오늘 저 [반]찬 용이라고, 이래 백 원을 주면은 이제 이 살림꾼이 장엘 가지 않니? 그러면 장에 가문 떠어 먹지 않어? 떠지. 물건을 사다 노면은 예편네는 반찬하는 데 또 떠지. 그러구 나문 인제 대감 상 채리지 마님 상 채리지 아드님 상 채리지 그러문 뭐가 있어. 자기네들 먹구. 그러문 도정궁에 가무는 매느리는 동치미허구 콩나물국이야. 그렇게 해가주고 먹고 살아. 아유, 그래 그 도정궁 며느리가 나하구 인제 숙향벌이거든 그러문 '아니 찬을 이렇게 잡수.' '아니 그렇게 해다 주는 걸 어떻게 해요. 먹어야지.' 그래 보면은 가엽써. 밥 먹는 거 보문 가엽써. [살림꾼] 웂는 집이 없지. 다 있지. 인제 거기서 살림꾼, 증말 가난하구 그런데는 살림꾼이 웂으면은 며느리가 하지. 며느리가 하면은 좀 낫지. 그래 거기서 대감 먹던 상은 아드님 먹지. 아드님 먹던 상은 손자 먹지. 손자

시집살이가 어려운 것은 일가의 다른 댁 며느리들의 경우에도 다르지 않았다.

먹던 상은 뭐야 또 하나 먹지 그러구 나면은 빈 상이지 뭐. 다 그래. 근데 그 도정궁에는 너무 가난해. 너무 가난해서 더해. 저기 누동궁[15]집 같은 데는 좀 나아. 돈이 많아서. 거기는 [또] 인제 며느리들이 좀 총찰을 하니깐. (그런 집들은 나라에서 돈을 주지 않았나요?) 나라에서 돈 주지. 저, 그 집 쥔한테 나라에서 돈을 주문 그 돈을 주인이 노누는 거지. [그런데도] 어려와. 다 나라에서 주는 돈으로 이이… 하는 건데, 하나는 잘사는 왕족 있구 못사는 왕족 있구. 그렇지. 의친왕[16]궁은 또 풍부해. 의친왕궁 마마가 근데 나한테 시할아버지, 시할아버지의 외사촌 누님이야. 그런데 거기는 좀 풍부해. 근데 마누라가 많아(하하하). 그래 의친왕궁 마마, 저기 뭐야, 환갑 때, 환갑 때 저 상 밑에다 이만한 구두상자를 하나씩을 매달아 줬댄다. 젖은 건 먹고 그 마른 건 다 그 구두상자에다 다 싸가지구 가라구. 근데 그런 궁에서는 겸상이 없어. 죄다 외상이야. 그러니까 그거 외상으로 한 상 차려 주면 그걸 어떻게 다 먹어. 그러니까 그걸 구두상자에다 싸가지고 가라고 인제 매달아 줬지. 어휴, 상이 아무튼지, 의친왕궁에 가 보문 뒷꼍에 이렇게 저 창고같이 진 데다가 선반을… 그리 상이 하나야. [그때는] 집에서두 다 외상이야. 여기 저 이렇게 한 열, 한 항열에는 겸상이지. 그렇지만 숙향은 외상이야.

(그러문 양반집에 시집갈 이유 하나도 없네요.) 하나도 읍지. 골치 아프지. (먹지도 못하고 말도 마음대로 못하고) 말을 어떻게 하니. 골치 아픈 존재지. [지금은] 좋아졌지. 마음대로 살고 마음대로 입고 마음대로 가고 좋아졌지. 여북해 나하구 저 큰댁 ○○이 어머니하고 병원 아주머니하구 우리 세 식구는 뜨거운 걸 못 먹어. 젊어서 다 식어

15 樓洞宮. 전계대원군金溪大院君의 사당이 있던 댁. 종로구 익선동.
16 義親王. 조선 마지막 왕인 순종의 이복 동생..

빠진 거 찌꺼기 남은 거 그걸 그냥 저기 부리는 기집애하
구 부엌에 찬마루에서 밤나 먹어버릇해서 우리 세 식구는
시방두 뜨거운 걸 못 먹어. 앉아서 밥을 못 먹지 앉아서 먹
다가 뭐 이러구 저러구 하문 또 일어스구 일어스구 에이
구 어유….

(여자들두 아들만 커서 장가만 보내문 이제 올라가는
거죠? 그때는 앉아서 상 받아 먹고) 그렇지. 그러니까 나라
가 이몬엥이 됐지.

어휴, 그래 시집오니까 사흘 되던 날 살림을 죄다 맡겨
버리시드라. 나 모른다구. 긴 병환이 나셔서 밤나 앓으셔
시어머니가. 여기 할머니가. 그렇게 이 쬐끄마신 이가. 그
래 속병 나시구 밤나 병원치레 허시구. 에유. 그래두 그 살
림을 다 해구 살았다. 꿈겄지.

[시어머니가] 몸을 그렇게 못 쓰셔. 몸을 못 쓰셔. 기운
이 빠져가지구. 그리고 변비가 있어가지구 아주 변소에
가서 사셔. 그래서 인제 돌아가실 임제에는 관장을 해서
뒤를 뽑아냈지. 저 변비 있지. 먹은 거 소화 잘 안되시지.
탈진해서 기운이 빠지지. 그러니까 그렇게 몸을 못 쓰셨
어. 나 시집가니까 그때부텀 그렇게 편찮으신 양반이야.
그래서 그때인지 친정아버지가 좀 심하문 적십자병원에
입원을 해디리구 해디리구 한 열흘씩 있다 나오시구 그러
시구. 그래 그 병원 바라지를 다 내가 했지. 밥 해 날르구.
어휴. 그렇게 팔십을 사시는데, 그렇게 사셨다. [시어머니
가] 아무것두 못허셔. 그래 영감님이 마누라님을 아무것도
못하게, 인제 저 양말 같은 거 이렇게 좀 헤졌으문 양말 꿰
매문은 반짓고리가 마당으로 달아난다. 그런 거 한다구.
그래 [시아버지는] 저 친정에 간다구 돈만 가져오는 것만

*"어휴, 그래 시집오니까
사흘 되던 날 살림을 죄다
맡겨 버리시드라. 나 모른다구.
긴 병환이 나셔서 밤나 앓으셔
시어머니가. 여기 할머니가.
그렇게 이 쬐끄마신 이가.
그래 속병 나시구 밤낮
병원치레 허시구. 에유.
그래두 그 살림을
다 해구 살았다. 꿈겄지."*

좋아하셔. 그리고 [시어머니가] 곱지. 쪼끄만 양반이. 여북
해 동네에서 [옛날에] 이쁜 할머니야. 이쁜 할머니.

(시집가서부터 그 살림을 다 하셨으면 일은 어떻게 배
우셨어요?) 몰라, 누구헌테 배웠는지(하하하). 그냥 닥치는
대로 허지. 먹어 봐서 간 봐 가지구. [결혼 전에는] 일이 뭐
야 아무것도 안 했지. 네 식구가 사는데 무슨 일이 있니?
(그래도 일이) [일은] 어머니가 다 하시지.

장은 정월에 담그거나 이월에 담그거나 그래. 첫 오일
날 담그지. 그러문 정월에 담근 장은 사월에 뜨구 저 이월
에 담근 장은 삼월 그믐께면 떠. 날이 더우니까. 그래 그때
떠 가지고 데려서 먹지. (누가 담그나요?) 행랑 사람하고
나하고 둘이 담그지. [김치는] 가을에 인제 무, 배추가 마
차로 하나가 들어오지. 그러문 그거 행랑 사람하고 둘이
사람 하나 얻구 그래서 그 사흘을 담그지. [양은] 대중 읍
써. 외갓집에서 마차로 무허구 파허구 배추허구 한 마차
를 보내 주니까는 그러니까 그걸 동대먹지. 작년 김치 올
김치, 김장헐 때까지 먹지. 인제 배추두 저 한 맷그릇은 묻
구 깍두기도 맷그릇 묻구. 저 인제 그렇게 묻으문은 깍두
기 새루 인저 칠, 팔월에 묵은 깍두기 먹으문 맛있어. 아주
시원허구. 시콤 새콤하구. 그래 채장수[17]가 오문은 '아이구
이런 댁에 김장 많이 허셨을 텐데 김장 좀 주세요.' 그러
문 '뭐 줘. 깍두기?' 그러문. '아유 깍두기 좀 한 사발 주
세요.', 그러문 깍두기를 이루 하나씩 퍼 주면은 아주 맛
있다구 야단이야. 시원허구. 그럭하구 살았대무. 깍두기
묻지 배추 묻지. 짠 김치는 짜니까는 뒷껼에 그냥 놔두지.
짠 김치. 짠지. 안 묻어두 돼. 소금을 많이 느니까. 짠지도
김장할 때 같이 담지 뭐. 장은 어머니가 물 한 초롱이면은

*"[배우지 않아도] 그거는 뭐야
기본은 다 알지.
그거 다 말루 어머니가
가리켜 주잖아. 이렇게
저 두루마리에다가 써 놔.
약과 반죽은 뭐뭐 들어가구
다식 반죽은 뭐뭐 들어가구
타래과는 뭐뭐 들어가구
중백기는 설익히구
약과는 푹신 익히구 그런거."*

17 채소 장수

소금, 정월 장이면은 목판 두되, 삼월 장이문 석 되. 그렇게
담그라구 그러시드라. 그래 그렇게 담기니까 괜찮아. 장을
담을 때는, 뜰 적에는 간장을 쪽 빼지 말구서 한 저 메주를
건지구서는, 그 장 찌꺼기 간장에다가 그냥 주물러서 질
척질척허게 해서, 그래서 된장을 놔두면은 제 물에 익으
니까는 된장이 맛있드라. 그렇게 허라구 어머니가 그래셔.
그래 그대로 허니까 된장이 이 집 된장 제일 맛있다구들
그래드라.

　(정과, 다식 이런 거는 언제 해요?) 설에. 추석에. 동지에
허구. (생신 때는요?) 안 해. 생신 때는 반찬 허지 뭐. 타래
과, 약과, 다식 이런 거는 안 해. [배우지 않아도] 그거는 뭐
야 기본은 다 알지. 기본은 인제, 약과는 뭐뭐 들어가면 반
죽이구, 다식은 뭐가 들어가서 다식이구, 그거 다 말루 어
머니가 가리켜 주잖아. 다 말로 가리켜 주지. 약과는 반죽
할 때 기름 얼마, 다식은 조청이 얼마, 꿀이 얼마, 그러구.
자랄 적에 [가르쳐 주셨지]. 이렇게 저 두루마리에다가 써
놔. 두루마리에다가 써 놔 그렇게. 약과 반죽은 뭐뭐 들어
가구 다식 반죽은 뭐뭐 들어가구 타래과는 뭐뭐 들어가구
중백기[18]는 설익히구 약과는 푹신 익히구 그런 거. 그래 주
론 이게 설이지 뭐. 주로 설허구 동지허구 추석허구. (또
손가는 거 얼마나 많아요 한국 음식에). 그저 마른 거는 머
부개,[19] 다시마, 또 저 뭐야 약포[20] 그런 거지 뭐. [그런 거는
써서 주시지 않고] 어머니가 허는 거 보구 배웠지. 입으루
배운 거지. 입으루.

18 설익혀 비교적 색을 흐리게
　내는 약과
19 북어포. 북어를 잘게 뜯어
　갖은 양념으로 묻힌 것을 말
　한다.
20 포의 하나. 쇠고기를 얇게
　저며 갖은 양념으로 조미하
　여 채반에 펴서 말린 것.

매운 시집살이

(시집에서 누가 제일 힘드셨어요?) 아유, 아유… 시어머니는 영감님하고 시어머니한테 아주 절어서 요러신데(손을 꼬부리면서)… 시할머니하구 시아버지하구 모자분이 그렇게 죽젱깽이 짓을 하구 그렇게 못살게 구시더라. 어이구, 그렇게 여북해 행랑 사람이 행랑 어멈이, 응, 아씨 한 달만 친정으로 보내서 배워가지고 오라고 한 달만 친정으로 보내세요. 보내세요. 행랑 어멈이 그러문, 행랑 어멈을 머릴 죄 쥐어뜯구 그랬지. [시]할머니가. 그렇게 왜 챙견을 하냐구. 우리 시할머니하구 시아버지하구 아주 싸나우셔. 요만큼만 보면 이만큼 벌여가지구 야단이셔.

요새로 일르면은 다섯 시. 인저 다섯 시에 일어나면은 사랑에서 어헝어헝 기침하신다. 벌써. 그러문 술 디어서 갖다드리지. [시아버지가] 아침부터 잡수셔. 술 해서 갖다 드리지. 그러구서 인저 아침을 하지. 아침을 하무는 인저 우리 밥 먹을 적에 또 한 잔 잡수신다. 한 잔 디어오라구 해서 잡수셔. 그러구 인제 우리 밥 먹구 인제 시방으로 생각하면은 한 아홉 시쯤 되문 또 한 잔 잡수셔. 근데 잔으루 다 잡숫지 않고 대접에다 잡숫지, 대접에다 반 쪼끔 넘게, 고게 아주 줄이 있어. 고렇게 또 잡수신다. 그리구 우리 아침 먹구 인저 그러문은 한 열한 시쯤 되서. 하루에 아무튼 다서여섯 번을 잡수셔. 술을. 진지는 고새에 인제 아침은 아홉 시 좀 넘어 열, 아홉 시 반쯤 해서 잡숫지. 저 세 시쯤, 두 시 반쯤 해서 점심 잡숫지. 여덟 시, 일곱 시 반쯤 해서 저녁. 그 새에는 술 잡숫는 거야. (막걸리요?) 약주술. 행랑

"저 술, 인제 화롯불이 꺼지면은 신문을 태서 술을 딘다. 그럼 인제 아무래두 화롯불보다 더디잖아. 삼발이 놓구 거기다가 불을 때지. 그래 약주가 다 더우문은 다른 대접에다가 쏟아서 갖다 드리지. 그럼 술상이 마당으로 휑나간다. 갖다 주기 싫은 거 억지로 갖다 준다구. 어유, 그렇게 평생을 살았다."

사람이 술을 사오니까. 저 술, 인제 화롯불이 꺼지면은 신
문을 태서 술을 딘다. 그럼 인제 아무래두 화롯불보다 더
디잖아. 삼발이 놓구 거기다가 불을 때지. 그래 약주가 다
더우문은 다른 대접에다가 쏟아서 갖다 드리지. 그럼 술
상이 마당으로 횅나간다. 갖다 주기 싫은 거 억지로 갖다
준다구. 어유, 그렇게 평생을 살았다.

　(결혼하실 때 시댁에서 뭐 받으셨어요?) 금가락지. 금반
지. 금비녀. 금귀개.²¹ 해 주셨는데. 두 짝은 가락지구, 한 짝
은 반지구. 시아버지가 달라 그래서 드렸드니 팔아서 술
잡수셨단다(하하하). [결혼하구] 몇 달 있다가. 하루 다서여
섯 번을 술을 잡수시니 그 돈이 어서 나니. 그러니 며느리
패물을 다 달래서 팔아 잡숫구 그저. 옷두 짭짤한 건 전당
국에를 모두 가구. 아뭇든지 집안에 남아나는 게 없어. 주
판두 전당국에 가문 오십 원을 준다. 오십 전… 나가선 잡
숫지를 않아. 집에 앉아서 그냥 잡수시는 거야. 인제 젊어
서 [밖에 술집에] 다 댕기셨지 뭐. (처갓집에서는?) 처갓집

21 금귀걸이

에서는 주질 않구 모자라잖아. (그 패물 시아버지 주시고
나서는 장신구라군 못 가져 보셨지요?) 그래. 인제 내가
어려서부팀 은반지를 끼었거든. 근데 인제 시집 올 제 금
반지를 받으니까 그걸 서랍에다 느뒀어. 그리구 달라
그러시니깐 드리고 도로 은반지를 끼었더니 '응, 금반지
달라 그랬더니 은반지 여봐란 득기 꼈구나?' 그러셔. 그래
서 빼서 집어 내버렸어. 그래 그때부텀 반지가 없었어. 그
러더니 어멈이 반지를 해 줘서 그때부텀 꼈지(반지를 가리
키며). 큰 애 혼인 때. 그래 빼서 집어 내버리고 어디로 갔
는지. 그 자리에서 빼서 버렸지 뭐. 나도 성질이 고약한데.
버렸어. 그래 누가 주워 갔는지 모르지. 마당에서 그랬으
니까. [그때는 그게] 귀허구 말구. 그때 태극무늬 는 게.

어휴 그래 자식헌테두 너무 허셨어. 그러게 여북해 어
딜 갔다오면은, 저녁 때면은 내가 대문 돌 쪽에다가 물을
갖다가 퍼붓는다. 그러문 인저 [남편과 시동생이] 회사에
들 갔다 올 거 아니야? 그러문은 인제 어떤 때는 약주가
취해지 않으문 가만두구, 약주가 취하면은 모두 불러대서.
불러다가 이렇게 앉쳐 놓구 어째냐 저째냐 갖은 소리를
다 허셔. 그렇게 주정을 허셔요. 그래 내가 돌 쪽에다가 물
을 퍼부으면은 가만히 열면 [문]소리가 안 나가거든. 그러
게 물을 퍼붓지. [들어오는 소리 안 나게 헐려구]. 내 집에
드나드는 것두… 걸리기만 허문 고통을 겪구. 그걸 왜 그
러시는지 몰라.

아침두 인제 저 아침에 인제 한 우리 인제 밥 먹구 나문
은 여덟 시 지나지, 그러문 인제 돈 십전을 내노셔. 찌개
허라구. 그럼 돈 십 전 가지구 고기 한 매하구 삼 전 주구
두부 한 모 사구, 오 전 주구 고기 오 전 어치 사구 이 전

"내가 시집살이는 어떻게
되게 했는지, 여북해 저 뭐야,
집안에서들 혼인 말을 해서
혼인을 하니까는,
저기 저 할아버지의 애명이
을삼이야, 을삼인데,
아이구 을삼이가 장가간다는데
석 달이나 부지할까 그랬는데,
모두 집안에서 석 달도 못 살아
그랬단다. 그랬더니 여
이만큼 살았다구, 시방꺼정두
'어휴, 형님, 석 달두
못 산다구 그랬는데
어떻게 그렇게 부지하셨어요'.
'여보게 말마래. 숙향전이
고 담일세'. 그리구 나서
껄껄거리고 웃어."

주구, 저거 요만한 냄비로 찌개가 아주 훌륭하지. 그럼 그
렇게 해서 해 드리문 아침 잡숫지. 그 찌개가 남으문은 아
무두 손 못대. 그냥 놔뒀다가 나중에 인제 점심 잡술 때 잡
수세요. 그게 쪼금 없어지면은 이거 찌개 누가 먹었느냐
구. 그러문 인제 [우리 시누이가] 어떤 때는 인제 학교 갔
다와서 부엌에 가서 뒤져서 아버지 찌개가 있으문 덜어먹
는다. 그러문 '이거 누가 먹었느냐' 구. 그럼 [시]할머니가
'아 ○○이가 먹었지 누가 먹어 그 찌개를'. 그럼 아무 말
도 안 하시지. [그건 막내딸이라서]. 찌개를 [시]할아버지
하나 못 드려. 혼자 잡숫지. 아주 그렇게 그 냄비가, 그거
하나 허는 냄비가 있어 아주. (나머지 식구는 뭐 해 드셨어
요?) 나머지는 뭐 김장을 많이 해 놓구 무 배추가 흔하니
까 우거지 찌개 저 무말랭이, 반찬 많지 뭐. 된장찌개, 고치
장 찌개, 무 넣구. [찌개는] 혼자 잡숴. 당신 아버지도 안 드
려. [왜 그러시는지] 몰라. 난 고금에 처음 뵙는 양반이니
까. 인제 요때[22]는 처가 집에서 조기가 오면은 행랑 사람들
이 인제 가서 쳐오잖아. 그럼 인제 굵은 거는 굴비 맨들구
잔거는 젓 담그구. 그럼은 굴비두 한, 시방으로 치문 한 오
십 마리 말리지. 장독간에다가. 인제 철 줄을 매구서 허는
데 혼자 다 잡숴. 혼자. 나중에 다 잡숫구 껍데기만 남아서,
어떻게 마나님이 껍데기를 비늘 긁어서 구어 드리면은,
'굴비 누가 다 먹었느냐' 구, 그러문 '당신이 다 잡숬지 누
가 먹었느냐' 구, (하하하) 그러문 '애들 밴또[23]에 다 너 줘
서 굴비 없느냐' 구 그러문, '아니, 애들 밴또는커녕 할아
버지도 굴비 한 마리를 못 드렸는데 혼자 잡순 다음에 어
디가 밴또를 주느냐' 구. 당신 입만 아신다. 고금에 말도 못
들어 본. 처음 뵈었니까(허허).

22 양력 5월 경
23 도시락

[당신 아들도] 고생 많이 허구 말구. 여북해 공부도 안 시키구 그렇게. 그래서 그 저 삼촌은, 작은 아드님은 아버지하구 이렇게 마주 쳐다도 안 봐. 아버지가 불르시문은 가서 이렇게 앉아. '똑바루 앉아.' 그러문 요렇게 앉아. 에유. 그때 왜정[말] 때는 인제 배급을 주지. 한 달에 동태 두 마리. 두부 두 모. 그거 하문 또 한 번 조려서 당신이나 잡숫지. 저기 ○○이는 내가 두부 배급 차에 가서 두부 사가지구 와서 낳았어. 동짓달에. 아휴, 추운데, 죙일 얼음판에 서서 나라비 서가지구서 두부 두 모 얻어가지구 와서. 여덟 시 반에 낳았어.

야, 내가 시집살이는 어떻게 되게 했는지 여북해 저 뭐야, 집안에서들 혼인 말을 해서 혼인을 하니까는 저기 저 할아버지의 애명이 을삼이야. 을삼인데, '아이구 을삼이가 장가간다는데 석 달이나 부지할까, 석 달이나 부지하까.' 그랬는데 모두 집안에서, '그네 아무개가 장가드는데 석 달도 못 살어. 석 달도 못 살어.' 집안에서들 모두 그랬단다. 그랬더니 여 이만큼 살았다구, 시방꺼정두 '어휴, 형님, 석 달두 못 산다구 그랬는데 어떻게 그렇게 부지하셨어요'. '여보게 말마래. 숙향전²⁴이 고 담일세'. 그리구 나서 껄껄거리고 웃어. 숙향전이 어트게 얘기 많은지 책을 열 권을 숙향이가 썼어요. 그러니까 숙향전이 고 담²⁵이다. 그만큼 써야 한다 [그 말이지].

아휴, 세상에 내가 시방 얘기지. 친정이 서울이 아니었으문은 내가 벌써 골루 갔다. 골루 갔어. 이 세상에 안 살지. 내 성질이 그런 사람이야. 그런데 어머니, 아버지가 서울 시내에 있구, 내가 남매다. 딱 남매야. 그래서 딸 하나 있는 거 시집을 보내서 그 딸이 잘살아야 할 텐데. 잘못 되

24 淑香傳. 작자 연대 미상의 조선후기 고전 소설. [梨花亭記], [梨花亭奇遇記]라고도 한다.
25 그 다음

문은 어쩌나. 밤나 일구월심 어머니 아버지가 그러실 텐
데. 내가 이를 갈아가문서도 살아야지 살아야지. 그래, 친
정이나 시굴이나 먼데 같으문 몰르지만, 턱 밑에서 어머
니 아버지한테 그 가슴에다 그 몹쓸 못을 내가 어떻게 박
나, 밤낮 그 생각을 했어.

철공장의 시작

[공장하기 전에는] 일본 사람 공장에 다니셨지. 돈은 많
이 못 받으셨어.

*그래 가지고 아버지가 아주 눈썰미도 있으시구 일본
말을 갖다가 일본 사람 이상으로 하셨다구. 일본 사람 공
장에 다녀가지고 출장도 많이 다니셨거든. 금강산도 갔다
오셨다고 하고 함흥도 갔다 오셨다고 하고 그때 그러셨
거든.*

(으허허허) 에유, 참. 까맣다. 모두.

일본 사람이 아니라, 일본 사람의 공장이었었는데, 인제
그 일본 사람이 늘려 가느라구 조금 큰 데 간다구, 그래가
지구서는 그걸 팔았어. 팔았는데 할아버지 친구가 있어.
하라까와라고 하는 친구가 있었는데… (일본 사람이었어
요?) 아니야. 한국 사람인데… 그래 그 사람이 돈을 쪼끔
대고 할아버지는 기술을 대구 그래서 그걸 합자를 했어.
그래 합자를 했는데, 합자를 하다가 인제 그 하라까와라
는 사람은 아무것도 몰라. 그리고 할아버지는 기술이 있
구. 그러니까는 맞지 않지. 그러니간 할아버지가 '내가 저
일을 해서 얼마를 해서 갚을 테니까는 너 떨어져 나가라'

이탤릭체로 쓰여진 부분은 제보
자 큰 아드님(58)의 이야기이
다. 제보자가 고령이셨으므로
과거의 일을 정확하게 기억하고
이야기하는 데 많은 어려움이
있어 불가피하게 도움을 받을
수밖에 없었다.

*"일본 사람의 공장이었는데,
인제 그 일본 사람이 늘려
가느라구 조금 큰 데 간다구,
그래가지구서는 그걸 팔았어.
팔았는데 할아버지
친구가 있어. 하라까와라고
하는 친구가 있었는데…
그래 그 사람이 돈을
쪼끔 대고 할아버지는
기술을 대구
그래서 그걸 합자를 했어.*

인제 그 하라까와라는
사람은 아무것도 몰라.
그리고 할아버지는 기술이
있구. 그러니까는 맞지 않지.
그러니깐 할아버지가 '
내가 저 일을 해서 얼마를
해서 갚을 테니까는 너 떨어져
나가라' 그러니까는
그 사람도 좋아하지.
그러구서 할아버지 혼자서
하는데 그때는 일본 사람의
일을 했지."

그러니까는 그 사람도 좋아하지. 아무것도 모르는데 그러니까. 그래서 인제 그 사람하고 하다가, 보냈지. 그러구서 할아버지 혼자서 하는데 그때는 일본 사람의 일을 했지. 저기 소나무 송진, 송진을 구입해가지구서 그걸루 저 원료를 맨들어.

원효로에 할아버지가 조그만 구멍가게 공장을 했어. 원효로에 그전에 일본 사람의 공장이 하나 있는데, 거길 다니다가 친구가 거기 그렇게 오래 있을 거 없이 조그만 공장이 하나 나는 게 있으니 그걸 사가지고 운영해 보라고. 그래서 하라까와라는 사람이 있었어. 그 사람이 그걸 인수하자고 그러니까 할아버지가 돈이 있어? 그래, 그 사람은 돈이 조금 있구. 그래서 그 사람이 공장을 계약하고는 할아버지는 일을 해서 갚으마. 그리고서는 그걸 인수했지. 그때는 조깃배,[26] 쪼꼬리,[27] 나무배, 그런 게 공장 앞에 많이 나왔어. 그러니까 뱃사람들이 연장 망가지면 공장에 와서 해달라고 그래서 조금씩 조금씩 공장이 되니까 돈을 갚았지, 할아버지가. 배에서 뭐, 꺽쇠도 있고. (그게 해방 후에요 전쟁 후에요?) 그 무렵이지. 해방 조금 전에. 그땐 배가 들어왔지. 한강에 물 많이 한다고 행주나루에 둑을 쌓기 때문에 그렇게 한강에 물이 많아졌어. 그전에는 물이 조금이었었는데, 비가 와야 많고. 조수가 들어와야 배가 들어오거든. 조수 없을 적엔 배가 없었지. 조수 들어오면 나무배, 생선배 모두 들어오고 그랬지. [바다에서 온] 배가 마포 둑 밑까지 왔지. 한강에 이 조깃배, 생선배, 나뭇배 들어오면은 고장 날 꺼 아냐. 그러면은 고쳐 주면은 생선을 몇 마리씩 줘. 할아버지가 다 고쳐 줬지. 별거 다 하셨지. 모타도 고장 나면 모타 고쳐 주구 배에 들어가는 연장 같

26 조기를 실은 배
27 당시 마포, 용산 등지에 많이 들어오던 장작. 여기서는 그 장작을 실은 배를 말한다.

은 거 모두 고쳐 주고. 나뭇배 들어오면 나무를 줘. 그래
나무 해 놓고 살구, 그렇게 저렇게 살았지 뭐. [그때는 아
직] 강변에 안 살았지. 독립문 옆에 살았지.

그래가지고 인제 그러다가 저걸 갖다가 일본 사람한테,
그게 그 공장이 양조장이었거든, 일본 사람 양조장이었어.
그게.

그전에는 성 몰라 잊어버렸어. 양조장이었어. 일본 사람
떠나가기 전에 팔았지. 거기 그 언덕을 파문 그 우물이 기
가 맥힌 게 있네. 술 담갔던 우물이래 그게. (그럼 양조장을
계속 하시지 안 하셨어요?) 우리는 그래도 쪼끄만 소규모
로 했지. 거기서 양조장을 어떻게 크게 허우. 그렇게 못하
니깐은 다 쳐버렸지 뭐. 돈이 한두 푼 들우? 전쟁은 나구.

해방과 전쟁

그러구서 할아버지 혼자서 하는데 그때는 일본 사람의
일을 했지. 저기 소나무 송진, 송진을 구입해가지구서 그
걸루 저 원료를 맨들어. 어, 그래 그거를 하다가 일본 사
람한테다가, 돈을 많이 졌지. 일을 해다가 주면은 일본 사
람은 그때그때 돈을 줘야 할 텐데 일본 사람도 회사가 넘
어갈려고 하니까. 왜정 말기 때니까. 그러니까 인제 그때
돈에 뭐 백만 원이래든가 백 오십만 원이래든가 그렇게
졌어.

그러니깐 인제 해방이 되니깐은 [일본으로 돌아] 갔지.
일본 사람이. 그래 갈려구 모두 준비를 하니깐은 인제, 할
아버지가 돈을 받으러 갈 거 아냐. 일본 사람 회사로. 돈을

받으러 가니깐은 총을 옆에 놓고 그렇게 보챌 것 같으면 은 쏘겠다구. 일본 사람이 그랬어. 그러니까 내가 일해 준 대가를 받으러 왔는데 내가 거저 달래느냐. 그렇게 싸움 을 하다가는 그만 말았지 뭐. [그리고는] 명동에 일본 사람 작은 저택이 있어. 그런데 그 사람이 이영 그럴 것 같으면 은 우리 집을 압수해서 살아라. 나는 일본으로 갈 테니까 는. 그러니까 할아버지가 대답을 않고 집에 가서 의논을 해 봐야 겠다구 그러구서는 오셔서 할아버지[의] 할아버 지, 아버지한테다가 그런 얘기를 하는데 '야 거기가지 말 자. 남 망해가지고 고향을 가는데 그 집을 가서, 우리가 집 이 없는 것도 아니고 여기서 살자. 가지 마라 그랬지.' 그 래가지구 일본 사람은 그리 가구 돈을 띠었지. 그렇게 아 버지가 반대를 하시니까는 그만뒀지. 그러니까는 나중 공 장은 아주 엉망이지. 돈이 한 푼이나 있어? 돈은 일본 사 람한테 다 띠구. 그러니까 인제 그냥 저냥 내 해 나가는데 그러자 해방이 됐지 뭐. 해방이 되자 일본 사람은 가구. 그 냥 그거가지구 뜯어 먹고 살았지 뭐. 조금씩 아는 사람이 일거리를 갖다 주니까… 그저 뭐 나중에는 저걸 다 만들 었지. 뭐야 아이스크림이라구, 그걸 몰르지? 계란같이 맨 들어서 통에다 이 느면… 그걸 누가 해달라고 해서 해 주 구서는 몇 푼씩 얻어다가는 먹고. 참, 그때 인제 배급은 주 니깐, 쌀은 없어 보리쌀, 핍쌀, 좁쌀, 콩, 콩깻묵, 나중엔 콩 깻묵을 다 주더라. 일본 사람이. 그거 다 해 주구선 사다 팔아먹곤 살았지. 그래 엉망진창으로 살았지 뭐.

그래 가지고 전쟁 났을 때 저 조선 호텔이 죄다 망가져 가지고 있을 때 미군이 들어왔거든 미군이 그래가지고 갈 데가 없으니까는 저 조선 호텔로 왔대. 그래가지고 거기

"일을 해다가 주면은 일본 사람은 그때그때 돈을 줘야 할 텐데 일본 사람도 회사가 넘어갈려고 하니까. 왜정 말기 때니까. 그러니까 인제 그때 돈에 뭐 백만 원이래든가 백 오십만 원이래든가 그렇게 졌어. 그러니깐 인제 해방이 되니깐은 [일본으로 돌아] 갔지. 그래가지구 일본 사람은 그리 가구 돈을 띠었지."

해방 전과 해방 후, 전쟁 전과 전쟁 후 등 정확한 시점을 이야 기하는데 혼동이 나타나기도 하 였다. 특히 생활의 어려움을 설 명하는 부분에서 특히 그러하 였다.

빠이뿌 다 수리해 주고 돈을 가져오다가 버스 간에서 날치기를 당할 뻔하셨지. 아버지가. 그러니까 와가지구 인제 빠이뿌를 갖다가 용접을 하는데 인제 빠이뿌가 벽을 타고 갔을 거 아니야 그러니까 이 뒤를 갖다가 용접을 해야 되는데 이 뒤가 안 보이잖아. 그러니까 거울을 대놓고 거꾸로 용접을 하신 거야. 배관 공사를 다 해 주시고 수리를 다 해 주고 그때 돈을 갖다가 받았는데 그때는 화폐가치가 떨어졌기 때문에 상당히 많이. 그러니까 이런 책상 반쯤만큼이나 받으신 모양이라, 그걸 보자기에다 싸들고 와가지고 버스를 타셨는데 쓰리꾼이 그걸 냄새를 맡아가지구서는 돈인 줄 알고. 그래가지고 이렇게 들고 서있는데, 쓰리꾼 두 놈이 와가지고 옆에 서가지고 이러구 우구리구 그냥 칼로 다 그냥 막 안에다가 난도질을 한 거야. 그러니까 아버지가 이상해서 확 들어보니깐, 그 밑에 난도질이 되 있으니까 팍 끼어 안아가지고 버스를 내려가지고 집으로 오셨다고 그러더라고. 택시를 타고. 그래가지고 그 돈으로 일사후퇴를 가신 거야. 그 돈 가지고 1 · 4후퇴 때 피난을 가신 거지. 당진으로. 그때 인제 피난을 갔다가 다시 오셔가지고 그 공장을 인제 본격적으로 그 담에 하신 거지. 전쟁 전에 집은 서대문에 있었지. 서대문 형무소 저 위에. 그러다가 폭격에 의해 가지고 불이 나니까 피난을 가신 거지.

6 · 25 때 먹을 게 있니? 죄 엉망인데. 시골에 있는 사람들은 자기들이 농사진 거라도 있지만 그런 것도 없고. 그래 그때 내가 종로에서 호박을 하나 사러 가려면, 내가 걸어서, 저 마포로 해서 강을 건너가지고 여의도를 지나서 영등포 시장에를 갔다. 영등포 시장은 그때도 있었지. 그

런데 그때 영등포를 막 건너가려는데 인민군들이 막네. 못 간다고. 무서워. 그래 어떡허니. 사정을 했지. 내가 종로에 사는데 영등포에 먹을 거 좀 구하러 간다고 사정을 했지. 집에 애들도 있고 노인네도 계신다고. 그래 보내 주더라. 겨우겨우. 그래 그날 호박을 두 개 사가지고 또 걸어서. 아침에 나갔는데 해질녘에나 집에 다시 들어갔지. 그 길을 다시 왼 종일 걸어서. 그래도 그거라도 구하니 다행이지.

전쟁 후의 변화와 이사

6 · 25 때 다 변했어. 다 없어졌어. 행랑 사람도 다 없어졌어. 피난 갔다 돌아오니 다 도망가고 없어.

전쟁 때 다 변했지. 일제 시대부터 조금씩 변하다가 그때 다 변했어.

"6 · 25 때 다 변했어. 다 없어졌어. 행랑 사람도 다 없어졌어. 피난 갔다 돌아오니 다 도망가고 없어. 전쟁 때 다 변했지. 일제 시대부터 조금씩 변하다가 그때 다 변했어."

[시아버지도] 6 · 25 때 피난 나갔다가 돌아가셨어. 피난 나갔다가. 해소가 있으셔서 기침을 허시거덩. 근데 인제 그 악풍을 쐬시구 리아카를 타고 가시니 사시니? 그 해소 있는 양반이. 그래 피난 나가다 돌아가셨어. 동짓달 이십 일께.

"[피난 나갔다오니] 집은 폭격나서 … [없어지고]. 정말 아무것도 없지… [공장 이 층에서 살다가] 그때 거 공장 옆에다가 방 하나 부엌 하나. 그러니까 옆에다 집을 쪼그맣게 하꼬방을 지신거야. 그래가지고 인제 내려왔지."

[피난 나갔다오니] 집은 폭격나서…[없어지고]. 정말 아무것도 없지. [공장 옆으로 이사를 갔다.] (땅은 남아 있었을 거 아니에요?) 땅? 땅은 팔십 원에 파셨지. 그때는 공장 옆이 아니라 공장에서 쪼끔 떨어진 데 집을 갖다가 얻어서 생활을 했어.

(그때 그중에는 진짜 아무것도 없지 않았나요?) *아니.*

그 옆에 집이 있었지. 한 오십 메타 정도 떨어졌어. 내가 국민학교 다닐 때야. 지금 어디냐 하면은 전에 산천동 들어가는 길 있었잖아? 길 그 코나에 큰 기와집이 있었어요. 바로 그 뒤에야.

[그 앞집 아줌마 뒷집에 쪼그만 산간 움팍이 하나 있었는데 그 집이 피난 갔다 오니깐 비었었어. 피난 갔다 오니깐 황씨라고 황○○인가 그런 이가 살았는데 거기가 비어 있으니까는 거기서 살았지. 그랬더니 집 주인이 헐구서 다시 집을 짓는다구 내놓으라고 그러니까 공장으로 다시 들어갔지. [공장 이 층에서 살다가] 그때 거 공장옆에다가 방 하나 부엌 하나. ○○이가 태어나니깐 산모니깐 춥잖아. 공장 위에, 바로 나무 판데기 위니까. 그러니까 옆에다 집을 쪼그맣게 하꼬방을 지신 거야. 아버지가 [직접]. 그래 가지고 인제 내려왔지.

탁월한 기술로 공장 운영

(공장에서 하신 일이) 그거는 그거야. 프레스 업이라고. 그 프레스가, 프레스는 뭐냐 하면은 그 우리가 인제 컵을 갖다가 이런 철판으로 만드는 거야. 컵이 뭐 직경이 오 센티미터가 된다고 하문 이 컵을 갖다가 세 번에 걸쳐서 눌러서 만들어요. 첫 번째는 한 십 센치 정도 되게. 딱 눌르면은 이런 형태가 되잖아. 그걸 갖다가 다음에는 한 칠 센티 정도 되게 또 한 번 눌러. 그러면 그게 이렇게 좁아져. 그러면 그 다음에 한 오 센치 정도로 해서 또 눌러. 그게 프레스 업이거든. 그래 그런 걸 하셨거든. 그전에 그 대표

적인, 그게 뭐냐 하면은 아버지도 상당히 일찍 눈을 뜨셨어. 뭐냐 하면은 그때에 그 가스 바너를 갖다가 만드실 생각을 하셨으니까. 지금은 그걸 알루미늄이니 그런 걸루 하잖아. 그때는 그런 재질이 없으니까 철판으로 하신 거라. 가스 바나를 갖다가. 뭐 한 요 정도 두께, 요 정도 직경, 칠 센치 정도 직경으로 해가지고 원통형으로다가 만드셨어요. 한 이십오 센치 정도. 원통형으로. 철판을 요렇게 만들어가지고 거길 갖다가 죄다 용접을 해가지고 가스가 나오게 해가지고 거기다 저 불판 달아가지고… 이걸 갖다가 만들었는데, 그때 이걸 갖다가 만드셨어. 그런데 그때나 지금이나 에이 에스가 되야 되는 거 아니야. 에이 에스가 되야 되는데 그걸 팔아 먹으면은 고 다음에 이걸 또 개스를 갖다가 넣어 줘야 되고. 돈이 없는데 에이 에스 망이 되나 이게. 이걸 갖다가 그때 한 이삼천 개 정도 만들었을 거야. 만들어서 한 몇 번 팔았는데 그 다음에 에이 에스가 안 되니까… 그래서 못했지. 그때는 교통편도 그렇고… 그리고 이런 것도 만드시고 또 뭣도 만들었냐 하면은, 지금 보면은 어디냐 그 동립산업이라고 있어요. 옛날에 건빵 만드는 공장이 있었거든? 여기서 영등포 지나서 가다 보면은 거기 무슨 천이더라. 도림천인가? 지하철 있고… 아, 제일제당, 그게 동립산업이야. 그게 옛날에 건빵, 군에 건빵을 갖다가 만들어가지고 납품하던 공장이야. 그게, 그게 동립산업이야. 50년대는 6 · 25 때니까. 이 바로 건너편에 신진 자동차라고 있었어요. 이게 하ㅇㅇ이 신진 자동찬데 옛날에 버스를 어떻게 만들었냐, 버스 공장이, 옛날에 벌판에다 내놓고 우그려서 만들었어. 그런데 신진 자동차가 여기서 있었는데 아버지를 갖다가 신진 자동차 공장장으

로 오라고 그랬어요. 아버지 안 가신다고 그랬거든. 그때
인제 뭘 만들었냐 하면, 차에 보면 그게 코로난가 새나란
가 이 자동차에 보면은 밤바가 있잖아. 밤바를 갖다가 그
때는 쇠로 했어. 쇠로 했는데 여기는 괜찮은데 이거 돌리
는 걸 여기가 안 돌려지잖아 (그림을 그리면서). 그러니까
이걸 갖다 해결해 달라고 인제 (범버의 곡선 부분을 말함).
아버지는 거기서 공장을 하시면서 이 서울 시내에서 안
되는 거 있잖아. 이 프레스 기술로 하는 데 안 되는 거. 그
거만 오는 거야. 그래. 아버지가… 그리고 또 하나 우리 저
기 차의 와이퍼 있지? 그걸 만들어서 납품하셨어. 그게 똑
같애 지금이나. 그때 만드신 거하고 똑같애. 그리고 저 청
소하는 밑에 다는 걸레 접었다 폈다 하는 거 있잖아. 이것
두 만들어서 납품하셨거든. 고안해가지고.

　시방 그 솜씨가 삼일 빌딩 담벼락에 있다고 하더라.

　그리고 또 하나 재밌는 거 얘기를 해 주면 그 옛날에 삼
일 빌딩, 그때 삼일 빌딩은 컸어요. 나 대학교 일 학년 때
거든? 66년도에 삼일빌딩은 제일 높았어요. 그 삼일빌딩
맨 위 층에다가 스카이라운지를 한데. 그렇다구 그 무대
전면에다가 왜 저 무슨 모양을 갖다가 문양을 만들어 달
라고 하는 거야. 높이가 한 삼 메타 정도 되고 이게 (수평으
로 손을 펴며) 한 십오 메타, 한 이십 메타 정도 되는 거야.
그런 둥그런 판에다가 거기다 인제 뭘 갖다가 만들어 달
라고 그러더라고. 인제 그게 해가 떠오르는 걸 어떻게 해
달라고 그러더라고. 그래서 하루는 아버지가 오셔가지고
그러셔. 그래서 나하고 머리를 맞대고 해를 갖다 해가지
고, 해가 이렇게 비쳐 나가는 걸로 하자고. 그래가지고 인
제 의논을 해가지고…[무슨 설계도나 도면도] 없어. 없고.

"시방 그 솜씨가 삼일 빌딩
담벼락에 있다고 하더라."

이걸 갖다가 인제 요렇게 됐으면은 해를 갖다가 집어넣고 (그림을 그리면서) 뭐 이렇게 되가지고 차차차차 퍼져 나가는 그런 무늬를 갖다가 만들었어요. 그러니까 이걸 갖다가 동판을 갖다가 딱딱 맞췄지. 모자이크 식으루다가 이걸 갖다가 싸인펜으로 갖다가 그려가지고 난. 그리고 인제 직공들 데리고 해가지고 거기서 뚜드려가지고 야금인가, 아니 그 뭐야 판금. 요 판은 이래가지고 들어가고 다시 또 더 들어가고, 차곡차곡 해가는 거야. 층지게 해가지고. 그래가지고 그걸 갖다가 딱 만들어가지고 납품을 했거던. 아버지가 데스리 일도 많이 했어요. 데스리가 고급 주택에 문 만들고 난간 만들고 하는 거 있잖아? 그것도 많이 하셨거든. 저기 저 효자동 평창동의 고급 주택 가면은 많이 해 주셨어. 스뗑으로 해가지고. 그러니까 쪼끔 영업적인 면만 있으면은 그런 거 해가지고 얼마든지 벌지, 나갈 수 있거든. 남들 못하는 걸 하니까. 한 집 해 주면 귀동냥으로 해가지고 계속 나가는데 그걸 갖다가 거기 한 군데로 끝나고, 말고 그러셨으니까. 고생만 하신 거지. 그래가지고 이걸 갖다가 인제 거기다 납품을 했단말이야. 근데 78년도에 우리 ○○이 어멈하고 내가 선을 봤다고. 어디서 봤냐 하면 코리아나 호텔 2층 커피숍에서. 거기서 딱 봤는데, 처음에는 몰랐어. 정신없으니까 나중에 좀 눈을 뜨고 돌아다보니까 이 그림이 저기 있는 거야. 코리아나 커피숍 저쪽 면에. 그걸 [삼일 빌딩에서] 떠어 왔어. 그러니까 팔어 먹었는지 거기서 그 사람이 가져왔는지, 이 그림이, 그림이 아니라 조각품이 거기 딱 있드라고. 와 되게 반갑데. 그러구 십삼 년 지났는데 거기… 그래서 가서 만져봤잖아. 인제는 없을 거야. 참. 그런 것도 하셨어. 아버지가.

지독한 생활의 어려움

(그렇게 솜씨가 좋으셨으면 떼돈을 버셨어야 되었을 것 같은데) 그런데 그렇지도 못해서. 왜냐하면 안 되는 거만 가져오시면은 영업 활동이 안 되니까. 귀동냥으로 해서 이제 온단 말야. 그거 가져오면은 그냥 몇날 며칠 밤을 기계하고 씨름하고 가다[28] 만들어가지고, 이거 철판 할려면 가다를 다시 만들어야 돼. 그 가다 만드는 게 상당한 저거 아니야. 이게 힘이 들고 깎고 다듬고 하니까. 그래 뭐 철판 여기 우그리는 것도 먼저 동그란 가다를 만들고 여기서 내려가는 걸, 그 담에 위에서 내려가는 걸 만들어야 들어 갈 거 아니야. 이 가다 만드는 것도 큰일이라구. 그러니까 그냥 몇 날 며칠 밤을 머릴 짜내고 도면 그리고 하다가 그래가지고 한 일주일이나 열흘 걸려 만들어내면, '아 된다' 그러면, '그럼 만드쇼' 그럼 돈 주나 그놈들이? 그때는 그랬어. 만들어 납품해라 그러는 거야. 그러면 어머니는 어디 가서 또 인제 빚을 얻어내는 거야. 돌아다니면서 빚을 얻어내요. 그래가지고 빚을 얻어 오면 그때는 제일 큰 게 딸라변이에요. 딸라변 알지? 한 달에 삼십 프로야. 만 원에 백 원이야 매일. 응? 그런 걸 빌려다가 재료 사고 그리고 만들어서 갖다 주면 어음 줘. 삼 개월 육 개월 어음, 또 거기서 또 깡 해야지. 깡 해 가지고 입에 풀칠하고 그거 인저 돈 값으면 땡이야. (하하). 그러니까 그런 악순환이… 그러니깐 그렇게 고생을 하셨다고. 모든 일이 다 그랬어요.

왜 그러냐 하면 그 돈 꿔 준, 마포 뚱뚱이라고 있어. 뚱뚱이 그 동네 홍씨 아주머니. 그 도화동인가 어디 있어. 하

28 틀

여간 그 사람 돈놀이를 했는데 저녁에 아홉 시나 열 시에 와 가지고 대문에 와 가지고 돈 달라고 하는 거야. 빨리 돈 갚으라고. 그래가지고 대문에서 어머니하고 한 시간 동안 입씨름을 해요. 그럼 가지? 그 담 날 아침 일곱 시에 와. 그럼 어제 저녁에 없든 돈이 지금 어떻게 생겨? 가서 도둑질 해 오라는 소리야?

도둑질을 해도 갖다 팔아야 돈 되지 않냐고 나는 그랬다.

[직원이] 뭐 한때는 한 열 명도 됐었어. (그럼 그 직원들 월급 주시는 것도 정말 쉽지 않았겠네요.) 말도 못해. 왜냐하면 딴 때는 몰라요. 추석 때 추석 전 날, 구정 전 날. 가져 가지고 아침에 수금하러 나가신다고. 그럼 수금하러 나가셨다가 거의 빈손으로 들어오셔. 저녁 일곱 시쯤. 그때 들어오시면은 '어떻게 됐습니까' 어머니가 그러시면 '어휴 안 되겠는데.' 그러면서 어음 맺 장 가져오신다고. 그럼 또 어머니 그 어음 몇 장 들고 다니면서 돈을 꾸러 다니시는 거야. 그 저녁에. 딸라변밖에 더 있어 그때? 내일이 추석이고 집에 가야 되는데. 보통 돈이 있어? 그러니까 딸라변 가져와가지고 또 노나 주는 거지.

아휴, 참참, 비참한 세상도 지났지.

(절에는 언제부터 다니기 시작하셨어요?) 살다가 살다가 정말 죽게 생겼어. 그래서 이걸 어떡하나. 그런데 어떤 사람이 도봉산에 거북암에 용하니까 한 번 가 보라고. 그래 가니 거기 여자가 그렇게 어려우시면 초나 몇 자루 사 가지고 올라가서 얘기를 해 보시라고. 해서 그래서 거기를 다니기 시작했지. 하루는 나서니까 눈이 이렇게 와. 그래 ○○이가 자기가 못 가니까 ○○이보고 어머니 모시고 가라고 그래. 그래 눈이 디리 쏟아지는데 인제 ○○이

"도둑질을 해도 갖다 팔아야 돈 되지 않냐고 나는 그랬다. 아휴, 참참, 비참한 세상도 지났지."

어려운 생활은 결국 이기택 씨로 하여금 종교에 귀의하게 되는 계기를 제공하기도 하였다.

는 감발을 하구선 인저 언덕을 밀구 끌구 그렇게 해서 인
제 거기를 갔지. 그래 가서 인제 기도를 하구선 저녁 때 오
는데. 그렇게 하기를 내가 팔 년을 했다. 팔 년을 다녔어.
여덟 해를 다녔어. 하루두 한 달도 빼지 않고. 그래 여덟
해를 다녔는데, 그래 그런지 저래 그런지, 쪼끔씩 쪼끔씩
풀려났어요. 그래서 그, 아주 위기는 면했어. 그래 인제 여
덟 해를 다니는데 여기 할머니가 저 몸을 못 쓰셔. 어뜩허
니. 나 저 시어머니가 그렇게 옷 저 뒤에, 오줌을 방에서
누시고 그러시는데 내가 나갈 수가 있어? 그래 여덟 해를
다니구는 고만뒀지. 그래 가지구선 그때보텀 절에를 댕기
기 시작헌 거야. 그래 죽 댕겼지 뭐. 그래서 댕기기 시작한
거지. 추우나 더우나 그냥. 댕기기 시작하니까 엽때 댕긴
거야. 그래 인저 저기 뭐야 도선사, 도선사에두 저 등록을
해가지구 도선사에도 가구 거기두 가는데, 그전에 시할머
니가 도선사엘 청담 스님이 계셔서 많이 다니셨거든. 그
래 거기두 가구 거기두 가구. 인제는 아무대두 못 간다. 이
저 다리가 그래서 못 가. 거북암은 올라가기가 좀 힘들어.
거기두 못 가구 도선사에두 못 가구. [절은 다] 많이 걸어
가야되. 그래 인제 저기 종로에 있는 절, 이름도 잊어버렸
네. (조계사?) 응, 조계사. 거기는 인제 차를 타고 앞에까지
가니까 으쩌다 한 번 가지. 그래 시방 인제 두문불출하고
들어앉았었지… 요샌 스님들이 못됐어. 옛날 스님 같지 않
아. 조계사두 모두 사치를 해서. 모두 사치야. 그 조계사 진
지가, 나 스물두 살 때 낙성식했다. 그래 시할머니가 날 데
리고 거길 갔는데 전라도 어느 부자가 만성천자 노릇할려
구 재목을 다듬어 놨었는데. 그런 걸 천자 노릇을 못 하니까
법당을 지라고 준 거래.

어려움은 경제적인 데만 있는
것도 아니었다. 동네에서 다른
이웃들과 어울려 지내는 것도
쉬운 일만은 아니었다.

[반상 구분이 전쟁 이후] 다 없어졌지. 행랑 사람도 그때
전쟁이 지나니까는 달아나 버렸지. 다 헤졌지. (그러면 원
효로 이사 오신 다음에는 그런 게 하나도 없었나요?) 그때
두 인제 양반 사람은 다 있지. [동네 사람들이] 알아주지.
그 사람 네 집은 행세하던 집안이다. 그러지. (그 동네는
양반집이 별로 없던 동네지요?) 그렇지 맨 뱃놈이지. 죄 뱃
놈덜이야. [어울리기] 힘들지. 그저 모두 모두모두 이렇게
(손을 높이며) 해 줘야 좋아해. [그래두] 그 앞 집 옆 집 친허
게 지냈지. 그래두 언제든지 요런 게 (손을 꼬부리며) 있지.

*우리 어머니가 돈을 꾸러 다니시는데, 거기 골목으로
가니, 돈 꾸러 다니는 주제에 딸내미는 무슨 대학이니 보
내냐고, 그런 말까지 하고 그랬다고.*

*(같은 공장 하시는 분들하고 무슨 모임이나 그런 것은
없으셨어요?) 글쎄 그런 거는 없었을 거 같애.*

댕기는 사람들하고만 댕기셨지. [있어도 안 나가셨어.]

*(하하) 안 나가셨을지도 모르지. 아버지는… 하여간 그
렇게 사셨어.*

어려움의 이유

경제적으로 어려운 상황에 놓이
게 되었던 중요한 이유로 가족
들은 이처럼 자존심과 원칙을
고수하여 주어진 기회를 살리고
자 하지 않았던 가장의 성품을
꼽는다. 그러한 자세로는 살아
남기 어려웠던 것이 당시가 혼
란스러운 한국 사회였기 때문이
었다.

돈이, 돈이 있어야 돈을 벌어.

*아부지가 그러니까 기술은 있으시지만은 그러니까 돈
운이 안 따르신 거야. 너무 약게를 못하시고.*

*그래서 [범버의 둥근 부분 곡선틀] 이걸 갖다가 해결을 해
가지고 갖다 주니까 [신진자동차에서] 공장장으로 오시라
고 그런 거야.*

◀ 이기택 씨 부부의 제주도
여행

(왜 안 가셨어요?) 누가 아냐. 난 인제 죄 잊어버렸어 이
제.

그러니까. 그게 더 날지 모르는데 안 가셨어. 그냥 나 이
쪽에서 하겠다고.

그리고 [청소하는 밑에 다는 걸레를] 만들어가지고 납품
했는데 그 옆에 우리 동네, 같은 동네에 또 철공장 하는
놈이 있어. 옛날 아버지한테 와서 배운 놈이야. 옛날에 청
소 이거 청소 틀 우리가 하다 그놈이 뺏어갔잖아요. 젊은
놈이.

그것두 죽었댄다.

그놈이 아부지가 하시든 거 뺏어갔잖아. 전에.

이러한 성품 때문인지 부부는 어려운 경제적 상황 아래서도 어려운 사람들을 챙기며 살았다. 그러나 이 역시 주위로부터 존경받는 요인이 되기도 하였지만 자신의 것을 제대로 챙기지 못하는 미련한 사람들로 보이는 요인이 되기도 하였다.

뺏어갔지…

아버지가 내가 인제 취직을 해가지고 부산을 내려가니까 그 다음엔가 75년인가 공장을 갖다가 안 하셨어. 그러면서 그 공장에 있는 모든 기계를 갖다가, 공장장이 둘 있었거든, 공장장 클라스가. 그 두 사람한테 다 줘버렸어요. 줘버리셨다니까 팔지도 않고. 그 사람들한테 니놈들 나눠서 가지라고 다 줘버렸어… 영업적인 면이 있어야 되는데. 완전 기술자고 그러니까…

항상 객식구들이 있었어요. 그렇게 어려운데도. 우리 어머니가 그래. 그런 양반이야. 전쟁 때도 피난을 ○○할머니를 모시고 갔다 왔어요. 그 난리 통에. 갈 때도 모시고 가고. 올 때도 다시 모시고 올라오고. 몰라, 일가인지 우리랑 어떻게 되는지. 하여튼 갈 데 없는 그 노인네를 우리 집에서 끝까지 모셨어요. 그런 사람이 한둘이 아니야. 그걸 다 데리고 살고 먹이고.

그 사람[28]이 나한테 시할머니 친정 조카딸이야. 멀지. 그러니까 인제 가깝게 사니까 그러니까는 왔다 갔다 하지. 그런데 어려서부텀 우리 집에 와서 많이 살았어. 어려서부텀 눈이 그렇게 안 좋았어. 청맹과니[29]야. 정신대에 끌려간다고 그때 결혼을 했지. 그랬더니 시어머니도 장님이야. 시집을 갔는데 그러니깐 며느리도 반 장님이지 가난허기는 억척같이 가난하지 그러니깐 쫓아버렸어. 그러니깐 인제 방 하나 얻어 가지구 부녀 분이 사셨지. 여기 와서두 뭐. 우리 집에 살다시피 했지. 어려서 열 살, 아홉 살에 와서 열다섯까지는 또 한 집이서 살구.

그러다가 인제 부녀 분이 사시다가 아버지가 돌아가시니까, 인저 혼자 방 하나 얻어가지구서 장사하네 해가지

28 앞의 할머니와는 다른 사람을 돌본 이야기이다.
29 눈 뜨고도 못 보는 사람을 일컫는 말이다.

구서 밤나 쓰리를 맞어. 그래서 모두 없애구 그래. 어유, 그
것도 불쌍한 자야. 시방은 눈이 더 어두워 점점. 시방 원효
로서 살지 방 하나 얻어 가지구. 그것두 걱정이야. 인제 가
보지도 못 하구. 저두 몸이 그러구 나이 먹어서 더 힘드니
까 오지도 못 하구.

자녀들의 교육

우리 아버지가 한학을 하셔서, 공부가 아주 높으셨어.
그래 외손재[녀]한테도 자, 호 다 지어 주셨어. 여자라도.

아주 저, 첨[처음]에 인제 애미를 나니까는, 그게 아주
조손[30]에 없어. 그때는 저 그 뭐야, 쪼꼬렛, 쪼꼬렛을 인제
미국 사람이 들어와서 왔다갔다할 때 그때 쪼끔씩 살 거
아냐. 그러문 인제 감춰 두구 어멈만 하나씩 주셔. 그래
인제 저 뭐야 작은 아버지[딸]. ○○이가 있었는데 그럼
인제 할머니가 ○○이 좀 하나 줄라문, '에미가 사다주지
왜 날더러 주래.' 그리구 안 주셔. 그리구 칭해[층하] 하셨
단다.

*"나두 못 배운 게
너무 한이 되서 애들을
그렇게 어려운데두
대학을 보냈다."*

그때는 뭐 양반 개념이 있어? 그게? 그래가지고 [그때
할아버지가] 은행만 다니셨으문 내 아버님 얼마나 떵떵거
리셔. 정말 머리도 좋으신데, 뭐 한자리 하셨다고. 아버님
은. [할아버지가] 그러다 보니까 아버지가 어디 뭐 교육을
갖다가 제대로 받으셨어? 보통학교만 나오셨지. 보통학교
두 억지로 나오셨어. 할아버지가 '이노무 자식아 학교는
무슨 학교냐.' 그래가지고 못 다니셨지. 그래가지고 보통
학교만 겨우 졸업하셨는데도 인제 이렇게 그랬는데, 그러

부부는 위로 딸 하나와 아래로
아들 셋, 모두 네 명의 자녀를
두었다. 딸 위로 두 명의 아이들
이 더 있었으나 낳자마자 잃었
다. 그리고 힘들게 나은 첫 딸은
주위의 많은 사랑을 받았다고
한다.

30 祖孫.

▲ 가족이 함께 모였던 이기택
씨의 팔순 잔치

"아유, 여북해, 내가 그 공장은
애들 물려주질 말라고.
아주 밥을 싸가지고
다니면서 말린다고 그랬어.
그 공장 아부지 대에나 하고
애들은 절대 물려주지 말라고."

니까 아버지가 한이 뭐냐 하면 못 먹고 그래도 자식들은
보내겠다 학교를. 그래서 우리가 살던 그 골목에 대학 나
온 사람이 없어, 거기. 우리밖에 없어. 우리 어머니가 돈을
꾸러 다니시는데 거기 골목으로 가니, 돈 꾸러 다니는 주
제에 딸내미는 무슨 대학이니 보내냐고, 그런 말까지 하
고 그랬다고… 그렇게 하셨거든. 그래서 덕분에 우리가
공부를 다 했지.

나두 못 배운 게 너무 한이 되서 애들을 그렇게 어려운
데두 대학을 보냈다. (그럼 애 따님을 더 좋은 대학에 보내
시지 싫다는데 여대 가정과를 보내셨어요?) 여자는 가정
살림이 위주니까. 할아버지가 그러신 거지. 말이나 듣니?
말이나 들어. 옛날에 여자 말이라믄 아주 똥친 막대기로
알구.

(공장을 물려주실 생각은 없으셨어요?) 아유. 여북해 내
가 그 공장은 애들 물려주질 말라고. 아주 밥을 싸가지고

다니면서 말린다고 그랬어. 그 공장 아부지 대에나 하고 애들은 절대 물려주지 말라고.

　이제까지 이기택 씨의 구술 자료들을 토대로 이기택 씨와 이석주 씨의 생애에 대해 두 분이 함께했던 철공장이라는 일을 중심으로 살펴보았다. 은퇴 이후의 생활을 간략하게 이야기해 본다면 부부는 큰아들이 직업을 갖게 되면서 하던 일을 정리하였다. 이후에도 형편이 쉽게 나아지지는 않았지만 자녀들이 모두 대학을 졸업하고 취직을 하여 제 몫을 하기 시작하면서부터는 그래도 전보다는 나은 시간을 보낼 수 있었다. 생활이 어려워 여행 한 번을 못해 보고 살았지만 이제 부부는 함께 제주도로 설악산으로, 큰 아들이 주재원으로 있는 홍콩으로 여행도 다녀올 수 있었고 노인 대학에 등록하여 여유 시간을 보내기도 했다.

앞서 첫머리에 밝혔던 것처럼 한 사람, 혹은 한 가족의 인생 속에 있는 그 많은 이야기들을 몇 번의 인터뷰와 몇 장의 글로 정리해 내는 것이 가능한 일일까 걱정되기도 한다. 그러나 일제 강점기와 한국전쟁, 경제 개발의 시기까지 급박하게 변화해 온 한국 사회에서 20세기를 살았던 사람들의 그 어려웠던 삶의 하나를 이렇게 기록해 놓는 데서 의미를 찾고자 한다. 끝으로 여러 번의 인터뷰를 마다하지 않고 도와주시고 이 글을 낼 수 있도록 허락하여 주신 이기택 씨 가족 분들에게 진심으로 감사를 드린다.

밤낮없이 하다 보니까
돈 좀 벌었어요

─교동 시장 상인 봉기련의 일과 삶

임경희(영남대학교 인문과학연구소)

"그래도 밥 벌어 먹겠다고
조국이라고 찾아왔는데…
너희 배때기에는 뭐
철판 둘렀냐? 내가 너희들한테
수모받을 사람 같으면은
38선 넘어오다가 혀 깨물고
죽었을 사람이야."

제보자 봉기련 씨(남. 86세)는 황해도 수안군 공포면 하회리 문성촌 출신이다. 문성촌은 수백 년 동안 봉씨들만 100여 호 모여 살던 곳. 그곳에서 가난한 농사꾼의 3남 2녀 중 맏이로 태어난 그는 18세 되던 해 수안농업학교에 입학했고 졸업 후에는 황해도청 공무원으로 임용되어 일하다가 해방을 맞았다. 그렇지만 북한에 김일성 정권이 수립되면서 친일파로 낙인찍혀 직장에서 쫓겨났다. 이어 한국전쟁이 일어났고, 가족과 헤어져야 했다. '일주일이면 돌아갈 줄 알고' 어린 3남매와 부인을 해주 집에 그냥 남겨둔 채 피난 나온 게 화근이었다.

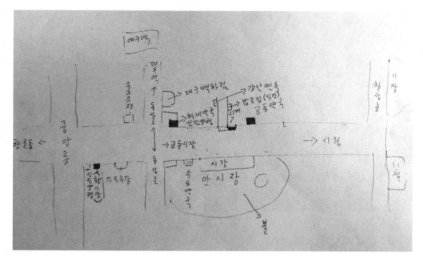

▲ 1952년 이래 제보자가 일했던 대구 교동 시장의 실태. 시계노점터. 교동약국. 형제약국과 신진양행 들이 검은 색으로 표시되어 있다.

1952년 대구에 정착한 그는 행상으로 새 생활을 꾸려야 했다. 공주에서의 담배장사를 거쳐 교동 시장 한 귀퉁이에 정착한 그는 약품에서부터 만년필, 시계를 파는 노점상까지 닥치는 대로 일하면서 적잖은 돈을 벌었다. 이후 약국과 귀금속상을 경영하면서 교동 시장의 터줏대감으로 성장한 그는 15년간 교동 시장 번영회 회장직을 맡기도 했다. 1953년 이곳에서 재혼한 그는 현재 교회가 운영하는 사회복지관에서 시조창을 가르치는 강사로 소일한다. 슬하에는 3남매(2남 1녀)를 두었다.

그의 삶은 이처럼 한국전쟁이라는 역사적 사건 때문에 하루 아침에 인텔리에서 행상으로 전락했다가 이를 거뜬히 극복해 낸 이 시대 민중의 일생을 적나라하게 보여 준다. 그는 특히 맨주먹으로 피난 나온 북한 사람들이 어떤 과정을 거치며 타향에 정착해 왔는지에 대해서도 생생한 증언을 해 준다. 따라서 제보자의 생애는 20세기 '보통 사

▲ 제보자 봉기련 씨. 사진은 2003년 12월 26일 교동 시장 조사를 끝낸 직후 촬영한 것이다.

람' 이 남한과 북한의 사회적 격랑에 적응하는 과정을 보여 주는 전형적 예가 될 수 있을 것이다.

이 자료를 얻기 위해 제보자와 처음 만난 것은 2003년 12월 14일 대구광역시 동구 신천 3동 제일 감리교회 사무실에서였다. 이미 두어 차례 전화 약속을 한 뒤였지만 첫 만남까지 그는 매우 신중했다. 그렇지만 이후부터는 매우 적극적으로 자신의 경험을 구술해 주었고, 구술자료의 채록도 동년 12월 17일과 2004년 7월 6일 두 차례에 걸쳐 더 이루어졌다. 그의 사진첩 속에서는 대구에서의 50년 삶과 교동 시장의 역사까지 함께 숨쉬고 있었다.

봉기련의 가계도

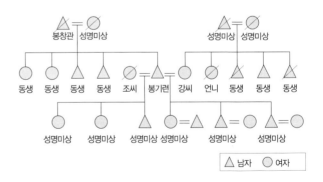

△ 남자 　○ 여자

봉기련의 연보

1919년(1세) 황해도 수안군 공포면에서 농사꾼 봉창관 씨의 3
　　　　　남 2녀 중 맏이로 출생.
1928년(10세) 공포면 공립 보통학교(4년제)에 입학. 교회에 다
　　　　　니기 시작.
1932년(14세) 공포면 공립 보통학교 졸업. 이후 4년 동안 집에
　　　　　서 농삿일을 거들었다.
1936년(18세) 수안 농업학교(3년제)에 입학. 고향 집을 떠남.
1939년(21세) 수안 농업학교 졸업. 황해도청 산업과에 취업.
1945년(27세) 해주 처녀 조씨와 3월에 결혼하고 처가에서 1년
　　　　　쯤 살았다. 그 해 겨울에 첫 딸 출산.
1950년(32세) 한국전쟁 발발. 북한 정권 수립 후 친일파였다
　　　　　고 해서 핍박이 심하던 터라 12월 21일, 집에 처와 삼남
　　　　　매를 남겨둔 채 남쪽으로 피난. 북의 가족과는 이때부
　　　　　터 연락이 끊어졌다.
1952년(34세) 공주를 거쳐 대구로 피난. 교동 시장에서 약품
　　　　　행상 시작. 시계 행상으로 정착.
1953년(35세) 교동약국 개업. 얼마 후 집주인이 자꾸 집을 비
　　　　　워달라는 바람에 이사, 형제약국으로 상호 변경. 북의 아
　　　　　내가 사망했다는 소식 듣고 서울에 살던 강씨와 재혼.
1955년(37세) 재혼한 부인과의 사이에서 첫 딸 출산.
1956년(38세) 건강 때문에 한동안 약국을 그만두었다가 금은
　　　　　방(신진양행) 개업. 교동 시장 번영회장 되다.
1957년(39세) 처음으로 주례 서다. 이후 현재까지 3,062쌍의
　　　　　주례를 서 왔다.
1959년(41세) 둘째 아이 출산.
1960년(42세) 셋째 아이 출산. 동성동 새마을금고를 창설하고
　　　　　이사장 되다.
1973년(65세) 교동 시장에서의 장사를 그만두다.
2004년(현재) 대구광역시 동구 신천 3동 소재 제일 감리교회
　　　　　사회복지관에서 시조창 강사로 소일한다.

어릴 때는 농삿일 도왔죠

"고향은 황해도 수안군 공포면,
요기 인제 봉씨 촌입니다.
순 봉씨들만 살아요.
여기에다 공포면이라는 데가
면사무소에 면장부터 서기,
전부 봉씨라요.
부모님께서 거기 문성촌에
정착을 하신 것은
웃대 할아버지 때부터죠."

저희가 5남맨데요. 제가 맏이예요. 고향은… 원 출생지는 황해도 수안군 공포면이라는 곳에서 출생을 해 가지고 거기서 자라서 공부를 하(했)는데.

부모님들은 농사를 지었고요. 4년 [보통학교 졸업] 하고 나서는 그 다음에는 농삿일을 도왔죠. 농삿일 도왔다가 그저 한 사년, 열여덟 살 땐가 이제 농업학교를 갔어요. 농업학교는 수안군에, 군소재지에 있었습니다.

[고향 마을] 황해도 수안군 공포면 하회리 문성촌이라는 곳은 이게 약 100호 되죠. 요기 인제 봉씨 촌입니다. 순 봉씨들만 살아요. 타성은 인제 사위, 장가들었는 사람들, 이런 사람들만 했지 전부가 다 봉씨라요. 인제 여기에다 공포면이라는 데가 면사무소에 면장부터 서기[까지] 전부 봉씨라요, 봉씨. 그러니까 소사, 심부름하는 사람 있죠? 심부름만 타성이라요. 면 소재지에.

부모님께서 거기 문성촌에 정착을 하신 것은 웃대 할아버지 때부터죠. 제가 생각하기에는 증조할아버지 고조할아버지 다 고 집에서 살았지 싶어요 그 집에서. (구술을 받으면서 제보자에게 옛 집의 형태를 그려달라고 종이를 내밀었다) 그기 인

▲ 제보자가 그린 황해도의
고향집과 마을전경

제 초가집이 됐는데요, 둥그렇게 (그림을 그리면서) 지붕이
이렇게 생겼지 싶어요. 이렇게 지붕이 생겨가지고, 대충
그린다고 하면은 방이 한두 개 정도 되던 거 같아요. 부엌
내놓고. 그 다음에 인제 이 집이 생긴 그대로, 이쪽이 북
[쪽]입니다. [방이 두 개니까] 부모는 부모대로 살고 애들
은 애들대로 다 한방에 자는 겁니다. [오남매가] 한 방에
자는 거죠.

　동쪽으로는 집이 없고 개울이 있었어요. 물은 없고 비
가 오면 물 내려가는 개울. 요기 넘어가면 이제 집이 있었
지요. 이 아랫집은 기와집이었고 그라고 인제 동네가 어
떻게 있었냐면 산이 이렇게 있으면은 밑으로 이렇게 쭈욱
가면서 길게 있었습니다. 동네가 길게 있어가지고 아랫동
네, 가운데 동네, 웃동네 이렇게 명칭이 있었어요.

　나는 아랫동네에 살았거든요. 밑에 일루(이리로) 더 내려
가면 이제 학교가 있고요. [마을 공동의 일을 처리할 때는]
전부 봉씨들이니까 촌수를 따지는 거죠. 촌수를 따져서
인제 뭐 숙(叔)이라든가 할아버지라든가 손자라든가를 따
져서. [일을 분담하지요] 우리 봉씨(시조)가 삼형제분인데
본(본관)은 강화도 하음이거든요. 강화도 하음이지만은 원
(본래) 그 삼형제분의 큰 형은 수안(황해도 수안군)에 있습
니다. 그래서 수안 큰 집이라고 그럽니다 그리고 여기가
둘째가 되고요. 셋째는 무후했습니다. 자손이 없었습니다.
[일제 시대까지만 해도] 강화도하고 이 문성촌하고 서로
오고가고 했죠. 시제, 10월 달에 시제가 있을 때는. 근데
해방되고 나서는 교통도 불편하고 그쪽(강화도)에서 연락
이 끊어졌죠. 해방이 되고 나서는 거기서 오고가고 하는
것도, 버스를 탈라 해도 증명을, 여행증명을 내야 하니.

*"강화도하고 문성촌하고
서로 오고가고 했죠.
10월 달에 시제가 있을 때는…
근데 해방되고 나서는
교통도 불편하고 그 쪽에서
연락이 끊어졌죠.
버스를 탈라 해도 증명을,
여행증명을 내야 하니"*

(마을 한켠을 가리키며) 여기는 뭐가 있었냐면은 하인, 심부름하는 사람들, 소위 말하면 상놈들이죠. 여기도 있고 여기도 있고 세 군데[1]다 있었습니다. 아랫동네, 가운데 동네, 웃동네[가] 그 상놈들, 하인들을 세 사람을 둔 거죠. 하인은 동네에서 관리하지요. 동네에서 집도 주고 밥도 주고 해서 농사도 짓고. 그 사람들이 주로 뭘 하느냐 하면 인제 결혼(식)을 할 때 가마들고 가잖아요? 또 신랑[의] 말 타고 가니까 인제 신랑 말 타면 견마들이고 가고 그런 거 했죠. 그런 거 했는데 딱 해방되고 나니까 그 사람들이 다 그냥 빨갱이가 되[어]가지고 그냥 딱.(앞에 버티고 선 모습을 지어 보인다) 그때 [동네 사람들이] 하인으로 부리면서 뭐 그렇게 수모는 안 줬지만 자기가 하인으로 있었으니까 굽신거리지 않았겠어요? 해방이 되고 그 사람들이 빨갱이가 되고 나니까 그렇게 된 겁니다. 그 사람들이 도리어 허허.

(그 당시 농사 규모는 어느 정도 되셨습니까)

농사 규모는, 물론 토지가 있지만 그거가지고 안 되니까 다른 사람 토지를 빌려서 농사를 지어가지고, 얼마를 지었는지는 모르겠어요. [소출이 나면] 땅주인 주고 나머지는 인자 식량하고(했는데) 모자랐습니다. 보릿고개쯤 되면은 [곡식이] 채 익기도 전에 따다가지고 죽 써(쑤어) 먹고 그랬는 생각이 나요. 그러니까 보리죽을 보리죽하고 꿀꿀이죽으로 했는데 그냥 갈아가지고 나물 같은 거 넣고 끓였던 거 같아요. 매일 저녁 그거 안 먹는다고… 제가 입이 좀 까다로웠거든요. 그래가지고 부모들이 고생했어요. 안 먹는 음식이 참 많았거든요. 상을 차릴 때는 아버님 상을 따로 차렸죠.

지금 생각하니까 어머니나 할머니는 나중에 식사를 했

"보릿고개쯤 되면은 익기도 전에 따다 가지고 죽 써 먹고 그랬는 생각이 나요. 꿀꿀이죽으로 했는데 그냥 갈아가지고 나물 같은 거 넣고 끓였던 거 같아요. 매일 저녁 그거 안 먹는다고… 제가 입이 좀 까다로웠거든요. 그래가지고 부모들이 고생했어요."

1 아랫동네, 가운데 동네, 윗동네 세 곳을 지칭

지 싶어요. 밥하고 나면은 인제 누룽지가 있잖아요? 누룽지가 있는데 [아이들이] 그걸 자꾸 긁어 달라 했대요. 긁어 달라니 뭐냐고 그랬냐면은 '누룽지를 많이 먹으면은 공부를 못한다, 아둔하다' 고 그럽니다. 공부 못한다는 거 다른 말로 하면 아둔해서 잘 깨닫지를 못한다는 얘기죠. 그래서 그런 얘길 자꾸 했어요. 지금 생각하면 그게 아니고 누룽지까지 다 긁어 주면은 어머니나 할머니가 잡술 게 없잖아요? 그래서 그랬던 거 같아요.

열 살 때 보통학교 입학하다

(학교 다니던 때 이야기 좀 해 주십시오.)

[공포면에] 거 공립학교[2]를 세우는데 면 전체가 11개 리인데 4개리가 봉씨가 사는 거예요. (7개리를 잠시 혼동한 듯) 6개리는 뭐 한씨, 각 성(各姓)이 사는 거죠. 각 성이 사는데 우리 봉씨네들은 부자가 없었고 저쪽에는 부자들이 많이 있어서, 공립학교를 세우는 데 기부를 받는데 그쪽에서 많이 했을 겁니다. [그런데] 진작(정작) 공립학교를, 그땐 소학교죠. 소학교를 세우는데 그(저)쪽 6개리에다가, 7개리에다가 세워야 중심진데 진짜(정작) 세우기는 우리 4개리 봉씨 촌에다가 세웠는 거에요. 왜 그렇냐 하니까 면장부터 서기까지 전부 다 (허허 웃으며) 봉씨거든요. 그러니까 이제 우리 4개리에다가 [학교를] 딱 세우고 나니까, 요새로 말하면 데몬가 고런 게 일어났습니다. 한씨들이 면장을 갖다가(잡아다가) 면사무소 앞에 개울이 있는데 고~목을 끌어다가 물에 가(서) 담겼다 꺼냈다 담겼다 꺼냈

2 제보자는 교명을 '공포면 공립소학교' 로 기억하고 있다. 소학교란 갑오개혁 이후 설립되기 시작한 우리나라 최초의 근대적 초등교육기관이며, 1895년 7월 반포된 '소학교령' 에 근거한다. 소학교들은 을사조약이 체결된 이듬해(1906년) 일제의 간섭에 의해 '보통학교령' 이 반포되면서 보통학교로 바뀌고 교육 연한도 5년에서 4년제로 바뀌었다. 이 후 일제는 식민지 교육을 보다 효율적으로 하기 위해 1929년부터 8년간 '1면 1교 설치령' 을 반포한 바 있다. 따라서 제보자가 기억하고 있는 '공포면 공립소학교' 는 이때 설립된 공립보통학교를 지칭하는 것으로 보아야 할 것이다.

다…[했어요]. 경찰서에다가 연락을 했죠. 경찰서에서 트럭을 가지고 왔어요. 왔는데, 지금은 파출소라고 하지만 주재소라고 그때는 그랬는데, 와 가지고 '총은 뭐 하라고 너희들 줬느냐'[고 호통을 쳐요.] 총 사용을 안 하니깐 주재소 순사들은. 저쪽에서 다 매수한 거죠[3] 그랬는데 경찰서에서 나와 가지고 주동자들 잡아가니까 아~ 인제 한씨들이 막 쫓아가는 거죠. 쫓아가는데 막 공포를 쏘니까 한씨들이 '공포다 공포다' 하면서 잡아가는 사람 끌어내룰(리)려고 [했어요]. 하니까 진짜 [총을] 쐈어요. 진짜 쏴 가지고 사람이 하나 죽었습니다. 그래 [한 사람이] 죽고 나니까 사람들이 물러서고…. 그라고 나서 학교를 지었는데… 그때 입학을 했죠. 지금 생각하니까 열 살[때] 같아요. (학교 규모는 얼마나) 하여간 4개리에서 왔으니깐, 저쪽에서는 안 왔으니깐, 그냥 한 10학급 정도, [학생] 40명 정도가 한 학급이었으니까 4백 명 정도? 면내에 하나밖에 없으니까 이십 리[밖]에서도 오고 한 삼십 리[밖]에서도 오고 그랬죠. [마을이] 아마 한 백 리 가까이 될 거예요. 우리(나)는 바로 곁이니까 한 3, 4백 메다(m)밖에 안 떨어져 있던 거 같아요. 5백 메다 안 됐거든요.

[동기 중에는] 애 아버지도 있었습니다. [여자들하고] 같은 반에 있어가지고, 여재[는] 다 숙성하고 그래가지고. 고 좀 친하면은 애들이 자꾸 놀리죠. 좋아한다고. '나까요시(なかよし) 나까요시(なかよし)' 하면서 좋아한다고. 예전에는 국어를 없애 버리고 말았어요. 학교에 가서 조선인 말을 하면은 벌을 주게 하였어요. 절대 조선말 못쓰게 했습니다. 일본말만 쓰게 했고 국어를 없애 버리고. 왜놈들이 엄격하게 했죠. [조선말을 쓰다 들키면] 벌세우기도 하고

3 제보자는 당시 한씨들이 마을의 주재소 순사들을 매수해 둔 터라 사건을 방관하고 있었다고 기억한다.

채찍질도 하고, 때리기도 하고. [학생들끼리 조선말을 쓰면] 그거 인제 선생님들이 모르잖아요? 반장[을 시켜서], 인제 걔들이 기록부를 갖고 댕겨서(다니면서) '누가 한국말 썼다' 이렇게 쓰고(기록하고)….

18세 되던 해에 고향 떠나다

[농업학교[4]에 진학한 건] 어떻게 농사를 면하겠나? 또 어떻게 하면 우리 집안을 건실하게 좀 지키겠나? 이런 생각을 자꾸 하는 중에 결국에는 '배우는 거밖에 없다' 그래서요. [그렇지만] 그것도, 시험 쳐야 들어가니까 [보통학교] 6학년 나와 가지고도 시험치기가 어려운데 4학년 나와 가지고 시험칠라니깐[5] 공부 안 하면 안 돼요. 그러니까 나하고의 싸움에서 이긴 거죠. 아파서 누워 있어도 책을 보면서 누워 있고. 그래 학교를 다니게 됐죠. 동생들은 다… [보통학교만 나왔어요].

[입학하고는 집을 떠나] 기숙사에 들어갔죠. [보통학교에서] 같이 간 사람은 없고… 동창생들이 많이 생겼는데 한 사람도 해방 후에 못 만났어요. 거기는 [수업 연한이] 3년인데 요새로 말하면 고등학곤데, 고등학교도 농업전문학교 하면은 거기서 끝내는 겁니다. 그때 대학교는 사각모자라고 [불렀는데] 한 면에 한 사람 아니면 두 사람밖에 없었어요. 농업학교 [학생]도 전부 일본사람들이에요. 거기 나오면은 취직을 [바로] 시켰습니다. 3학년 때 '희망을 뭐하느냐?(어떤 직업을 원하느냐?)' 그래서 그때는 교원이라고 그랬습니다. 제일 첫째 교원을 신청했고 두 번째는

"농업학교 거기 나오면 취직을 바로 시켰습니다. 졸업할 때쯤 황해도청에서 통지가 왔어요. 그러니까 산업과에 농림계라던가 임업계라던가가 있거든요. 수안이 거기서 오백 립니다."

4 황해도 수안군 군청 소재지에 위치한 수안농업학교를 지칭함.
5 보통학교의 교육 연한이 이렇게 다른 것은 일제의 식민지 교육정책 때문이다. 일제는 1922년 6월 '개정조선교육령'을 공포하면서 보통학교 수업 연한을 4년에서 6년으로 연장했다. 그렇지만 지방은 사정에 따라 5년, 또는 4년으로도 할 수 있게 했다. 이 때문에 지방에서는 많은 학교가 일제 패망 때까지 4년제 보통학교로 존속했다.

임업을 희망했습니다. [졸업할 때쯤] 황해도청에서, 산업
과에서 먼저 통지가 왔어요. 그러니까 산업과에 농림계든
가 임업계라든가 있거든요. 그래서 거기를 지원을 해서
[근무]했는데 그 후에 교사 통지가 왔는데(습니다). 사표내
고 갈까 하다가 안 가고.

취직하고는 해주, 도청소재지로 나왔거든요. 수안(군이)
거기서 5백 립니다. 도청소재지까지 평양을 돌아가지고
오기 때문에, 직통⁶은 없기 때문에 [멉니다]. 직통으로 오
면 그렇게 안 되죠, 한 3, 4백 리밖에 안 되는데. 그러니까
부모님하고 떨어지게 돼(었)죠.

(그 뒤로 부모님은 못 만나셨나요?)

(기억을 더듬으며) 해주에서 기차를, 소철(小鐵)이라고 조
그만 기차를 타고, 사리원에서 다시 큰 기차를 갈아타고,
평양에 가서 또 이제 승오리 쪽으로 가는 차를 타고 가서,
20리를 또 걸어가야 돼. 아주 일찍 떠나면 저녁에야 도착
했으니까 열두 시간, 열두 시간 정도 [걸렸지]. 그래서 해
방되고 나서 고향을 딱 두 번밖에 못 갔습니다. 46년도에
한 번 가고 48년도에 한 번 가고 그랬어요. 그때는 명절
때니까 인제 [부부]동반해서 간 거지요. 거기에는 남동생
이 둘이고 여동생이 둘이죠. 근데 소식을 전혀 모르고 있
죠. 거~이산 가족들 지금 만나러 가고 그러잖아요? 근데
그게 나(나이)많은 사람들부터 보낸다더니 가는 거 보니까
50대, 60대, 40대도 가더라구요. 그래 슬그머니 화가 나잖
아요. 아니 나(이)많은 사람들만 보낸다고 그러더니…내
아래 항렬 되는 사람이 지금 적십자(사) 수석 부총재⁷거든
요. 그래서 '야 이놈아 나 좀 갈 수 있게 해 주믄 안 되나?'
그러니까 '안 됩니다. 허허허' 그래. [부모님하고는] 농업

*"아주 일찍 떠나면
저녁에야 도착했으니
열두 시간 정도, 그래서
해방되고 나서 고향을
딱 두 번밖에 못 갔습니다.
46년도에 한 번 가고
48년도에 한 번 가고 그랬어요.
그때는 명절 때니까.
그리고는 부모님들 못 뵙고."*

6 해주에서 고향마을인 수안군
  까지 가는 직선도로를 의미
  함.
7 대한 적십자사 봉두완 수석
  부총재를 지칭

학교 댕길 때부터 떨어지게 되었어. 그라고는 부모님들
못 뵙고.

(해주에서의 생활은 어땠습니까?)

(기억을 더듬으며) 대동아전쟁이 1938년 12월 8일 날 났
습니다. 졸업을 내가 1940년에 [했고], 졸업을 하고 바로
들어가니까(갔으니까) 한 5년 동안 근무를 했죠. 도[청]에
근무를 하고 해방이 됐잖아요? 해방이 되고 나니까 그 다
음에는 공산당들이 친일파라고 써 주질 않았습니다. 이쪽
에[서] 뭐 해먹은 사람(은) 전혀 안 썼거든요. 1년을 했든지
2년을 했든지, 하여간 제가 적어도 한 5년 했으니까 많이
했었거든요. (그래서 어떻게 하셨습니까?) 거 [제가] 임업
관계에 경험이 있으니까, 임업시험장이라는 데 가서 일
해 주고 김매 주고. 뭐 이렇게 거들어 주고, 뭐 좀 마음에
들은(드는) 짓도 하고. 그러니까 빨갱이들이 뭐라 그러냐
믄 '봉기련이가 저게 풀 속에 대가리 들이밀고 일할 사
람이 아닌데 그냥 둬선 안 되겠다' 는 소문이 들리더라구
요. 친구가 [그때 해주 부근에서] 병원을 했습니다. 친구
가 병원을 하(했)는데 [찾아가서] '나는 도저히 여기 살 수
없으니까 넘어가야 되겠다' 하니까 '그러지 말고 나하고
같이 있다가 같이 넘어가자' 이렇게 됐어요. 그래서 [친구
가 경영하던] 병원에 들어가 있었기 때문에 약을 배워서
여기 와서 약국을 했죠. 그래가지고 인제 6 · 25가 났지 않
습니까.

(해방된 후에는 많이 어려우셨네요?)

빨갱이들 얘기할라면…(사뭇 흥분되는 표정을 지으며) 거
주지를 벗어나려면 여행증(증명서)에 확인도장을 맡지요
[받아야 해요]. 여행증에 맡아 가지고 가면은 그 다음에 온

*"해방이 되고 나니까 인제
그 공산당들이 친일파라고
써 주질 않았습니다.
이쪽에 뭐 해먹은 사람은
전혀 안 썼거든요.
1년을 했든지 2년을 했든지,
하여간 제가 적어도
한 5년 했으니까
많이 했었거든요."*

다는 (그) 날짜에 와야 기차를 탈 수 있고 버스를 탈 수 있어요. 그러니까 여행증명 없이는 절대로 다른 면에 못 갑니다. 그만큼 자유가 없었던 거죠. 하여간 이웃 면에만 벗어 날라고(나려고) 해도 그 증명이 있어야 됐어요. 증명은 면사무소에서 받는 거지요. 증명 없으면 절대 문 밖으로 가질 못해요. 예를 들어서 출장을 간다고 하면은요, 인제 [황해도청에서 쫓겨난 후] 병원에 가 있었으니까 다른 병원에 출장갈 수 있잖아요? 출장을 가게 되면은 식권이, 양권(糧券)이라고 했어요. 양권을 일박 이일(一泊二日) 하게 되면은 점심 저녁 이튿날 아침 이튿날 낮, 녁 장을 받아서 받아가지고 가야 되어요. 녁 장을 받아가지고 가서 소비조합, 식당 같은 데, 국영 식당이니까요, 개인 식당이 없으니까, 거기[다]가 갖다 주어야 밥을 사먹을 수 있어요. 그라고 거기서는 또 양권을 모아가지고 가서 배급 태[서] 와야 밥해서 팔고 그랬거든요. 그러면 [매달 한 사람당] 배급을 15일분씩 주는데 그때(출장가면서) 녁 장 타먹었으니까 [15일분에서 녁 장은] 제하고 없는 거야 허허. 십오일 다 주면 이중[으로] 타먹는 거니까. 그만큼 철저하죠.

공산당들이 조직이 되어가지고 들어와가지고 제일 먼저 무얼 했냐 하면은, 인제 당을 조직해야 하지 않겠어요? 당을 조직하는 데는 사람이 필요한데 노동자, 농민을 중심으로 해서 제일 좋아했구요, 제일 싫어했던 거는 지주, 지식층, 이런 사람들. 친일파로 찍히면 노동당에 들어갈 수도 없었어요. 그러니까 노동자, 농민만 공산당에 들어가게 됐지요. 이런 사람들을 중심으로 해서 해 놓으니까 전부 무식한 겁니다. 또 뭘 했냐 하면은 지주들을 전부 다 이동시키는 겁니다. 자기 고향 다 떠나게 해(하)고. [그때] 북한에는 당이 세 개였습니다. 공산당, 청우당, 민주당. 셋인데 민주당에는 조만식 선생이 있었기 때미네(때문에) 그건 그야말로 민주주의 계통입니다, 그래서 할 수 없이 거기를 들었어요.

그리고 [근무하던] 병원이, 개인 병원이 되어 노니께 인민 병원이 됐습니다. 인민 병원이 되고 나니까 거기 전부 다 빨갱이들이 들어오거든요. 거기서 갠(견)딜라니까 참 힘들어요. 뭐 바른 소리하고 그러니까. '봉기련이가 우리 사람이 됐으면 한 자리 써 먹겠는데 안 된다' 이거죠. 병원에 있으면서 개네들이 하는 거를 상당히 까다롭게 [대응]했거든요.···그래가지고 나를 없앨라고 그랬어요. 왜 없앨라 그랬냐믄, 거 보건소장이라고 왔는데, 보건소장이 뭐 하던 사람이냐(하)면 [약품 사용내역] 검찰하던 사람이었어요. 소장이 [보건소] 직원들 데려와 가지고 약국에(을) 검사하는 거요. 원장이라는 사람은 걱정이 되어서 말 못 하고 그러니까 이제 나를 불러와[부르러 와서] 가니까 [보건소장이] 직원 둘 데리고 와서 약국을 뒤지고 있었어요. 그래서 '과(소)장님 지금 구경하는 겁니까? 검사하는 겁니까?' [하니] '그거 왜 묻소?' 딱 쳐다보데. '예, 구경하신다고 하면 이거 다 보여 드릴 수 있습니다만은 검사한다고 하면 못 보여 드립니다' [하니까]. '여봐, 당국 보건소에서 지시받으니까 검사할 수 있어' [하는 겁니다]. [그래서] '아니요. 우린 보건소 지시 안 받습니다. 약품관리소 지시받습니다. 검열할려면은 약품관리소 소장의 승인서 받아가지고 오세요' 그러니까 아, 이 사람이 부끄럽지 않겠어요? 직원을 둘씩이나 데리고 와서. 가마이(가만) 있더니 [검사하던 서류를] 딱 덮더니 '가자가자' 나가 버려요.

"공산당들이 들어와 가지고 제일 먼저 무얼 했나 하면은, 당을 조직해야 하지 않겠어요? 당을 조직하는 데는 사람이 필요한데 노동자 농민을 제일 좋아했구요. 친일파로 찍히면 노동당에는 들어갈 수도 없었어요. 할 수 없이 거기(민주당)를 들었어요."

그 다음부터는 자꾸 [나하고] 맞서는 겁니다. 그랬더니 이제 [황해]도 약품관리소에서 불러요. 그때는 군[관할]이 됐거든요. 약품관리소에서 들어오라고 해요. 아까도 그랬지만 도청에 있다가 나갔고(해직됐고) 그랬잖아요? [약품관리소로] 들어오라고 하는데 '나는 못 들어옵니다' 하니 소장이 [이유를 물어요]. '통근길이 30리 길인데 들어갈 수가 없습니다.' 했지요. 요새 30리야 뭐 지 집 앞이지만은 [그때는] 기차 통근해야 되거든요. '그럼 집 줄 텐께(줄 테니까) 들어오라' [고 해요.] 그래서 집 줘도 못 들어옵니다 했지요. 어쨌든지 도에 들어오기가 싫어가지고 자꾸 맞서는 겁니다. [계속 안 들어가겠다고 뻗대니까] 하루는 소장이 '동무 그러지 말라고. 사실 동무 없앨라고 그러지만 내가 아까워서 그러니까 아무 소리 말고 오라고' 그래가지고 그때야 찍소리 못하고 들어갔죠. 가 가지고 그 다음 6·25가 생기고. 그리고 나서 다 흐지부지 되고 말았죠.

(해방 전 공무원으로 취직하셨을 때 월급은 얼마 정도 받으셨습니까?)

월급을 그때 돈으로 굉장히 많이 받았지요. 40만 원 받았어요. 쌀 한 말에 1원 했으니까 40만 원? 4만 원인가? 하여간 쌀 한 말에 1원 했어요. 소두(小斗)로 치는데 대두(大斗)로 치면 2원이지요. 그만큼 많이 받았습니다. 부모님들한테 조금씩 보내드리고 그랬죠. 인제 집도 사고 이랬죠. 몇 칸짜린지는 모르겠는데 기역자집이거든요 제가 나오고 난 다음에 우리 집사람이 살았거든요. 그 기역자집이 (탁자 위에 손으로 그림을 그리며) 이쪽에 이렇게 있으면 요기 이렇게 있고, 우린 요기에 살고 이건 세를 줬거든요. 그랬는데 나(내)가 월남하고 난 다음에 인제 월남가족이라

"월급을 그때 돈으로 굉장히 많이 받았지요. 40만 원 받았어요. 쌀 한 말에 1원 했으니까 40만 원? 4만 원인가? 하여간 쌀 한 말에 1원했어요. 그만큼 많이 받았습니다. 부모님들한테 조금씩 보내드리고 그랬죠. 인제 집도 사고 이랬죠."

그래가지고 집에서 쫓겨난 거죠

해방되던 해 결혼하다

(결혼생활에 대해 얘기 좀 해 주십시오)

결혼은 해방되는 해에 결혼을 했습니다. 3월 달인가 되는 거 같습니다. 중신(중매)결혼인데요. 제가 하숙하고 있는 집에서 앞으로 처녀가 지나댕겼어요(다녔어요). 지나댕겼는데 거~ 하숙 간에 있는 할머니가 장가, 결혼해야 안 되겠느냐? [해요]. 누구 있습니까? 하고 이야기를 하다 보니까 앞으로 지나 댕기는 그 처녀 얘기를 할머니가 [하셨어요]. 마음에 있었는데 진작(정작) 신부측에서 좋다고 한다 하니까 이쪽에서 제끼게 되더라구요. '부모님한테 연락을 해 보구요' 그랬거든요. 연락을 하니까 고향 와서 결혼해라 그래요. [처가는] 부모님들이 장사를 하(했)는데. 딸

"장모네 집에서 첫날밤을 지내고 고기서 살았어요. 고기서 한 1년 정도 살았는데 월급을 타면은 꼭 장모에게 맡겼어요. 그 돈 가지고 집을 샀거든요."

◀ 현재의 가족들과 함께 40여 년 전 촬영한 사진. 북의 가족들과는 사진 한 장 남기지 못했다.

셋이고 아들은 하나 있었어요. 인제 막내이 딸이고요, 그렇게 해서 결혼을 하고 살았어요. 결혼식은 해주에서 구식으로. 신혼여행은 없었고 그냥 결혼을 하고 집이 없었으니까, 하숙하고 있었으니까 장모네 집에서 첫날밤을 지내고 고기서 살았어요. 고기서 한 1년 정도 살았는데, 인제 제가 월급을 타면은 꼭 장모에게 맡겼어요. 그 돈 가지고 집을 샀거든요.

징집? 가면 무조건 죽는 판인데

(징집된 적은 없으신가요?)

대동아 전쟁 때는 나가면 죽는 판인데. 우리 동생은 거~ 징집되어서 일본 가서도 죽지 않고 나가사끼 원자(폭탄) 터진 데서 그래도 살아서 왔어요. [그때는] 전부 그냥 무조건 지원을 시키는데, 가면 무조건 죽는 판인데, 생각을 하다가 거~ 설사약을 생각해 냈지요. 피마자기름을 먹으면 설사하거든요. 그땐 뭐 무슨 약이 있는 것도 아니고. 징집 검사하는 며칠 전부터 설사약을 먹고 이제 학교에 등교를 안 한 겁니다. 처음 1차는 그래도 합격을 시켜요. 근데 2차, 3차는 학교를 가야 될 판인데···. 나는 본래 체격이 작잖습니까? 이제(는) 위장병도 나아서 몸이 좀 좋아졌지, [그때는] 아주 그냥 뭐 바람불면 날아갈 정도 됐습니다. 인상도 날카롭고 허허허. 체중도 모자라지요, 키도 작지, 이래서 면제됐죠.

50년도에는 6·25가 딱 나고 나니까 이제 어떻게 됐는가 하면은 모조리 다 잡아가거든요 모조리 다. 그러니까

> *"전부 그냥 무조건 지원을 시키는데, 가면 무조건 죽는 판인데, 피마자기름을 먹으면 설사하거든요. 그땐 뭐 무슨 약이 있는 것도 아니고. 징집 검사하는 며칠 전부터 설사약을 먹고 이제 학교에 등교를 안 한 겁니다.*

10월 달쯤 되어서는 사나이, 남자라는 거는 다 잡아갔습니다. 저는 이제 '폭격 맞았다' 그러고, 참 나도 지독하지요. 옛날에는 공의(公醫)라고 있었습니다. 공의라는 게 지금으로 말하면 뭐 보건소 역할을 하던 게…. 그 공의라는 사람이 통하는 사람이 있었는데 가 가지고 손을 좀 째달라고 그랬거든. (오른쪽 손바닥을 펴 보이며) 요게 지금 오래되니까, 아직도 조금 [상처자국이] 남아 있긴 남아 있는데요. 인제 칼로 쨌어요. (상처자국을 가리키며) 칼로 여기를 쨌는데, 칼이 수술해 본 지 오래되어서 잘 들지도 않고 마취약이 없었거든요, [워낙 다급한 터라] 뭐 마취약이 없으면 그냥 째 주시오 그래서 인제 머큐로크롬액을 바르고 쨌는데 째는 소리가 쫘악 하고 나요. 그래보니까 얼마 안째졌어요. '아이 얼마 안 째졌는데요' 그러니까 좀더 쨀까? 묻데요. [너무 아파서] 더 쨀 수가 없어요. 그래서 여기 [손에]다가 기부스(깁스)하고 그리고 인제 잡혀가질 않았죠. 그리고 나서 10월 15일 날 해주에 미군이 들어왔습니다. 미군이 들어오니까 아~ 인제 뭐 해방된 거나 마찬가지요. [그 동안] 저는 [부근] 산에 가(가서) 숨어 있었는데. 거~ 시내를 내려다보니까 막 불이 나고 그래요. 빨갱이들 도망가면서 당사를 다 불 질러 놓고…. 인제 내려와 가지고 뭐 빨갱이들 토벌하는 거죠. 허허. 거꾸로 되어가지고. 그때 내가 뭐를 했냐 하면은 미군 환영 책임을 졌어요. 제가 뭐 영어도 할 줄 모르는데 아무도 없으니까 책임자라 하데요. 그래서 [미군 환영 행사] 책임을 지고 있다가, 잠깐 동안 책임을 지고 있다가 복직한다 그래가지고 다시 도에 들어갔어요. 인제 삼림과로 들어갔지요.… 빨갱이들이 [그 동안] 인제 낮에는 숨었다가 밤에는 내려오고 [했

"12월 21일 날 [다시] 빨갱이가 덮쳐 버렸죠. 그러니까 피난을 나왔죠. 피난을 나온 그 다음날이 마침 제 생일날이에요. 내일 아침에 미역국이라도 끓여 먹으라고 했는데…"

는데] 12월 21일 날 [다시] 완전히 빨갱이가 덮쳐 버렸죠.
그러니까 12월 21일 날 제가 피난을 나왔죠. 피난을 나온
그 다음날이 마침 제 생일날이에요. 내일 아침에 미역국
이라도 끓여 먹으라고 했는데….

'잠깐이면 될 줄 알고' 피난길 나서다

그기 인제 새벽이거든요 [전날] 저녁에 직원들 다 모여
라 그래서 다 모였지 않았어요? 수백 명이 모여서 각 과마
다 자기(소속) 직원들 다 모였죠. 다 모인 다음에 돈을 노나
(나눠) 줘라 [해서] 노나줘가지고 '후퇴다' 하니까 인제 같
이 나오게 된 거죠. 그러니까 새벽 깜깜할 때죠. 밝으면 빨
갱이들 또 내려오니까. [이름이] 생각이 안 나네. 뒤에 산
이, 큰 산이 있었습니다. 거기에 물이, 광석대라고 물이 참
좋은데. 한국에서는 해주물이 제일 좋은 물입니다. 빨래를
하면은, 흰 빨래를 하면은 파래요. 파란 색 물들인 거같이.
세수를 할 때 비누를 하면(쓰면), 수건으로 문때지(밀지) 않
으면 [비누 성분이] 안 떨어집니다.

(그런 뒤에는요?)

하룻밤 잤어요. 배 위에서 말이죠. 오다가 물이 썰이니
까(썰물이니까) 잤습니다. 잤는데 이제 밥은 먹어야 되잖아
요? 지금 생각하면 생으로 먹었으면 되는데. 물이 없으니
까 인제 바닷물을 퍼가지고 밥을 했어요. 어떻게 쓴지 이
건 먹을 수가 없어요. 그냥 쌀로 먹었으면 되는데.

(쌀은 어디서 생겼습니까?)

그 쌀은 어디서 났느냐 하면은, 도에서 우에 사람(상관)

> "하룻밤 잤어요.
> 배 위에서 말이죠. 잤는데
> 이제 밥은 먹어야 되잖아요?
> 지금 생각하면 생으로
> 먹었으면 되는데.
> 물이 없으니까 인제 바닷물을
> 퍼가지고 밥을 했어요.
> 어떻게 쓴지 이건 먹을 수가
> 없어요. 그냥 쌀로
> 먹었으면 되는데."

이 달구지에다가 쌀을 싣고 나왔어요. 싣고 나와서 소수
까지 왔는데 와 가지고서는 이제 소를 잡았습니다. 배를
타고 가야 하니까 소를 잡아 가지고 각 과에다가 조금씩
노나 줬지요. 쌀도 노나 주고. 그래서 쌀이 좀 있는 거예요.
그래서 소수읍에 있는데 거~ 도지사가 뭐라 그랬냐면은
[자기는] 저기 연평으로 갈 테니 [우리보고는] 이쪽(반대편)
육지 글로(그쪽으로) 가라는 거예요. 그래서 우리가 요(여
기)까지 왔으면 이제 상관하지 마라 각각 개인행동이다
했지요. 아~ 백석포, 백석포로 가라하더라구요. 백석포에
서 지금 풋(대포)소리가 꽝꽝 나는데 그럼 죽으러 가란 말
이냐? 우린 못 간다. 이제부턴 개인행동이다. 이래가지고
소수읍에 나와서 배를 하나 만났어요. 배를 만나가지고
내 좀 타고 가자 그러니 인제 인천 가는 배다 [해요]. 그래
언제 가느냐? 내일 모레 간다. 이래가지고 실을 거, 뭐 있
던 거 전부 다 배에다 실었죠. 배를 탄 사람이 제가 생각하
기에 4, 50명? 그렇게 큰 배가 아니었으니까 4, 50명 정도
같이 있었던 거 같아요. 그라고(그런 뒤) 인천에 상륙을 했
는데 돈을 내라 이거에요. 돈이 어딨어요? 돈이 하나도 없
지. 그때 우리는 한 사람 한 사람 나왔거든요. 그런데 우에
사람(윗사람) 중에 가족을 데리고 나온 사람이 있었어요.
가족이 꼬리가 잡힌 거죠. 그래가지고 우린 다 나오고 [그
사람은] 뱃삯을 줘야지, 못 나오는 거라. 그래서 인제 거
중간에 있는 사람이 '그럴 수는 없지 않느냐 과거를 생각
해서 밉지만은 어쩔 수가 없으니 우리가 조금씩 [돈을] 내
서 주자' 그래서 있는 대로 모아서 주고 다 내렸죠.
　다 내렸는데, 첨에 내려서 뭘 먹느냐면은 죽을 사먹
는 거예요. [그런데] 입이 떨어지질 않아요. 입이 열려지지

"덮을 게 있어요,
뭐 있어요? 이렇게 하고 와서
[입이] 딱 붙었어요.
입이 입노릇 한 게 없으니까.
그러니까 죽을 먹으라고
하니까 입노릇이
안 되는 겁니다.
그만큼 고생을 했죠."

않습니다. 추우니까 (이빨을 악물고 버티는 시늉을 하면서) [그 동안] 이러카고 왔을 거 아닙니까? 뭐 덮을 게 있어요, 뭐 있어요? 이렇게 하고 와서 [입이] 딱 붙었어요. 입이 입 노릇 한 게 없으니까. 그러니까 죽을 먹을라고 하니까 입 노릇이 안 되는 겁니다. 그만큼 고생을 했죠.

[배에서 내린 뒤] 나와 부하 직원 스무 명은 함께 행동 했죠. 뭐 좀 있다가 들어가는 줄 아니까. 일주일 있으면 들어간다고 생각했거든요. 올 때 집사람에게도 잠깐 요 해남에 갔다 올게 하고 나왔어요. 조금만 피하면 되는 줄 알았거든요. 뭐, 해주만 피하면 되는 줄 알았으니까. 잠깐 나갔다 올게 그래가지고 결국에는…. 가족은 다 이북에 있고 저 혼자 나왔습니다. [이북에] 딸 둘하고 아들 하나, 연년생으로 셋이 있었습니다. [같이] 나올 수도 없었고 막내가 8개월인가 된 거 보고 나왔는데…

"일주일 있으면 들어간다고 생각했거든요. 뭐, 해주만 피하면 되는 줄 알았으니까. '잠깐 나갔다 올게' 그래가지고 인제 결국에는… 가족은 다 이북에 있고 저 혼자 나왔습니다. 딸 둘하고 아들 하나, 연년생으로 셋이 있었습니다. 막내가 8개월인가 된 게[보고] 나왔는데…"

피난생활: 공주를 거쳐 대구에 정착하다

(피난와서는 어떻게 사셨습니까?)

인천에서 일사후퇴 때 어디로 갔느냐 하면 공주로 갔습니다. 공주에 1월 14일 날 도착해가지고 권정미소라고, 정미소에 거~숙직실을 얻었어요. 숙직실이라는 게 뭐 조만한(조그마한), 한, 두 평 되는 데서 20명이 뭐 그냥…. 앉았다 일어나면 앉을 자리도 없었지 허허허, 거기서 지냈거든요. 이제 뭐 은단 장사, 담배 장사. 담배는 그때는 말아 피던 때니까 담배 장사시키고.

공주 있실(을) 때 신분증 나이를 늘였습니다. 무조건 젊은 사람들 잡아갔거든요. 신분증 나이를 늘이는 데 신분증을 물에다가 담갔다 꺼냈어요. 꺼내니까 이게 아무래도 표가 나는 거거든요. 노점에서 약을 파는데 그~저~ 조금 있으니까 단속을 하더라구요. 단속을 하는데 거~정미소 옆에, 우리 숙소 옆 고 근처에 형사가 한 사람 있었습니다. 근데 이 사람이 오더니 '그 보따리 뭐냐' 그러기에 약이라고 그러니까 '보자' 그리고(는) 다 꺼내요. 그러더니 또 '여라(넣어라)' 해요. [그리고는] 또 꺼내[하고, 꺼내]면 여하고. 쪼금 있으면 또 '꺼내라' '여라' 하고… 근데 교제라는 걸 몰랐거든요. 근께(그러니까) 이 사람이 참 답답하다, 아마 뭐 이래 생각을 했던 모양이라. 여

▲ 피난 시절 숙소에서 추위를 이기기 위해 사용하던 유단뽀(ゆたんぽ). 양동이에 물을 끓여 담아서 안고 몸을 녹였다.

라 그랬다 꺼내라 그랬다 그러더니 '그 약 뭐하는 거야? 나 줘.' 그러더라고. 그러니께 이제 줄까 하고 였다(넣었다) 꺼냈다 하는 건데 나는 그걸 모르고. 그리고 이제 신분증을 봤죠. 신분증을 보더니 '여 당신 이거 맘대로 고칠 수 있어?' [하는 겁니다] 이게 도청[에서 근무할 때 사용하던 공무원] 신분증이니께. '곤(고)칠 수 있어?' [하고 재차 다그치길래] 곤(고)친 게 아닙니다. 그냥 물에 빠졌다 나와서 그렇습니다 했지. 그랬더니 거짓말하지 말라고 말이야, 딱 보면 안다고 [해요]. 하, 그래가지고 이제 약을 싸주고 통과가 됐지. 그 바람에 나이가 늘었습니다 내 생년월일이 지금 1919년 11월 13일(음력)이지요. 근데 실제 신

분증을 보면 그게 아닌 걸로 되어 있습니다.[8]

[처음] 여기(대구) 와가지고(왔을 때는) [계산동에] 황해도 연락소라는 사무실이 있었습니다. 공그리(시멘트) 바닥이 죠. 공그리 맨 바닥에 이제 거~ 저~, 가마니라고 하는가? 볏짚으로 짠 거, 그거 뜯어서 깔고. 덮는 거는 미군들 담요, 미군들 덮는 시퍼런 거. 그거 한 장하고 안 그러면 그거이 (그게). 그 짚으로 맨들은(만든) 게 뜨세요(따뜻해요). 짚으로 맨들은 거를 덮고 밥은 거~ 골목에 나가서 사먹고. 그러구 선 약을 사가지고 팔기 시작하다가 몽땅 다 털리고 나서 만년필 장사를 하고. 그 당시가 제일 어려웠죠. 그러다가 [털린] 돈 도로 찾고 나서 그 다음에 약국하고 그랬죠.

(약국은 어떻게 시작하셨습니까?)

병원에 있던 거, 그기 근거가 되어서 시작하게 됐던 거 죠. 공주에 [피난 와서] 시장에 가니까 [사람들이] 바글바 글하죠. 약을 좀 사다 가서 팔면 좋겠는데 돈이 없잖아요. 그래서 [피난 오면서 가지고 나왔던] 양복을 팔았습니다.

"[계산동에] 황해도연락소라는 사무실이 있었습니다.
공그리 바닥이죠.
공그리 바닥에 이제 거 저,
가마니라고 하는가
볏짚으로 짠 거, 그거 뜯어서
깔고 덮는 거는 미군들 담요,
미군들 덮는 시퍼런 거
그거 한 장하고.
… 그러구선 약을 사가지고
팔기 시작하다가
몽땅 다 털리고
나서 만년필 장사를 하고
그 당시가 제일 어려웠죠."

8 그의 신분증에 기재되어 있 는 출생연도는 이 때문에 실 제보다 3살이 많은 1916년으 로 되어 있다.

▶ 1950년대 초 교동 시장 풍경

저기(북한)서는 양복을 못 입었죠. 신사복 말이죠. 신사복
을 입으면은 도리어 주시했습니다. 허름하게 입고 다니는
사람은 주시 안 했고. 여기와는 반대됐죠. 그래서 그 싸뒀
던 거를 배낭에다 지고 나왔는데 그걸 팔았습니다. 팔아
서, 요새 돈으로 말하면 아마 한 2만 원 정도 되는 거 같애
요. 그래서 거~약국에 가서 약 몇 가지, 뭐 감기약이라든
지, 다이아진, 고약, 아스피린, 요 정도로 사다 놓고 팔고
그리 시작을 했죠. 그래가지고 51년도 2월에 북진한다 그
랬거든요. 그래서 이제 따라간다고 [짐을 꾸려서] 나섰다
가 못 간다 그래가지고 도로 나와 가지고 이왕 떠난 짐(김)
에 부산으로 가자 그래서 부산을 갔어요. 부산을 가니까
(갔지만) 자리를 못 잡고, 그럼 대구로 가자. 대구에는, 아까
그 사람[9]이 있었거든요.

*"약을 좀 사다가서 팔면
좋겠는데 돈이 없잖아요.
양복을 팔았습니다.
요새 돈으로 말하면 아마 한
2만 원 정도 되는 거 같애요.
그래서 약 몇 가지,
뭐 감기약이라든지,
다이아진, 고약, 아스피린,
요 정도로 사다 놓고 팔고"*

교동 시장에 정착하다

대구에 와가지구서 [약품]노점부터 시작했죠. 아침에는
새벽같이 일어나야죠 자리잡을려면은요. 자기 자리가 대
충 정해서 있지만 [먼저] 갖다놓는 사람이 임자에요. 남의
자리 갖다놓으면 싸워야 되니깐 조금 일찍 일어나서 우선
물건부터 갖다 펼쳐놓고. 거~이제 엠피(MP)들이 와서 안
가져가면 [가져갈 사람이] 없으니깐. 그래가지고 식사는
노점에서 사먹고, 물건 [전부 합쳐야] 요새 라면박스만 하
죠. 물건이 많지도 않습니다. 라면박스만 한 데 다 줘 담아
가지고 [저녁이면] 들어가(서) 자고 다시 또 [일어나서] 나
오고 그런 생활을 했죠. 그런 생활을 하다가 단속이 심하

9 피난 나오기 전에 근무했던
병원을 경영했던 친구.

게 되니깐 이제 시계장사를 했죠. (사진을 가리키며) 이게 시계점입니다. 시계라는 거 전혀 몰랐는데 만지다 보니까 이제 그런 것(수리)도 할 수 있도록 되었고…

그 댐에 약국을 하는데 (사진을 가리키며) 이게 제일 첨에 한 약국입니다. 교동약국부터 하다가 이제 조금 커지니까 형제약국이라고 했죠. 고래 시작을 했던 겁니다.

[그렇지만] 제가 약사 면허를 갖고 있는 사람이 아닙니다. 월급 주면 와서 다 해 주거든요. 그런 가운데 많이 돈이 모이지는 않았어도 점빵 하나 얻을 정도는 됐다 말이죠. 그때는 쌌더랬으니까. 점빵이라는 게 전면 12자짜리를 반을 얻으면 6자입니다. 12자짜리를 얻을 수가 없어서 반을 노나(나눠)가지고 얻어가지고. 교동 시장에다가. 약은 이제 도매상이, 역전에 지금 대우빌딩 앞에 대구약품공사가 있었어요. 거기에 가면 외상 얼마든지 주었댔습니다. 점빵만 있으면 주었댔습니다. 카고(그리고) 또 자유극장 앞에 대동약국이라고 있었고. 그런데 가면은 [외상을] 많이 줬습니다. 그래 이제 시작을 해서 자리를 잡고. 그러다가 1953년? 52년 봄인 것 같습니다. 집주인이 자꾸 집을 내달라는 것입니다. 자꾸 졸라서. 서울로 가고 말까? 이렇게 생각했다가. 옆에 집 판다는 사람이 있어서 살라고 하니깐 돈은 물론 모자라고. [그런데] 돈 대준다는 이가 있었어요. 그래서 집을 샀죠. 그 해에 집사고 결혼하고 그렇게…

여담이 될지 모르겠습니다만 결혼하기 전에 제가 데리고 댕기던 사람이 있(었)어요. 그 사람이 서울 갑시다고 해서 '서울에서 자리잡아야지' 하고 있는 물건, 있는 돈 없는 돈, 많진 않지만 모아가지고 그 사람은 포목 다 사고.

"노점부터 시작했죠. 아침에는 새벽같이 일어나야죠 자리잡을려면요. 자기 자리가 대충 정해서 있지만 갖다놓는 사람이 임자예요. 그래가지고 식사는 노점에서 사먹고, 물건 [전부 합쳐야] 요새 라면박스만 하죠."

난 약을 다 사고 [했어요]. [당시
에] 101헌병대가, 후생사업을 하
던 101헌병대가 대구에 와 있었
습니다. 그때 저는 황해도 연락
사무소에 있었는데 일주일에
한 번씩 후생사업 차가 사무실
에 들러서 서울 가는 사람과 짐
을 싣고 가고 그랬어요. 우리
[도] 서울 갈 차비만 넘겨(남겨)
놓고 물건을 다 사서 그 차에다
실었습니다. 그 차에다 [몽땅]
싣고 둘이가, 둘이가 아니죠. 다
른 사람들도 가는데 밤새도록

▲ 교동 시장에서 시계노점상
을 하던 때(1952년)

[달려서] 수원 가가지고 새벽에 해장하러 간다고 다 내렸
는데, 우리 둘이는 따로 갔어요. 갔다 오니깐 그 차가 가
버렸는 거예요. 짐(을) 몽땅 잃어버린 거죠. 버스 타고 쫓아
갈 수 있습니까? [그래도] 버스를 타고 갔어요. [차 번호도
모르고] GMC(를)보면 다 그 차 같은데 알 수가 있습니까?
못 찾고 내려왔죠.

"조금이라도 벌어야 되니까,
누가 만년필을 도매상에서
얻어주더라고. 안 하면은
밥 사먹을 돈이 없잖습니까?
중고 미제들 이런 거,
하루에 한 개 아니면 두세 개씩
판 거 같아요. 그걸로도
식사는 해결이 됐죠.
그러다가 시계를,
그 다음에 약장사 다시
시작한 거예요"

어쨌든 조금이라도 벌어야 되니까 누가 만년필을 도매
상에서 얻어 주더라고. (만년필을 파는 상자 그림을 그려가면
서) 만년필은 요런 거 한 자루 짜 가지고 고무줄(을) 거기
다 끼는 거죠. 그걸 안 하면은 밥 사먹을 돈이 없잖습니
까? 내가 데려온 애는 서문 시장에 댕기면서 [짐을 실었
던] 그 차 오는 것만 기다리고, 나는 나가서 만년필장사 하
고. 국산, 또 중고 미제들 이런 거, 하루에 한 개 아니면 두
세 개씩 판 거 같아요. 그걸로도 식사는 해결이 됐죠. [중

▶ 교동 시장에 이어 개업했던
  형제약국

"대구에 와서 많이 벌었죠.
그때는 은행거래도 없고
하니깐 [돈이 생기면]
물건을 사게 되죠.
현금보다도 상품이 재산이니까
자연히 한 병 사던 거
두 병 사고, 한 개 사던 거
두 개 사고, 그게 재산이니까.
그 다음에 약국도
조금 커지고…"

고는] 그게 사서는 안 되지만은 쓰리꾼 애들이 만년필을
빼가지고 옵니다. (윗주머니에 손을 갖다대며) 요래 꽂고 댕
기는 거는 국산 거(것)도 있었어요. 국산 만년필은 써주지
않으니 빼오는 거는 일제 아니면 미젠데 금속이거든요.
애들(쓰리꾼)이 어떻게 빼내는가 하면 말꼬리 거 있잖아
요? 그걸 가지고 댕기다가 지나가는 사람 슬쩍 스치면 끌
려 나오거든요. 그렇게 한 걸 가져오면 그걸 사고. 그러다
가 또 이제 뭐 했느냐 하면은 시계를 했어요. 하여간 다 잃
어버렸으니까. 그래 시계를 하다가 그 다음에 약장사 다
시 시작한 거예요. [그러다가] 그 차를 만났어요. [자초지
종을 알아보니] 강 상사라고 [그 차를] 따라다니던 사람이
차를 몰다가 뒤집혀 가지고 사람을 죽였어요. 그래 가지
고 헌병대 감옥에 갔는(간) 겁니까. 그래가지고 찾아가니
간 개성 사람인데 다 팔아가지고 딸 잔치했는 겁니다. 나
중에 와서 변상을 받았죠.

  (약국은 왜 그만 두셨습니까?)

  대구에 와서 많이 벌었죠. 그때는 은행거래도 없고 하

니깐 [돈이 생기면] 물건을 사게 되죠. 한 개 사던 거 두 개 사게 되고 현금보다도 상품이 재산이니까 자연히 한 병 사던 거 두 병 사고, 한 개 사던 거 두 개 사고 그게 재산이 니까. 그 다음에 약국도 조금 커지고…

　[그런데] 일정(일제) 때 직업이 술을 안 먹으면 안 되는 그런 직업이었기 때문에 술을 많이 하다 보니까 위장병에 걸렸었어요. 약국을 하면서 아무리 좋은 약을 먹어도 이 게, 위장병이 낫지를 않아요. 그래서 [약국을] 고만두고 5 년 쉬었습니다.

　한 5년 쉬다가 다시 약국을 할려고 하니까, [내가] 약국 할 때는 대구 시내에 경북대학병원, 동산병원, 2·7육군병 원, 9호 병원 이 네 개 병원이 상당히 큰 병원이고 그 병원 을 다 제가 납품을 했는데, 쉬는 동안에 거 [거래선이] 다 잘렸죠. 그래서 이제 할 수 없어서 누가 금[은]방을 해 보 래서 금방을 했습니다. 뭐 금이 누런 건지 검은 건지도 모 르는데 친구가 일단 하면 된다고 그래서 시작을 해서 자 리를 잡았습니다. 좀 크게 하는 사람들은 서울이나 부산 가서 [물건을] 가져왔지만 우리는 쪼금맣게(조그만하게) 하 니까 대구에서 가져오고. 또 고금(古金)반지 같은 거, 끼다 가 도로 파는 거 그런 거 사서 다시 분석을 합니다. 기술자 (를) 두고 가공을 직접 했죠. (자본 규모는?) 글쎄요, 그때 돈으로 뭐 돈(대략) 천?

"위장병이 낫지를 않아요. 그래서 [약국을] 고만두고 5년 쉬었습니다. 쉬는 동안에 거 [거래선이] 다 잘렸죠. 그래서 할 수 없어서 금방을 했습니다. 뭐 금이 누런 건지 검은 건지도 모르는데 친구가 일단 하면 된다고 그래서"

교동 시장 번영회장 되다

(번영회장을 오래 하셨지요?)

그때 당시에는 거~교동 시장을 양키시장이라 그래가지고, 이제 이북에서 월남했는 사람들이 장사를 하기 시작을 했는데, 자리를 잡는다는 거보다도 한 가지 두 가지 옷을 들고 댕기면서 이렇게(팔기) 시작해서 정착이 됐습니다. 그래 가지고 시장이 형성이 됐는데, 안 시장 바깥시장 둘이 됐었어요. 사람들이 많이 모이다 보니까 안팎이 갈리게 되더라구요. 번영회도 인자(이제) 둘이 된 거지요. 한 지역 안에서 번영회가 둘이 되니까 안 좋은 점이 뭐냐 하면 자꾸 트러블이 일어나는 거예요. 둘이 되니까 서로 적대시가 되더라구요 그래서 이제 제가 [바깥시장] 번영회장을 하면서 통합을 시켜야 되겠다 그런 생각을 하고 (했지요). 번영회장을 다른 분들이 오래 못했어요. 몇 달 하다 보면은 쫓겨나다시피 하고, 나가고, 나가고. 근데 제일 괴로워하던 게 뭐냐 하면은 상이군인들. 상이군인들이 들어와가지고 막 찔러서 사람도 죽이고, 또 장사하는 데 가서 돈 내라고 행패부리고 그랬습니다. 그러니깐 오래도록 있지를 못하는 겁니다. 제가 번영회장을 하면서 그거를 통합을 시켰어요. [시장 상인들이] 거의 다 피난민들이거든요. 남북이 갈린 것만 해도 서러운데 피난민들끼리 합치자. [했지요.] 합치고 나서 우선은 상이군인들이 행패부리는 거를, 이 애들을 정화해야 하거든요. 그래서 [상이군인들에게] 모여라 했지요. 모이고 난 다음에 그래 너희들 볼 일이 있으면 나를 찾아라. 상인들 괴롭히지 마라. 밥 벌어

"사람들이 많이 모이다 보니까 안팎이 갈리게 되더라구요. 번영회도 둘이 된 거지요. 남북이 갈린 것만 해도 서러운데 피난민들끼리 합치자[했지요]."

▲ 약국을 그만둔 뒤 그 자리에
금은방 신진양행을 열었다.
개업하던 날

먹을라고 애쓰는 사람들한테 가서 하지(괴롭히지) 마라. 너
희는 나라 지키기 위해서 가서 병신이 됐지만은, 나라에
충성했지만은 이 사람들은 그래도 밥 벌어 먹겠다고 그러
고, 대한민국을 바라보구서 조국이라고 찾아왔는데 이러
면 안 된다. 너희들 앞으로 또 그런 일이 있으면은 너희 배
때기에는 뭐 철판 둘렀냐? 내가 너희들한테 수모받을 사
람 같으면은 38선 넘어오다가 혀 깨물고 죽었을 사람이
야. 너희들 그거 알아야 돼 했지요. 그 후로는 무슨 때가
되면 와서 회장님 막걸리 한잔 사 주이소 그래고, 또 명절
때면 [좀] 주고 이렇게 해서 그 사람들을 정리해 가는 과
정에 국가에서 보상금 주고 이래했거든요. 그러니까 완전
히 이제 정화가 된 거죠

　시장에 불도 조그만 불은 뭐 여러 번 났죠. 처음 불난
게 50년도, 거~ 6·25 났는 해에 불이 나서 그냥 그렇게
형성이 됐다가 가건물을 지었다 했어요. 근데 가건물에

"[번영회장을] 15년간
하면서 질서를 잡는 데
참 애많이 먹었죠.
사회적으로도 여기 양키시장은
갈 곳이 못 된다. 가면 사람
잡는대[고 소문이 났지요]
또 실지로 그랬습니다.
손님이 지나가면 끌어들여
가지고 가다(가두어)놓고 물건
안 사면 안 내보냈거든요."

불이 또 났거든요. 두 번 났습니다. 두 번(째) 난 불은 55년
도쯤 된 거 같습니다. 불이 또 나가지고 시에서 거~1층을
지어줬어요. 스(슬)라브로 1층을 진 게 어…57, 8년쯤 된
거 같은 데. 그라고 단층으로 지내다가 이제 시장 형성이
차차차차 좋아지가(져서) 바깥시장, 안시장(을) 합쳐가지
고 같이 활동하니까 힘이 나요. (시장을 합한지는 언제입
니까?) 그게 단층 짓고 나서니까… 58년도나 9년도, 요때
되는 거 같습니다. 합치고 나서 시장이 좀 잘돼요. 지금은
2층이지요.

[그렇게 번영회장을] 한 15년간 했습니다. 초창기에 15
년간 하면서 질서를 잡는 데 참 애 많이 먹었죠. 사회적으
로도 여기 양키시장은 갈 곳이 못 된다. 가면 사람 잡는다
[고 소문이 났지요] 또 실지(제)로 그랬습니다. 손님이 지
나가면 끌어들여가지고 가다(가두어)놓고 물건 안 사면
안 내보냈거든요. 뭐 그런 문제라든가 한 15년간 자리를
잡는다고 참 애 많이 먹었어요. 그래서 구호를 내세우기
를 '신용은 자본이다', '장사꾼들에게 친절은 생명선이
다' [했지요]. 신용만 있으면은 자본이 없어도 다 뒤봐주는
사람이 있고 또 친절해야 와서 물건도 사주고. 불친절하
면 그냥 가져가래도 안 들어준다 이 말이죠. 그래 그거 두
마디를 내세웠는데 한 15년간 하는 동안에 자리가 좀 잡
혔어요.

[이곳] 별명이 또 도깨비시장이었죠. 뭐에(가) 있었다가
도 없어지고 없어졌다가도 또 번쩍 생기고 그러니까….
거기에 밀수품들 많이 들어오고, 군대에서 [군수물자가]
많이 나오고 그랬습니다.

[처음 시장이 형성될 때는] 교동 시장 일대가 쭉 빈틈없

"그러다 보니까 원래 있던,
본토 주인은 다 바뀌어
들었어요. 왜냐하면은
이분들은 다 장사 경험이 없고
피난 나온 분들은 뭐
열심히 하여간 밤낮할 거
없이 장사하다 보니까"

◀ 피난민들이 모여들던 1950년대초, 이들은 대구역 광장에서도 난전을 벌였다.

이 노점, 노점에 [물건을] 놓고 있었죠. 시계도 그렇고 옷도 그렇고 뭐 전부 다. 큰 시장에 가서 물건 좀 사다가 이렇게 팔고. 또 안 그러면은 구제품(이) 나왔죠. 구제품 나오면 외국 사람들은 웃저고리가 되지만 우리는 코드(코트)가 되는 정도죠. 그걸 이제 수리(선) 해 가지고 팔고. 그때 대구 시민이. 40만에서 50만 사이 됐거든요. 그런데 그 인구가 얼마 되냐면 70만 됐습니다. 그때 당시에 70만이 됐으니까 피난민들이 적어도 한 20만 모였다고 봐야죠. (시장에 장사하러 나오는 사람들의 숫자는요?) 숫자가, 짐작하기 곤란한데… 어쨌든지 댕기기가 곤란했으니까 몇 천 명, 뭐 만 명 가까이 됐을 겁니다. 안팎시장 합쳐가지고. 거기만이 아니죠. 동성로를 비롯해서 역전 광장 이거 전부가 그런 장사투성이죠. 그 자리에서 풀고 펼쳐놓는 사람도 있고, 들고 댕기는 사람도 있고, 메고 댕기고(다니고) 그러면서 [했지요]. 그때는 제일 많은기(게) 예를 들어서 거 아래 바지라든가 이런 거. 미군들에(게)서 나오는 거. [이건] 검은 물을 들여야 됩니다. 검은 물을 들이지 않으면 그걸 뺏어가고 하니깐요. 그래서 거~미군 물건을 좌판에 놓고 파는 사람들이, 엠피(M. P. 헌병) 왔다 하면 다 숨기죠. 저도 그랬어요. 저도 노점에 약을 놓고 팔 때에 뭐 있었냐면 요새 신나와 같은 시커먼 거 수류탄같이 생긴 게 있었어요. 놓고 있다(팔다) 보면 지나가다 채 가지고 가는 겁니다. 그렇게 뺏들리고(빼앗기고) 그랬죠. 가져가면 그만입니다.

그러다 보니까 원래 있던, 본토에 원래 살던 본토 주인[10]은 다 바뀌어 들었어요. 왜냐하면은 이분들은 다 장사 경험이 없고 피난 나온 분들은 뭐 생명이 [여기에] 달렸으니까 열심히, 하여간 밤낮할 거 없이 [장사]하다 보니까 좀 돈을 벌게 되고 했어요. 그러다 보니까 점빵을 사게 되는 겁니다. 그러다 보니까 [원래의 집]주인은 다 물러나게 됐죠. 거의가 다 그렇게 됐습니다.

'결혼은 안 한다' 했는데 재혼하다

(지금의 부인과는 언제 결혼하셨습니까?)

[해주에서 한 동네에 살던 사람이] 애들하고 자기 친어머니를 데리고 (피난)나왔어요. 대구에 있는데 (내)소식을 알고 편지가 한 번 왔는데 무슨 얘기가 왔냐면은 '이제 고향에를 가더래도 새 살림을 해야 되겠다.' 이런 편지가 왔어요. 그래 나는 뭐 다른 생각은 안 하고 거기(가) 이제 다 파괴됐으니까 새 살림 해야 된다는 걸로만 알고 있다가 서울에 약을 사러 가면서 가는 길에 인천에 가서 만났어요. [그 사람은] 인천 살았어요. 지금은 어디 있는지 모르

◀ 1953년 지금의 부인을 중매
로 만나 서울에서 결혼식을
올렸다

겠는데… [거기서] 사람이 들어오는데 육감적으로 우리
집사람 죽었을 거 같애요. 내가 그랬거든요. 그러니까 말
을 못하는 거예요. 그러니까 아 틀림없이 죽었구나. 그러
구선 있을 생각이 없어서 내려갈랍니다 그랬더니 아, 하
룻밤 자고 가라고 그랬어요. 자면서 얘기를 하는데 [집사
람] 소식을 알았죠. 그러고 나서 이제 할 수 없다 [마음을
고쳐먹었죠]. [집사람 소식을 듣기 전까지] 나는 십 년이
고 이십 년이고 결혼 안 한다. 이런 생각을 가졌댔어요.

*"휴전선이 생기면서,
53년도 7월 27일인가
휴전협정이 되었습니다.
그렇게 되고 나니까
이젠 고향가기 틀렸구나
생각이 탁 나더라구요
그래서 인제 결혼해야
되겠다 싶었죠"*

[그런데] 휴전선이 생기면서, 53년도 7월 27일인가 휴전
협정이 되었습니다 그렇게 되고 나니까 이젠 고향 가기
틀렸구나 생각이 탁 나더라구요 그래서 그때 결혼하게 된
거 같아요. 인제 결혼해야 되겠다 싶었죠. 금년에 50주년
했습니다. 결혼 50주년. 허허허.

(어떻게 만나셨습니까?)

저랑 같이 [피난] 나왔던 사람이 서울 가서 아현동에서
포목장사를 했습니다. 저는 [대구에서] 약국을 하고. 결혼

을 한다고 통지가 와서 제가 결혼식에를 갔어요. 결혼식
에를 가니깐 [나보고] '결혼해야 될 거 아닙니까?' 그래.
지금 결혼할 형편이 안 되니깐 생각도 안 한다.[고 대답했
더니] 하는 이야기가 선을 보고 가라는 겁니다. 무슨 선을
갑자기 보라는 거냐 [해도 막무가내로] 선보고 가라고 [해
요]. 지금 생각하니 그 사람 결혼식에 제 장모될 사람이 왔
던 모양이에요. 그러니까 저를 소개했겠죠. 그래서 그러면
한 번 보자 [했지요]. 신촌 사람이에요. 그래서 선을 봤습
니다. 선을 보고 별로 생각도 없는데 거기서 사주라는 거
해야 되잖아요? [합디다.] 뭐 내 혼자니깐. 거기에 다른 친
구들도 있고 [해서], 너희가 그럼 사주해서 (사주단자 만
들어서) 보내라 [부탁]하고 돈만 주고 내려오고 말았어요.
[그때 돈] 천 원 주고 내려오고 말았는데. 약국을 비울 수
가 없으니깐 난 내려간다 [하고] 왔지요. 가서 생각하니깐
결혼할 생각이 안 나더라구요. 그래서 전화를 했지요. 그
때 전화할려면 전화국에 가서 거기서 불러다가 전화하고
그랬잖아요? 기차를 타면 제일 빠른 게 10시간 걸렸으니
깐 서울까지 가는 데. 전화하니깐 사주를 보냈다고 그러
더라구요. 그만두라고 그럴려 했는데 할 수 없지 하고 결
혼했지요.. 혼수는 그때는 저고리, 저고리 감 하나 사서 보
내면 됐어요. 그러고 내려와서 집 사고 결혼식하고 그랬
어요. 결혼식은 신부 쪽 집에서, 서울에서 했죠. 예식장에
서. [처가는] 신촌에서 잘살았어요. [처 부모님은] 황해도
신개라는 데서 해방 전에 나왔죠. 나와가지고 잘살았는데
망했어요. 재산을 다 없애고 나니까 난처하더라구요. 그래
서 제가 다 대구로 오슈 해가지고. 대구로 처남들 다 데리
고 와가지고 약국에 데리고 있었고, 작은 처남은 따로 [가

"혼수는 그때는 저고리 감
하나 사서 보내면 됐어요.
그러고 내려와서 집 사고
결혼식 하고 그랬어요.
결혼식은 신부 쪽 집에서,
서울에서 했죠."

게] 내주고 또 작은 처남은 금방 할 때 데리고 있었고….
근데 이제 애들이 돈을 자꾸 쓰는 겁니다. 돈을 빼가지고
향촌동에 가서 사장님 소리 들어가면서 밤낮 가서 춤추고
하니깐 말이지. 작은 처남을 금방에 데리고 있는데 역시
마찬가지에요. 시계를 도매해서 내보내면 돈이 안 들어오
거든요. 이상하다 해서 가져간 사람에게 알아보면 '언제
냈는데' [그래요]. 처남이 돈을 거기서 받아가지고 나에게
는 주지 않고 향촌동에 저녁에 가는 겁니다. 그래서 불러
서 너가 살기 위해서 했다고 하면 전혀 아까운 건 아니다.
이러면 나하고 못 있는다. 그래가지고 따로 내보냈지요.
장인, 장모, 처형 [모시고], 처남 둘 장개(가) 다 보냈죠. 심
지어 현대공원에 묘지를 다섯 자리를 샀습니다. 다섯 자
리를 산 게 장인, 장모, 처형, 우리 둘, 다섯 자리 아닙니까?
그렇게 해서 지금 중간 처남이 아직 살아 있고 처형은 벌
써 몇 년 전에 돌아갔고. 처형은 같이 있었습니다.

피난민 12명과 의형제 맺다

(친구는 많이 사귀셨나요?)

　친구라는 것은 사실 잘 없습니다. 친구라는 게 그래요.
실제 친구는 두세 사람입니다. 다른 사람은 아는 사람이
지 친구가 아닙니다. 왜 그러냐 하면 친구라 하면 생사를
같이하고 숨김없이 얘기할 수 있는 사람이 친구지. 그건
친구가 아니거든요.

　대구에 와서 살면서 피난민 12명이 의형제를 맺었습니
다. 그래서 친구를 사귀게 되었고…. 의형제 중 이제 남은

*"실제 친구는 두세 사람입니다.
다른 사람은 아는 사람이지
친구가 아닙니다."*

▲ 대구에서 만난 피난민 12명
과는 의형제로 연을 맺었다.

사람이, 열두 명 중에 두 사람 있는데, 저까지 세 사람이죠. 그래서 전화나 한 번씩 하지… 모이질 않습니다. 또 개발 위원을 하면서, 이게 시에나 동에나 한 20명 이상 되니깐 친구가 된 거죠. 그 후에는 친구를 맨드는 게 제가 기미년 동지회라는 것을 하나 조직했어요. 기미동지회라는 것을 조직하기를 자, 우리가 기미년에 만세운동소리를 듣고 나왔는데 이대로 있을 수 있느냐. 기미동지회를 하나 조직 해서 인원은 안 늘린다. 33인으로 한다 [했지요]. 대구 시 내에 기미생이 많지요. 그리고 이거는 대구에 국한하지 않고 전국적으로 한다. 큰 맘 먹었댔죠. 정치도 우리가 한 다. 어허~ 막 이런 식으로 해서. 지금은 다 세상을 떠나고 내가 사회 활동을 잘 안 하고 있으니까 만나는 길이 없죠. 회칙도 정하고 처음에는 한 달에 한 번씩 모였지요.

예식장 전속주례로도 활동

(장사만 하셨습니까?)

그 동안에 저 자랑이 아니라 주례[를 맡았던 부부]가 3천 62명입니다. 3천 62명(의) 주례를 섰는데 제일 첫 번 주례는 [제 나이] 서른아홉 때 섰어요. 서른 아홉 살 때 시작핸(한) 것이 제가 데리고 있던 사람을 장가보내면서 어디 뭐 별로 부탁할 데도 없고, 제가 [교동 시장] 번영회회장이고, 그러니까 시작을 [하게 되었지요]. 달성공원 안에 2층집이 조그마한 게 하나 있었습니다. 그게(거기)를 예식장으로 꾸몄댔습니다. 거기서 이제 첫 주례를 서고….그 후에 그만큼 많이 주례를 하게 된 동기는 교동 시장에 거~자라나는 세대들 있잖습니까, 2세들. 뭐 거의 제가 다 주례를 섰어요. 주례를 서다 보니까 대구예식장이라고 지금은 없어졌죠. 거기 [예식장에 소속된] 전속주례가 됐습니다. 예, 그러다 보니까 지금까지 3천 쌍을 섰죠. 다 기록을

"그 동안에 주례를 맡았던 부부개 3천 62명입니다. 3천 62명 주례를 섰는데 제일 첫 번 주례는 서른 아홉 살 때 섰어요"

◀ 그 동안 주례를 섰던 3천 62명의 명단

해 됐습니다. 처음에는 기록도 하고 사진도 모으고 그랬는데 그 사진을 감당할 수 없어요. 그래서 사진은 치우고 기록만 하기 시작을 했는데…

거기에 전속하면서 안 가본 데가 없죠. 명성예식장, 지금은 아니지만 명성예식장은 교동 시장에서 시작했습니다. 시청 옆에 거~명성사진관이라고 하면서 명성예식장이라고…[바꾸었어요]. 일반주택이예요. 일반주택에서 명성예식장이라는 이름을 해 놓고 하다가 돈을 조금 버니까고 앞으로 나왔댔죠. 지금 문화교회 그 자리로 나왔댔습니다. 그랬다가 침산동으로 갔죠. 제일 많이 주례 선 예식장은 대구예식장. 교동 시장 사람들을 주로 많이 했으니까. 그리고 대원예식장이라고 원대동에 있었습니다. 그쪽에[서] 많이 했구요. 또 지금 없어졌지만 고려예식장하고 동원예식장, 이게 대구[시내] 예식장 중에 제일 큰 예식장들이 됐는데, 그렇게.

뭐 하여간 그때는 토요일 날, 일요일 날은 처음에는 한 시간에 한 번씩 하다가 내중(나중)에는 삼십 분에 하나씩 했거든요. 그러니까 그걸(주례를) 최고로 많이 선 기(게) 하루에 여덟 쌍 섰습니다. 뭐, 세 쌍, 네 쌍은 보통이고요. 금[은]방을 하면서[했지요]. 금방에는 사람 두고 하는 거지요. 제가 혼자서는 못 하거든요. 한 사람 두고 이제 집 사람하고 둘이 하는 겁니다. [주례를 하면] 보수를 요새는 한 5만 원씩 주죠. 요새는 두류공원 앞에 거~를 조금씩 나갑니다. 아리랑 호텔에. 아, 이제는 주례를 하기가 싫어요. 마지못해서 아는 사람만. 그때는 뭐, 누가 부탁해도 갔는데…

"하여간 그때는 토요일 날 일요일 날은 처음에는 한 시간에 한 번씩 하다가 내중에는 삼십 분에 하나씩 했거든요. 그러니까 (주례를) 최고로 많이 선 기 하루에 여덟 쌍 섰습니다. 뭐 세 쌍, 네 쌍은 보통이고요."

교회에는 열 살 때부터, 지금은 장로

(교회 장로시죠?)

저는 열 살 때부터 교인이 됐습니다. 우리 집안은 안 믿
었습니다. 저만. 그때는 교회 가면 뭐 주고 그랬잖습니까.
그래서 교회 가면 뭐 준다 그래서 가기 시작했던 거 같애
요 애들끼리. 지금은 장로가 되고 현재 [신천동] 제일 감리
교회 교우회장입니다. 여기 [이] 교회가 전에는 향촌동에
있었습니다. 향촌동에(서) 어떤 음식점을 사가지고 있다가,
동문 시장 안으로 이사했다가 그 다음에 여기. 여기가 [옛]
동구청 자리거든요. 일로(이리로) 이사 온 지도 한 20년 됐
습니다.

(장사는 언제 그만두셨나요?)

그만둔 지는 지금으로부터 한 20년 , 그러니까 65세 때
쯤 됐죠. 고만두고 더 시장에 있을 필요도 없고, 이제 교회
도 또 다른 데로 떠나고 그래서 이사를 하게 됐죠. 범어동
으로 갔다가 지금 이쪽으로 왔습니다.

(돈은 얼마나 버셨나요?)

지금은 수입이 없어요. 그 동안까지는 뭐 괜찮았는데
수입이 없어서 집을 팔았습니다. 전에 저쪽에 집 있던 걸
팔고 지금 일(현 주소지)로 이사 오게 됐습니다. 그러니까
저거는 1억 한 6천 받았는데 여게는 9천 주고 샀습니다.
돈이 좀 남잖아요? 남는 그 돈 가지고 지금 생활비 하고
있습니다. 그리고 [교동 시장 안에 있던] 주택이 [대지가]
62평인데, 컴퓨터 전빵을 10개를 맨들었어요. 그때는 작은
전빵이라야 장사됐거든요. 그래서 [매달] 한 3,4백만 원은

*"열 살 때부터 교인이
됐습니다. 저만.
그때는 교회 가면 뭐 주고
그랬잖습니까. 그래서
교회 가면 뭐 준다
그래서 가기 시작했던 거
같애요. 애들끼리."*

들어오니까 충분히 수입이 있었는데 이제 그게 다 [외곽지] 공단으로 나가니까 수입이 없잖습니까? [또] 저기 중앙통에서 자유극장 입구에 황시당이라는 게 있는데요. 그 집은 이제 수입이 조금씩 있는…

동성로에서는 중견역할했다

(그 동안 교동 시장번영회장 말고는 어떤 사회 활동을 하셨습니까?)

교동 시장 전기 관리소를 제가 또 했습니다. 전기 관리를 왜 따로 했냐허믄, 하도(두) 도둑을 많이 하고 복잡하고 그러니까 한전에서 관리를 못해서 제가 번영회 회장이고 그러니까 제가 맡아가지고 했습니다. 금방도 보고, 시계방도 보고, 하면서 전기 관리소에 수금도 하고…그 다음에 제가 번영회회장을 하면서 대구 시내에, 번영회 연합회를 만들었더랬어요. [시장을] 이제 어느 한군데만 치우쳐서 발전시킬 것이 아니라 대구 시내 전체 시장을 우리[가] 균형적으로 발전시키기 위해서는 연합회를 하나 만들어야 되겠다' 그래서 이제 칠성 시장, 서문 시장, 또 이 교동 시장, 동문 시장은 그때 뭐 별로 쳐주질 않았지만 동문 시장이라든가 약전시장, 이렇게 해서 연합을 맨들었더랬어요. 그래가지고 이제 한 달에 한 번씩 회장단들이 모여서 회의를 하고 발전해 나가는 정보도 주고받고 그렇게 했죠. 그러는 중에 서문 시장이 제일 큰 발전을 했습니다. 칠성 시장도 물론 발전을 했지만은. 동문 시장은 거~시장 구실을 못하고. 그리고 뭐 교동 시장이…

"5·16혁명이 나면서 동회라든가 시에서 무슨 회의가 있었습니다. 무슨 회의인가? 지금 생각이 갑자기 안 나네. 그러니까 정화위원, 자문위원이다가, 아~ 그때는 개발위원이 됐어. 동 개발위원에다가 시 개발위원까지 했거든요. 그리고 나서 자문위원으로 변경이 됐어요."

◀ 제보자가 운영하던 금은방 신진양행은 옛 자유극장 부근으로 이전하면서 황시당으로 상호가 바뀌었다. 현재의 가게 모습.

[그리고] 제가 교동 시장에 자리를 잡으면서 5 · 16혁명이 났잖아요? 혁명이 나면서 동회라든가 시에서 무슨 회의가 있었습니다. 무슨 회의인가? 지금 생각이 갑자기 안 나네. 그러니까 정화위원, 자문위원이다가, 아~ 그때는 개발위원이 됐어. 동 개발위원에다가 시 개발위원까지 했거든요. 그러고 나서 자문위원으로 변경이 됐어요. 정화위원 꼭 30년 했습니다. 거기에 회장을 떠맡게 되었습니다. 박정희 대통령은 18년 했죠? 5 · 16 나던 당시에 그때 시장의 회장직을 쥐고 있었기 때문에 시하고 동에서 지금으로 말하면 운영위원회 비슷하겠죠? 거기서 동회에 책임을 지면서 시 회의에 참석하게 되고. 또 새마을금고를 제가, 동성동 새마을 금고. 그거를 창설했습니다. 지금 잘되고 있어요. 이사장을 하다가 이제 다른 사람을 넣고. 마, 그렇기까지 동성로에서 좀 중견 역할을 했다고 볼 수가 있죠.

(정치활동도 하셨습니까?)

저는 자유당 시대부터 한나라당까지 꼭 한쪽을 지켜왔습니다. 근데 요새는 나이도 있고 그래서 안 나가고 있습니다. 이만섭 의원이 중구에 국회의원이 되면서 그때 당시에 자꾸 계속 일을 봐달라고 해서 상의에 대한 과를 제가 맡아서 일을 좀 했습니다. 그래서 정치바람도 조금 불었죠. 그래도 난 정치를 해야 할 사람이 아니다 그래서 후원만 조금 하다가, 이만섭 의원이 여기 떠나고 나서는 잘 안 나가고 있습니다.

지금은 시조창 가르치며 소일

(고향 사람들과는 왕래가 있으십니까?)

이제 각 도민회가 있습니다. 5도 도민회죠. 그러니까 뭐, 황해도하고 평안남북도, 또 저기 저 함경남북도 해 가지고 5도 도민회가 있는데, 제1회 도민회를 동촌에서 했습니다. 56년 4월 15일. 왜 했냐면, 교동 시장에 번영회회장으로 일할 때 이승만 박사가 대통령 나올 때 거기 경비를 좀 얻어가지고, 이름은 황해도 도민회라고 했지만 시장 사람들 [모아서] 이제 같이 가서 동촌 가서 회의를 하고 그랬습니다.

(시조창은 언제부터 가르치셨나요?)

시조창을 한 지 한 4, 50 년 됐어요. 한 30대에서부터 시조를 했거든요. 시조를 하게 된 경위는 허허허, 얘기하게 되면은 또 제가 약국을 하면서 몸이 안 좋아 가지고 춤을 추러 댕기길 시작했어요. 춤을 추러 허허허. 약국에 가만히 앉아 있으니까 이제 운동 부족으로 소화가 안 되고 그

*"시조창을 한 지
한 4,50 년 됐어요.
삼십 대에서부터
시조를 했거든요.
황금동에 노인복지회관 있죠?
거기 꼭 7년 [가르치러]
갔습니다."*

래서 위장병이 생겼는데, 이게 거~운동 부족이라고 해서. 아래 층에서는 거~춤추고 위층에서는 국악을 하고 그랬어요. 그랬는데 춤을 추러 댕기다가 쉬는 시간에 2층에를 구경을 하러 올라갔다가 들어오라고 해서 들어가가 거기서 '시조 한 번 해 보라' 그래서 '아이 나는 시조 소리만 나오면 라디오 듣다가도 끈

▲ 1956년 4월 동촌유원지에서 개최되었던 제1회 황해도 민회. 마이크 앞에 선 사람이 제보자다.

다고'. 그래도 한 번 부채 잡고 해 보라 그래서 뭐 '한산섬…' 있지 않습니까? 이순신 장군이 지은 거요. 그거를 하라고 해서 같이 좀 따라서 했더니 잘한다고 잘 부른다고. 그래서 시작이 됐댔습니다. 그래서 국악을 좀 하게 됐던 거죠. [그 후로] 뭐, 시간 있는 대로 갔죠 그때는. 요새는 제가 지도하는 데 황금동에 노인복지회관 있죠? 거기 꼭 7년 [가르치러] 갔습니다. 아침 10시에 나가서 오후 4시까지. 7년을 하는 동안에 지방 대학[강연]을 한 번 하고 그랬죠. 그리고 이제 여기 우리 교회에서 복지[관련사업]를 하기 때문에 자꾸 남의 복지[단체]에 가서 하지 말고 좀 도와 달라 그래서 이리로 옮겼습니다. 아직 1년이 안 됐죠. 3월 달이 가야 1년이 됩니다. [자녀는] 지금 2남 1녀 됐습니다. 큰 딸 있고 아래로 아들 둘. 처는 나이가 칠십 넷. 큰 딸은 새해에 마흔 아홉. 아들은 큰 애가 마흔 다섯인가 되고 작은 애가 연년생 마흔 넷입니다.

철강노동자에서
죽도 시장 상인으로

―김동호의 일과 삶

김종숭(영남대학교 인문과학연구소)

김동호는 극동철강 노동자에서 죽도시장 상인으로 변신하여 1970년 부터 1995년까지 참깨와 고추 도소매업을 하였다.

김동호(70세)는 1936년 9월 30일 경상북도 영덕군 장사면에서 태어났다. 5남 2녀 7형제 중 셋째로 태어났으나 큰형이 한국전쟁때 전사하여 지금까지 맏형 역할을 해 왔다. 초등학교는 장사 초등학교를 졸업하고 중학교는 집 근처 신설학교인 청하 중학교를 졸업했다. 당시 청하 중학교를 함께 다닌 동기생들은 약 120명에서 130명 정도였고, 나이가 많은 학생들도 꽤 많이 있었다고 한다. 김동호가 청하 중학교를 졸업했을 때 부친이 당시에는 거금, 즉 집 한 채 살 수 있는 돈이라 할 수 있는 큰 돈을 주면서 서울에 가서 공부를 더 하라고 해서 왕십리에 있는 한영 고등학교에 입학하게 되었다. 이 학교에서 1년쯤 재학하고 있을 때 군 입영 기피자가 되어 졸업을 하지 못하고 동국제강과 극동 철강에서 직장 생활을 하였다. 김동호는 25세 때 중매로 경상북도 영덕군 달산면이 고향인 부인 신태경(당시 23세) 과 결혼하여 슬하에 아들 삼형제를 두었다. 그러던 중 1961년에 5 · 16 혁명이 일어나 입영 기피자에 대한 대대 적인 단속으로 인해 김동호는 자진하여 군대에 입대하게 되었다.

군 입대 후 부산 군수사령부 부관부 인사 분류과에 3개 월 복무 후 부산 방첩대에서 제대하였다. 제대 후 김동호 는 극동철강에 재입사하여 5년간 근무하였고 1970년도에 고향인 포항에 포항제철이 설립되면서 직장을 옮기려고 포항제철에 지원하여 취직이 되었으나 대우가 좋지 않아 서 입사를 포기하고 1970년대 초부터 1995년도까지 죽도 시장에서 참깨와 고추 도소매업을 병행하면서 "부산 참기 름집"을 부인과 함께 경영하였다. 1970년도 당시 가게의 규모는 8평으로 한 달에 만 7천원의 세를 주고 얻었고 직 원 3명을 고용하여 장사를 하였다고 한다. 포항제철이 건 립되면서부터 죽도 시장의 경기는 최고조에 달했다고 한 다. 특히 포항제철 직원들의 월급이 지급되는 날부터 최 대 10일까지 활황을 맞았다고 한다.

김동호는 죽도 시장에서 장사를 하고 번 돈으로 1975년 에 주택을 구입하고 장사를 시작한 지 8년 만에 죽도 시 장 내에 15평 규모의 가게를 3천 5백만 원을 주고 구입했 다고 한다. 당시의 김동호의 하루 일과는 물건을 구입하 기 위해 포항 인근 지역뿐만 아니라 밤 열차로 안동, 제천, 청주 그리고 심지어 서울에 가서도 물건을 구입했다고 한

▲ 김동호 씨 최근 사진

다. 그리고 그때는 장사가 잘되어 수입이 좋았다고 한다. 그러나 활황을 누리던 죽도 시장의 상권이 1990년대에 접어들면서 점차 약화되자 장사를 그만두고 제조업에 뛰어들었다가 거래하던 회사가 부도가 나서 약 10억 원의 돈을 날리고 지금은 낙향해서 포항시 북구 송라면 지경 3리 동장을 맡고 있다. 김동호를 제보자로 선정한 이유는 이분의 다양한 직장 생활과 생업 활동뿐만 아니라 친구 아버지인 관계로 면담자와 제보자의 래포 형성이 잘되어 있었기 때문이다. 끝으로 제보에 응해 주신 어르신께 감사의 말씀을 먼저 전한다.

김동호의 가계도

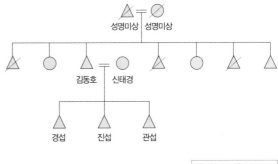

김동호의 연보

1936년 9월 30일(1세): 경상북도 영덕군 장사면에서 2녀 5남
　　중 셋째로 출생.

1949년(14세): 장사 초등학교 졸업.

1953년(18세): 청하 중학교 졸업.

1956년(21세): 서울 한영 고등학교 2학년 입학.

1956년: 동국제강 입사.

1960년(25세): 포항 영덕 달산면 출신의 신태경과 결혼. 아들
　　3형제를 둠.

1961년(26세): 부산 극동철강(한보철강 전신) 입사.

1962년 8월(27세): 부산 군수리 사령부 부관부 인사 분류과에
　　서 3개월 근무 후 부산 방첩대에 배치되어 그곳에서
　　제대함.

1965년 10월(30세): 군 제대후 극동철강 재입사.

1970년 10월(35세): 포항제철 현장 기능직 입사 지원 후 합격
　　통지를 받음.

1970년 11월: 포항 죽도 시장에서 참깨·고추 도·소매업 및
　　부 산 참기름집을 운영.

1975년(40세): 생애 처음으로 포항 중앙동(중심가)에 3층 규
　　모의 주택을 마련함.

1978년(43세): 죽도 시장 내 15평 규모의 가게를 3천 5백만
　　원으로 구입.

1995년(60세): 정밀기계 제작소인 삼일정공이라는 회사를 설
　　립하기 위해 죽도 시장 가게를 4억 원에 처분.

2005년 현재(70세): 포항시 북구 송라면 지경 3리 동장으로
　　재직.

13대가 장사에 살았는 기라!

가첩은 크게 얘기했을 때는 족보라 얘기하는데 우리는 아랫대 내려와 가지고 한 50대 이하로 내려와 가지고 해서 가첩이라. 목경공파가 제일 맏집이라 카이 김해 김씨는. 내 여기 한문 100% 모른다. 안개공파에서 이 어른이 벼슬 제일 많이 했다고. 우리 할배가 이 정도로 글을 쓰니까 공부도 그때 많이 하셨다는 얘기라. 내가 족보 닦으면서 서른 살, 서른다섯 먹은 사람 등재가 안 됐다 카이. 대략 요거를 보면서 닦았거든. 족보 도서관 관장이 영남대 대학원 나왔다 카대. 한문 많이 알대. 사람들이 나보고 족보를 찾아가 할라 카는기 할아버지 덕이다라고 하더라. 대한민국 국민들이 족보 없는 사람 많더래이. 밀양 박씨도 그렇고 포항에 내 동기 하나 있다고 족보 맨들었나 카더라고. 가첩 맨들었다 카이. 우리도 족보 만들어야 되는데 어떻게 하는지 모르겠다 카더라. 족보를 그 관장한테 가지고 갔거든 결국 그거 찾을라면 영양에 살았다는데 거 가가지고 소문을 들어가 만들라 카믄 경비가 몇 백만 원 더니더 카더라. 결국 인제 족보 없더라고. 일제 시대 때 자기 윗대 4, 5대쯤 되가 일본에 들어갔다든지 해방되고 벌써 2세 3세 되어 뿟잖아. 해방되기 전에 일제 치하에서 살림이 어려워가 일본에 갔다가 들어오니까 자기 윗대 거처가 어디 살다 우예(어떻게) 들어와가 하는지 모르는 기라. 그러니까 족보를 못 맨드니까. 그 사람 얘기 들어보니까 옛날 남의 집 머슴 살던 사람들 다 무학자[1] 아이가. 글로 몰래가(몰라서) 족보 못 만든다는 거 아이가. 족보 없는 성

[1] 글을 배우지 못한 사람

씨들이 한두 집이 아니다 카더라. 요새 족보 캐싸도 대강
윤곽만은 알아야지. 그래 되면 윗대라든지 묘 숭상하는
거 제대로 되겠나 싶더라고.

뭐 족보 같은데 이런 거는 정도가 희박할 수도 있다꼬.
그렇잖아. 옛날에 어릴 때 할아버지한테 얘기 들어보니까
족보 기록은 자기 집안에 위상을 살리기 위해서 조금 틀
리게 할 수 있다고 하더라. 그러니까 100% 믿을 수 없다
이런 얘기를 하더라고. 그래가 하여튼 우리 할머니하고는
시집올 때 저 건네서 권세를 누리면서 잘살았는 거는 틀
림없어. 그때 인자 영덕에 신씨들이 살고 있었는데 신돌
석 장군 알잖아. 그 양반이 태어나고부터 영덕 신씨들이
영덕 요쪽 관내에서는 제일 가문 있는 집이라. 우리 할아
버지가 부잣집 아들이라 신씨 집안을 계속 출입하셨다고.

우리가 가락국 시조 김수로왕 후손이라. 13대조가 장사
에 살았는 기라. 요 넘에(너머) 장사거든. 우리 8대조 될 때
부터 그러니까 윗대 선산들이 여기 다 있지. 저 앞에 선산
도 있고. 선산 관리는 문중의 벌초 기일이 책정되어 있고
묘사일도 정해져 있거든. 옛날부터 어느 문중이라도 다
그렇다고. 그래가지고 인자 벌초도 대략 그 집안 후대들
이 종방간에 모이라 그라믄 객지생활에 쫓기다 보니까 잘
안 모이는 형식이 나오더라고. 그래가 가찹게(가깝게) 있는
사람들이 몇 사람 모여가지고 하루 정도 각 지역마다 분
산해서 하고, 특정한 날을 정해 두고, 정해 두고 한다 카이.
주로 추석 전에 모이지. 옛날에는 날이 덥든, 비가 오든, 날
이 정해져 있었다고. 그러나 요즘은 시대도 변형이 되었
고, 예를 들어가 직장 다니는 사람은 직장 다녀야 되고 추
석 전에 일요일 같은 때 정해가지고 될 수 있으면 노는 날

*"우리가 가락국 시조
김수로왕 후손이라.
13대조가 장사에 살았는 기라.
요 넘에 장사거든.
우리 8대조 때부터
윗대 선산들이 여기 다 있지."*

택해가 곧 진행을 하고 있고, 묘사 기일은 시월 초이렛날. 시월 달 들어서면 어느 문중이라도 대개 묘사 지낸다고. 묘사도 옛날에는 편으로 많이 지내지. 떡을 편이라고 하잖아. 편을 해가지고 사람이 한 짐씩 짊어지고 다녔는데 요즘은 인제 묘사를 지낼 때도 옛날에는 몇 십 명씩 모여가 지냈다고. 요즘은 사람들이 안 모이니까 물건 같은 거 운송해가 가져가기도 거북하고, 요즘은 귀찮아가 편을 안 할라 한다고. 안하기 때문에 주로 과포[2]로 지낸다 카이. 과일은 삼실과로 장만하지. 대추, 밤, 감, 배, 사과 등 그 외 건포류하고. 그러니까 과일하고 유과라든지. 가벼운 거, 운송하기 좋은 거, 사가지고 대략 지낸다 카이.

옛날 같으면 거리가 멀어도 사람들 지게에다 지고 말이지 그래 했거든 요즘은 그렇게 할 인원도 동원 안 되고 하기 때문에 그렇게는 잘 안 된다. 우리 묘사 지낼 때 한 10명 정도는 모이지. 가구 수야 근 20촌 안쪽만 해도 한 2백 가구 되지. 요즘은 친지들이 서울도 있고 부산도 있고 대구도 살고 각 지역마다 분산되가 살기 때문에 문중에 관심 없는 사람은 안 모이잖아. 조상이야 우예 됐든 바다에서 솟아났든 관심 없는 사람도 많이 있잖아. 문중의 성모 규모는 지금보다 더 방대했지. 촌수가 30촌 안까지 다 모여가지고 대제를 지냈지. 우리 입향 조부 산소라든지 입향 조모 산소라든지. 그런 제사를 지낼 때는 엄청시리 두 줄로 쫙 서서 제사를 지냈지. 그때는 송편도 하고 떡도 하고 대규모로 제사를 지냈는데 요즘은 점차적으로 약해지기 시작했지.

여기 지경리에 8대조부터 주손이니까 8대조 때부터 영덕군 남정면 회의리라 카이. 저 건네라 카이. 거기 사시다

2 과일과 건포류

가 가정이 몰락이 되면서 송라면 지경리, 지경린데, 지경
리라고 얘기 해뿌면 행정구역인데 여기가 옛날에는 어사
터라 카이. 왜 어사터냐 카믄, 고려 초기 때 전리 상서인데
요즘 부총리급 된다는 얘기가 있더라. 고려 초기 때니까
그때 기록이 상세하게 잘 모르겠는데 여서 태어났는지 낙
향을 했는지 잘 모른다고. 그 양반이 이 마을에 살았는 기
라 어사터에. 살아가지고 묘도 저기 있거든. 묘 봉우리도
크고 소나무가 이만한 게 있고(양팔로 나무 둘레 모양을 몸
짓으로 나타내면서) 그렇다.

　묘 터 자리가 상당히 참하게 이래 되어 있는데 묘 터 자
리가 천 평이 넘는다. 요새는 잘 해 놨다. 후손들이 와가지
고. 그 어른이 여[기]서 출생을 했는지 낙향을 했는지 왕한
테도 문중 산 같은 거도 많거든. 한 70, 80정 있다고. 때문
에 그때 아마 국가에 공헌을 했기 때문에 왕이 자산도 하
사할 수 있잖아. 이 마을이 지금 형성된 마을보다 더 컸다
는 증거가 나오더라고. 들 쪽으로 논 같은 거 만들고 하다
보면 옛날 주춧돌 같은 것도 나오고 요쪽으로 내려가다
보면 산 밑으로 부엌 아궁이도 드러나기도 하고. 이 마을
이 완전 폐허가 됐다 카이. 왜 폐허가 됐는가 하면 우리가
요즘 추리를 그렇게 하고 있다고. 일본 놈들이 쳐들어오
고 옛날에 권세를 좀 부리고 했는 집은 씨족을 멸했는 그
런 게 있잖아. 씨족을 멸하고 그러니까 도씨가 김씨도 되
고 이씨도 되고 마 다 마을이 분산이 되가지고 완전히 몰
락이 되가지고 다시 이 마을에 거지들이 모여가 살기 시
작해 가지고 마을이 형성됐는데 그 다음은 여기를 청하
땅이라 칸다. 청하가 이쪽으로 제일 크거든. 보경사도 청
하 보경사라 캤거든. 송라 보경사라 안그라고 청하 보경

"일본 놈들이 쳐들어오고
옛날에 권세를 좀 부리고
했는 집은 씨족을 멸했는
그런 게 있잖아.
씨족을 멸하고 그러니까
도씨가 김씨도 되고
이씨도 되고 마 다
마을이 분산이 되가지고
완전히 몰락이 되가지고
다시 이 마을에 거지들이
모여가 살기 시작해 가지고
마을이 형성됐는데 그 다음은
여기를 청하땅이라 칸다."

사라 했고 청하에 여기 고을이 있었잖아. 동해선로선 영해 아이가. 청하, 흥해, 영일 등 청하 땅에 고을이 있으면서 건물도 조금씩 남아 있지. 청하 땅에서 득세를 한 사람이 영천 이씨들하고 우리 김해 김씨들 우리 파가(삼연파) 아닌 유수공파라. 이 사람들이 득세를 하기 시작해가 영천 이씨들이 여기 들어와서 살기 시작했다고. 그 다음 단계로 우씨들이 오고 우리 김해 김씨도 한 일곱 집 살고. 그래가 마을이 좀 내가 자랄 때는 한 40호쯤 됐다고. 지금 현재 있는 것은 한 25호뿐이라.

우리 형제가 5형제인데 1등으로 나온 사람이 세 사람이라

내가 여기서 자랄 때 남보다 뒤에 따라다니는 학생은 아니었다니까.[3] 학창 시절에는 아주 공부를 잘한 축에 속하지. 할아버지는 이조 말엽 때 태어났다. 생활이 괜찮았으니까 한학 공부는 많이 하셨는데 등원은 못하신 거지.[4] 못하고 이런 데 있으면서 회동 1, 2, 3동 호수가 한 2백호쯤 되었다고. 전 회동 이장, 동장 정도 하고 뭐 이래 지내시다가 집안이 몰락해가지고 이쪽으로 왔다 카이. 이사를 왔는데 우리 남자 형제가 5형제인데 장사 초등학교 나오는데 1등으로 나온 사람이 세 사람이라. 우리 형하고 내하고 1학년부터 6학년까지. 제일 막내 동생이 포항에 산다. 57살쯤 됐나. 형제들이 여기 이 지역에 살아도 바보 같다는 소리는 안 듣는다니까.

5형제 중에 둘이는 죽고, 돌아가시고 세 명이 살아 있

"여자 형제가 두 분이고 남자 형제가 다섯 사람이고, 5남 2녀지. 우리 누님이 한 분 계셨고 내가 세 번짼데 6·25때 우리 형님이 전사당하고 나니까 결국은 내가 맏 주손이 된 거지."

3 내가 남보다 뒤에 따라다니는 학생은 아니라는 말은 학교에서 김동호가 공부를 썩 잘했다는 겸손의 말이다.
4 벼슬에 오른 것은 아니다.

다. 여자 형제가 두 분이고 남자 형제가 다섯 사람이고, 5
남 2녀지. 우리 누님이 한 분 계셨고 내가 세 번짼데 6 · 25
때 우리 형님이 전사당하고 나니까 결국은 내가 맏 주손
이 된 거지. 누님은 포항에서 10리 정도 떨어진 달전 카는
데 있어. 거기 계시는데 아들 몇 남매 두고 생활이 괜찮아.
아들들이 포항제철 다니고, 풍산금속 다니고 직책이 부장
이 되는 사람도 있고. 남자는 3형제가 죽고 둘뿐이다 카이.
내랑 막내이캉 살아 있다. 여자 형제는 다 살아 계신다 두
분 다.

첫 인상은커녕 맞선도 안 봤다

그때 동국제강에 근무할 때 내 자랑처럼 되는데 현장
기능직이라도 스케치를 잘한다든지 우리가 전부 맨들어
가 작업을 했다고. 내가 딴 사람보다 머리가 괜찮구나 하
는 인식을 받는데 동국제강 한 5, 6년 근무했을 때, 대구
달성군 요새는 달성군도 시 되어 삣제. 달성군이 고향인
사람이 내 처제 좋은 사람 있는데 선보러 가자고 그래가
그라면 가 봅시다 이래 되가. 그래 하고 있었는데 우리 어
머니가 밤에 날 면회 왔더라고. 아가씨 사진을 이 사람 사
진을[5] 가지고 너거 아부지하고 내하고 다 이 아가씨가 가
문도 좋고 좋더라 니보고 이 사람한테 장개가라 카는 거
라. 그때는 참 요새 사람들하고 비교하면 얼마나 차이가
나노. 내가 객지에 나와가 곁에서 부모를 못 모시는데 결
혼만이라도 부모님이 좋다하는 게 별 하자가 있겠나 싶어
가 부모님 뜻대로 하세요 캐가 선보러 가는 거 포기해 뿌

"내 객지에 나와가
곁에서 부모를 못 모시는데
결혼만이라도 부모님이
좋다 하는게 별 하자가
있겠나 싶어가 부모님
뜻대로 하세요 캐가
이 사람과 결혼했다 카이."

5 부인인 신태경을 지칭하는
말이다

▶ 김동호와 신태경의 결혼식
   장면이다. 중간 부분에 신랑
   친구들이 쓴 결혼식 축시가
   보인다.

고 이 사람과 결혼했다 카이. 큰 형님도 전사해 뿌고 부모
님한테 더욱 잘해야 안 되겠나, 며느리 들어와가 부모님
한테 잘해야지 못해가 되겠나. 내가 좋다는 여자를 데리
고 가가 소리 나면 속 시끄러울 거 아이가. 물론 그런 일도
없었겠지만은 그런 생각도 해가지고 결혼을 했다 카이.

부인을 중매로 만났다. 부인의 첫 인상은커녕 맞선도
안 봤다. 얼굴도 안 보고 했다. 효자로서 객지에 있으면서
부모님한테 효자노릇을 하겠다고 부모님이 OK 하면 승낙
을 해가 좋다고 진행을 하겠다고 해서 했다 카이. (가족 사
진을 보면서) 이것은 결혼식 사진이고. 놀러 갔다 온 건 많
지만 사진은 지금 남아 있는 것이 별로 없다. 그때 내 나이
는 스물다섯이다. (부인이 말한다) 나는 스물 셋이다. 고향
은 영덕이다. 영덕이라고 카믄 되나? 달산면 덕산 1구다.
그때는 버스도 없었다. 이름은 신태경이다. 생년월일은 1
월 22일이다. 음력으로. 신랑보다 2살 어리니까 1938년생
이다. (결혼식 사진을 보면서) 우리 마당에서 결혼식을 올렸

다. 그 당시에는 장가를 처가에 간다 카니까. 영덕 달산면
에 있는 우리 집 마당에서 이 사진을 찍었다. 신랑 친구들
이 십 몇 명씩 따라 가가지고 한 차 가가지고 축사 읽어
주는 것 말이다.

그래 결혼을 해가지고 스물다섯 아닌가배. 결혼해가 친
정에 일년 묵힌다 카이. 일년 있다가 시집온다 카이. 신부
를 데려다가 시집에 부모님하고 인정이 갈 때까지[6] 일년
인가 10개월인가 있다가 내가 스물여섯 묵던 해에 1월 4
일 날 부산 출근했다. (부인을 보면서) 그랬잖아. 부산에 내
려와 가지고 거진 여서 일년 살았지. 그러다가 부모님께
서 너거 거 가가 살아라 캐가 부산 동래 가가 살았다. 처음
에 신혼살림 시작할 때 살림도구 같은 그런 거 없었다. 여
기 경상도는. 저쪽에 충청도라든지 그런 데 가면 한 살림
해가 한 차 싣고 온다고. 냉장고라든지 등속으로. 근데 여
는 그런 거 없다. 신랑 옷가지나 해 주고 이불 덮을 거나
해 오고 그뿐이라 카이. 결혼하고 텔레비를 본 것은 70년
되기 전이지 싶으다. 우리 부산 있을 때 흑백 텔레비가 있
었나? 있었지 싶다. 그때 한창 월남전이 있을 땐데, 흑백
텔레비가 나왔고 월남전에 참전했던 용사들이 가지고 오
기도 하고 흑백 텔레비가 있었을 기라. 전축도 있었고. 전
축은 커다란 게 있었지. 그때가 이미자 노래 한창 부를 때
야. 동백아가씨가 히트치고 우리 집에 이미자 판이 다 있
었다고.

전무님, 전무님 날 직장 좀 구해 주소

내가 청하 중학교 3회 졸업생이다. 청하 중학교는 우리가 우리 손으로 학교 흙벽을 지었다 카이. 1회, 2회, 3회는 전부다 학교 공부를 하면서 일도 하고 했다니까. (청하 중학교는 6 · 25 전쟁 후에 입학하신 겁니까?) 연도는 잘 모르겠고 우리가 장사초등학교를 나와 가지고 포항에 중학교를 다닐라 카이 하숙을 하든지 해야 되니까 그러면 이 촌에서는 생활이 괜찮은 사람이라야 된다고. 우리 같은 경우는 남의 논 좀 뭐 부치고 하니까 생활이 좀 아들 먹이기 어려우니까 중학교를 못 가는 기야. 그래가 때마침 가차운 데 청하 중학교가 인가가 났다고. 인가가 나니까 장사 초등학교 나와 가지고 2년, 3년 놀던 사람들이 중학교를 다 들어갔다고. 심지어 우리가 중학교 1학년 때 3학년짜리가 27살인 사람도 있고 아이가 둘인 사람도 있고 그랬다고. 우리도 그때 뭐 별반 다르지 않지.

우리 중학교 때 가슴둘레 97~98센티미터씩 이래 됐는데 다 컸다 카이. 키도 1m 57~60센티미터 정도 됐다고. 오늘날같이 14살 되면 중학교 1학년 되고 그런 게 아니고, 중학교가 생기다 보니까 나이 드신 분도 있고, 또 뭐 거기 맞는 사람이 중학교 들어가는 경우도 있고. 그래 되니까 동기들 중에 4살, 5살 차이도 나고 요새는 쪼매한 게 늙기는 같이 늙더라. 그때 같이 못 놀던 게.

우리는 나이도 큰 축에[7] 들어갔다고. 우리보다 두서너 살 많은 사람도 있었는데 야들하고 같이 놀았지 뭐. 그러니까 초등학교 때 공부 잘하면 중학교도 공부 잘하는 축

"때마침 가차운 데 청하중학교가 인가가 났다고. 인가가 나니까 장사초등학교 나와 가지고 2년 3년 놀던 사람들이 중학교를 다 들어갔다고. 심지어 우리가 중학교 1학년 때 3학년짜리가 27살인 사람도 있고 아이가 둘인 사람도 있고 그랬다고."

7 나이가 많은 편에

에 속하잖아. 그러이 공부 잘하고, 운동 잘하고, 육상 잘하
고 그랬다고 키는 작아도. 체육선생도 상당히 호응도도
괜찮고 그래가 같이 놀고, 덩치 좋은[8] 놈들하고도 같이 놀
고 중학교 다닐 때도 상당히 정의파였다니까. 한 번은 아
주 못된 놈이 있었다고 우리 나이 정도 되는데 못된 놈이
있었는데 도시락을 싸오면 전부 작은 놈들 도시락을 디배
가지고(뒤져서) 반찬 같은 거 좋은 거 해 오면 다 먹어 뿌
고 쪼매는 놈들한테 그래가지고 그놈 못됐다고 내가 몇
찰 때려 준 적 있지. 그런 것도 다 선생님 귀에 들어가고
했을 끼야. 그런 거는 우리는 못 보는 스타일이야. 아주 나
쁜 놈 아이가.

중학교 다닐 때 생각나는 선생님 중에서 이름은 잘 모
르겠는데 정 선생, 박 선생, 최 선생, 그리고 최 교장이 있
었다 카이. 최 교장님은 6 · 25사변 때 상이용사였다 카이.
그 양반 형이 영일군 국회의원이었다니까. 최원수라고 국
회의원 있었다 카이. 그분의 동생이라. 그분 동생이 청하
중학교 재단 이사장 택이지.

청하 중학교를 졸업하고 서울에 있는 한영 고등학교에
들어갔는데 그 학교도 명문학교는 아니라 카이. 아닌데
어디 중학교 졸업하면 고등학교도 중간에 한 2학년에 들
어갈 수 있다 카이. 나이 그때 20살 됐다고. 20살 됐기 때
문에 2학년 들어 가가지고 좀 있다가 21살 되어 뿌잖아.
21살이 되니까 병역 기피자가 되뿌니까 뭐 이래저래 피해
다니다가 내하고 친구 되는 충청도 사람을 잘 알게 되었
는데, 홍사혁이라는 사람을 알게 되었는데 사람이 참 좋
더라고. 내가 그때 촌 한 살림 차릴 돈을 가지고 갔다니까
서울 올라갈 때. 돈의 가치가 어느 정도냐 하면 54년도에

8 체격이 좋은

30만 원 정도 가져갔기 때문에 요새 15평, 20평 되는 집한 채하고 논 한 다섯 마지기 살 정도는 되지. 요새는 농토가격이 떨어졌잖아. 반 살림 밑천이다 그랬거든. 그때 소한 마리 4만 원밖에 안 했다고. 큰 소 한 마리가. 30만 원이면 촌에서 결혼해가 애들 한둘 있어도 먹고 살 그 정도라카이 까네.

친구인 홍사혁이가 옛날에 신흥대학 있잖아. 신흥대가요새 경희대 아이가. 신흥대가 청량리 이문동에 있었다고. 그 신흥대학에 다니면서 정치외교학과 다니더라고. 그 친구가 말하기를 "친구야! 여기서 놀지 말고 강의나 받으러 댕기자" 이래가지고 그 친구하고 함께 노트 가지고 신흥대학에 강의받으려 한 10개월쯤 댕겼다고.

그러다가 인자 그 다음 단계 직장 구한 얘기 해야지. 그러다가 최 전무라는 사람 알게 되었는 기라. 그 사람 서울대 공대 나왔다 하더라고. 사람 괜찮은 것 같더라고. 그 사람이 동국제강에 다니는 것 같더라고 그래서 전무님, 전무님 날 직장 좀 구해 주소. 가지고 온 돈 다 써 뿌면 안 되잖아. 그 직장이 상당히 일이 힘든데 당신이 서울에 올라와가 힘든 일 해내겠어요 그 카더라고. 나도 우예 그래 얘기가 나왔는지 몰라. 나도 시골에서 우리 부친과 지게를 지고 높은 산에 올라가서 나무도 해 오고 논에서 농사짓는 일도 하고 했는데 못할 일 있겠습니까 캤지. 나는 그때 군 입영 기피자라고. 그래가 정 이야기하는 대로 그렇다면 내가 구해 주지 캐가 이력서 하나 가지고 오라 캐가 제출한 기 동국제강이라고. 그때 당산동. 그래 영등포구 당산동이다. 당산동에 그 인자 직장을 구해가지고 그 당시 동국제강 직원이 한 150명쯤 됐다고. 그때 당시에 그러이 서울 지역 같은데도 철강 회사에 대한중기가 직원이 700명쯤 되는데 그런 데가 제일 큰 회사 축에 속한다고. 대한중기라고 있었는데 상당히 큰 회사라. 동국제강은 그때 살(조금씩) 일어설라 카는 거라.

거 들어가니까 현장 기능직으로 작업복 갈아입고 열심히 일을 배우는 거지. 배워가지고 한 몇 년 일을 했는데 하숙비 주고 묵고 살 정도는 되는데. 거기서 한 5년, 6년 근무했다고. 동국제강에 생산과장으로 있는 사람이 부산에 극동철강이라는 거를 설립을 하는데 자네 내 따라 가자 하더라고. 그 사람이 바로 현장 기능직으로서 투맨(서열 2위)으로 가는 기라. 내가 그때 스물여섯이라 카이. 학교 다닐 때 내가 수학도 잘하고 계산 같은 거 잘하고 쇳덩어리 얼마짜리 얼마 뽑아내면 얼마 나오고 이런 거 계산도 해야 될 거 아이가. 현장 책임자 할라 커먼 그런 것도 잘하고 깨끗하게 일을 처리했다고. 눈썰미도 좋고 해서.

1961년도 1월 설에 놀고 1월 4일부터 출근하는데 인천 지역에서 일류들 15명만 모집해라 그래가지고 내가 인자 부산 내려간다 하니까 인천·서울 지역에서 몇몇 물색해가 일 잘하는 사람들 십여 명 모집을 했어. 그때 당시에는 현장 기능직들은 어디 옮기면 그때 대한민국 철강업계 기술이 아주 희박했다 카이. 희박했는데 일만 좀 배워가 잘한다 카면 이 회사 있다가 저 회사로 옮기면 월급이 팍팍 올라가던 시절이라. 기업주측에서 일을 하루 10시간 해라 그 캐도(그렇게 해도) 10시간 일하고 20시간 해라 카면 20시간 일을 하던 때라 카이.

내한테 사람들이 많이 찾아왔는데 내가 그 사람들을 보면서 내 말 잘 들어라 카고 다짐을 받고 부산으로 15명을

"내가 그때 스물여섯이라 카이. 학교 다닐 때 내 수학도 잘하고 계산 같은 거 잘하고 쇳덩어리 얼마짜리 얼마 뽑아내면 얼마 나오고 이런 거 계산도 해야 될 거 아이가. 현장책임자 할라커먼 그런 것도 잘하고 깨끗하게 일을 처리했다고 눈썰미도 좋고 해서."

데리고 딱 내려 가가 내가 월급 책정을 다 하고, 공장장인 테 얘기를 해가 내가 일을 시키니까 내가 이 사람들 월급 을 책정하는 거지. 공장장은 특별하게 내한테 지시나 할까 뭐 그랬지. 그때 상당히 경기가 좋아 월급도 많이 받고, 61년도에는 옛날 천 원짜리 있을 때 자네들은 태어나지도 않았네. 박정희 혁명 일으켜 가지고 그때 당시 내 월급, 15 만 원에 직장 수당 3만 원 해가 18만 원 받으니까 그때 군 에 대위로 있는 사람하고 한 집에 같이 살았다고. 살았는 데 대위 고참인데 월급 얼마 받노 카이 5만 원 받는다 카 더라 대위 고참이. 그런 사람보다 내가 3배 이상 월급을 더 받는 거지. 그러니까 술집에 가도 일류 술집에 가서 먹 고 그랬지. 회사에서 특별히 많은 생산 장려금을 내줄 때 면 현장 기능직들한테 그때 4, 5백명 됐다고. 뭐 좀 일좀 열심히 해가 많이 생산됐으니 빵 같은 거 사가지고 쭉 갈 라주고 그랬지. 특히 서울에서 따라온 내 심복들, 요새 보 디가드 택 아이가 5, 6명씩 동래 온천장 같은 큰 술집에 가가 술을 돈 십만 원 주고 실컷 묵고 그랬다.

　정종에 한 상 차리면 최고야. 그때 양주 같은 거는 없었 어. 그때 당시에는 우야다(가끔씩) 맥주 조금씩 묵고. 거기 서[9] 한 2년쯤 있다 하니까 5 · 16군사혁명이 나가지고 매 일 입영 기피자 단속한다 하고, 잡아 넣는다 하고 해가 그 때 기피자 신고를 했다고. 그래가 내 나이 스물여덟에 군 대 갔다 카이. 스물여덟에 군대 가가 아까 사진 안 있더나. 군에 가가지고 군대 아는 사람이 있어 가지고 군수 기지 사령부 거기 떡 가니까 부관 참모실에 있던 사람이 휴가 를 가가지고 참모실에 김 일병 좀 있어라 카더라고. 13일 인가 15일인가 있다가 참모님 김 일병 어떡할까요 카니.

"군에서 대위로 있는 사람보다 내가 3배 이상 월급을 더 받는 거지. 그러니까 술집에 가도 일류 술집에 가서 먹고 그랬지"

9 극동철강에서

허 대령이 가를 인사 분류과에 놔 뒤라 하더
라고. 그래가 부관부 사령관 하던 진종채 있
제 진종채. 이 양반이 부산 501방첩 대장인
데 방첩 대장 동생이 부산대학교 다니는데
내하고 훈련소를 같이 나왔거든. 가는[10] 의
무병과 받아가지고 부산 의무청에 떨어지고
나는 군수 기지 사령부 떨어졌는데 한 번 전
화 와가지고 김형 거기 군 생활 어때요 카더
라고 나는 마 최상급 부대 있으니 높은 사람
너무 많잖아. 힘들어가, 두들겨 맞아가 힘든

▲ 28세에 군 입대하고 이등병
시절인 29세 때 찍은 사진

게 아니고 오줌 누러 가는데도 마 위관급들에게 경례해야
되제. 영관급들 사령부 같은 데는 대령급들만 해도 5, 6명
되제. 별자리 있제.[11] 야야! 너거 형님 있는 데로 좀 보내도
카이. 꼭 가고 싶냐 그래가 그러면 내가 누구한테 얘기 해
놓이 인사 한 번 해라 그라대. 내일 모레가 토요일이어서
진주학의 형님인 방첩 대장에게 인사하니까 너 진주학이
친구야 카더라고. 예 그렇습니다 카이. 군번 성명 대 캐가
그래가지고 부관부 참모실에서 방첩대로 옮겨 편안하게
있었지. 심적인 고통도 안 받고 군생활이나 사생활에 구
김살 없이 지냈지. 군생활은 3년 1개월 동안 했다. 그리고
서른한 살에 제대했지.

　서른한 살에 제대하면서 과거에 있었던 직장인 극동철
강 김 전무라는 분의 집에 찾아가니까 아! 너 벌써 제대했
어 내일부터 출근해라 카는 기라. 신용을 내가 많이 받았
지. 출근하니까 결국 인제 내가 직책을 가지고 있던 거는
내가 데리고 온 사람들이[12] 직장장이다 다 하고 있는 기야
　내가 군대에 가 있는 동안에 회사 자체서야 나를 인정

*'5 · 16 군사혁명이
나가지고 매일 입영 기피자
단속한다 하고,
잡아 넣는다하고 해가
그때 기피자 신고를 했다고.
그래가 내 나이 스물여덟에
군대 갔다 카이.*

10 군대 동기인 진주학을 말함
11 군 장성들도 있지
12 서울 동국제강에서 함께 일
　했던 직장 동료를 의미함

"포항제철에 70년도
10월 달에 이력서를
제출했는데
회사에 합격이 됐더라고.
인사 담당자가 포철에
입사를 하면 무조건
월급이 3만 원이라 카이.
그 돈으로 생활보장을
해 줬는데 내 경우에는
나이가 적을 때부터
직장 생활을 해서 경력이
상당히 화려해 가지고
당신은 5만 원 줄 테니까
나오시오 그라더라니까."

13 김동호는 군 제대 후 재입사
한 극동철강에서 직책과 권
한이 부여되지 않아 기분이
편치 않았고 그 후 포항제철
에 입사를 해서도 마찬가지
사정이어서 이때부터 장사
에 눈을 돌리기 시작한다.

해 주지만은 내 권한이 없잖아. 월급 책정 같은 거 내 권한
이 없잖아. 그래도 할 수 없이 목구멍이 포도청이니까 월
급을 받고 극동철강에 있었지. 65년에 제대해 가지고 70
년이 될 때까지 4년 몇 개월 있는 동안에 거기서 10만 원
씩, 12만 원씩 이래 받았다고. 그것만 해도 많이 받는 축에
속하지. 그러나 직책을 가지고 있으면서 인사권이나 모든
권한을 다 하다가 그런 걸 안 하니까 직장 생활이 재미가
없더라고. 그래가 포항제철이 설립되기 시작했는데 포항
제철에 들어가려고 포항에 왔다고.

나도 현장 기능직으로 철사 같은 거 빼내는 거 안 있나
그걸 와이로트라 카는데 와이로트라든지 차에 싣고 다니
는 거 있잖아 황봉이라든지 앵글이라든지 이런 거를 묶어
가지고 형강이라 그랬다. 형강 생산 파트에 나도 현장 기
능직으로서는 누구 못지않고, 일선에서 뛸 때 남한 전체
를 두고 이야기 했을 때는 아마 한 5위 내지 10위권 안에
들어간다는 의미를 가지고 포항제철에 70년도 10월 달에
이력서를 제출했는데 회사에 합격이 됐더라고. 인사 담당
자가 포철에 입사를 하면 무조건 월급이 3만 원이라 카이.
그 돈으로 생활보장을 해 줬는데 내 경우에는 나이가 적
을 때부터 직장 생활을 해서 경력이 상당히 화려해 가지
고 당신은 5만 원 줄 테니까 나오시오 그라더라니까. 그
대신에 직책이 없더라니까. 5만 원 주께 나오소 카믄 다른
사람보다 월급을 두 배나 더 주는 긴데 직책이 부여되지
않는 것은 마찬가진데.[13] 그때 죽도 시장 장사하기 시작해
가지고 포항제철에 직책이 없으니 글터라고.. 그라믄 다음
에 들어가지 뭐 해가지고 미루니까 그 다음에 이력서를
제출 안 하게 되고 죽도 시장에서 장사도 잘되기 시작하

고 그래가 직장 생활을 그만하게 되더라고. 그때 내 나이
가 37, 38살 이래 됐다고. 연도는 70년도 아니면 71년도쯤
이다.

사회 생활을 하면서 불신받으면 그건 낙오자라고

포항에 포항제철이 설립되기 시작하기 전에는 죽도 시
장이 동해선로의 유일한 도매 시장 역할을 한 것 같은데
포항제철이 설립되면서 인구가 증가하니까 도매도 하면
서 죽도 시장이 활기가 있기 시작하더라고. 찾아오는 고
객도 많아지고 이래가지고 장사하는 사람들이 내뿐만이
아니고 그때 당시에 빛을 본 사람이 많다니까.[14] 현재도
포항에서 큰 예식장 하는 사람들이 이전에는 죽도 시장에
서 도매 시장 크게 하던 사람들인데 모두 다 예식장 차렸
다고. 명성 예식장. 목화 예식장. 대왕 예식장이라든지. (선
프린스 호텔 하시던 분도 죽도 시장에서 도매상을 하다가
돈을 벌어 호텔을 세웠다고 들었습니다만) 그 우예 아노.
선 프린스 호텔 영감님 바로 집 차테(근처에) 내가 있었다
고. 그 영감님은 철물 도매 겸 소매를 해가지고 돈을 많이
벌었다. 그 집 아들도 고려대 영문학과 나왔는데 요새 부
산 가서 살지 싶으다.

그때 당시 죽도 시장에는 가게를 세 들어 가지고 부산
서 이사를 올 때 밑천이 없어가 돈 50만 원인가 가지고 열
몇 평 되는 가게를 세를 들었는데 13만 원인가 15만 원인
가 주면 열 달에 없어진다고 사글세라. 그거 하나 빌리고
고 안에 방 하나 있었는데 거기서 아들을 키우고 생활했

"포항에 포항제철이
설립되기 시작하기 전에는
죽도 시장이 동해선로의
유일한 도매 시장 역할을
한 것 같은데 포항제철이
설립되면서 인구가 증가하니까
도매도 하면서
죽도 시장이 활기가 있기
시작하더라고.
찾아오는 고객도 많아지고
이래가지고 장사하는 사람들이
내뿐만이 아니고
그때 당시에 빛을 본 사람이
많다니까."

14 큰 돈을 번 상인들이 많다

다고. 그렇게 하다가 한 1년쯤 하다가 그 옆에 15평쯤 되는 게 가게가 참한 게 나더라고. 거기 열 달에 15만 원씩 주고 그 다음에 자꾸 가격이 오르니 그 가게에서 4, 5년 있었다고. 4, 5년 있으면서 포항제철에 납품도 하고 시장에서 장사가 잘되기 시작해가 고객들한테 최대한으로 성의를 베풀고 잘해야 되지. 그 사람이[15] 사람 데리고 오고, 데리고 오고 해가 도매 역할도 하면서 일하는 사람도 있었고 밥 해먹는 사람도 있었고,

죽도 시장에서 장사를 시작한 지 5년 만에 주택을 샀다고. 8년 만에 16평짜리 가게도 사고 그랬다고. 그때는 참깨가 수입도 안 되고 하기 때문에 국산을 사놓으면 그 이듬해 봄에 오르고, 오르고 나면 물건 팔고, 물건을 재어 놓으면 오르지. 이래 하니까 양질로(양쪽으로) 돈을 벌었지. 그 당시 자식 키울 때 돈에 대한 구애는(어려운 일은) 별로 없었지. 자식들이 용돈 달라 카면 줘 뿌고 어디 쓰는 지도 모르고 내가 바쁘니까 물건 구입해가 도매 해야지. 포항제철, 동아건설, 현대건설 납품하니까 수금해야 되지.

(그런데 포스코와는 어떻게 거래를 성사시켰습니까?) 인제 역시 나도 시장 상인이 되었으니까 사업을 해가지고 조그마한 성공이라도 해야 되지 않나 싶은 생각에 포항제철이 생기면 굉장히 방대한 거 아이냐 거길 뚫어야겠다 생각하고 포항제철 내에 후생 담당하는 사람이 식당하고 다 하거든. 후생 담당 하는 사람이 누구냐면 좀 뭣한 사람이 유시갑이라고 나오는데 그 양반이 내가 가르쳐 주꾸마 카더라고. 그 다음날 나오는 거를 사장한테 직접적으로 인사를 했다꼬. 내 나이 40 되기 전이라. 그 사람에게 인사를 하고 사장님 시간 10, 20분이면 됩니다 시간 조금만 내

15 처음 거래를 한 사람이

주십시오 이래 하니까 "아! 그래요" 그라대. 긴요한 얘기가 있어서 그렇습니다. 다방에 올라가가 차를 한잔 대접하면서 나도 월급 생활을 십 몇 년간 했는데 죽도 시장에와서 사업을 시작 해 놓으이 상당히 참 어렵습니다. 어려운데 사장님이 포항종합제철 후생을 담당하고 있다고 하시니까 부탁좀 합시다. 내 은혜를 안 잊어 뿌겠습니다 카고. 그 사람이 그러냐고 그렇다면 당신이 항상 물건 넣을 때 시세를 속이고 하면 안 됩니다 카고. 그 양반 고향이 김천이더라고, 성격도 유순하고 행실도 잘하고 좋더라고. 내일부터 물건 넣으소 캐가지고 하하! 그때부터 그 양반하고 알게 되가지고 사장님하고 알아가 넣으이 누가 터치하는 사람이 있나 경쟁자도 없더라고. 사장 통해 넣으니까 포항제철 거래를 근 30년간 했다니까. 포항제철 상대해가지고 돈을 많이 벌었지.

인간 관계가 참 중요하지. 사회 생활도 역시 저 양반은 이야기를 해도 대화를 해도 그 사람이 사회 생활을 하면서 불신받으면 그건 낙오자라고. 신용 받을 수 있게 하고 최선을 다해가 그 양반도 나를 밀어 주는데 그때 당시 납품할 때 물건 값이 만약 만 원하다가 2만 원으로 인상되어 뿌도 한 달 동안은 만 원에 넣어주는 기라. 그럼 그 양반도 머리에 식견이 좀 들고 했는 분이라면 알거 아이가. 그때부터는 그 다음 단계 올릴 때는 사장님 물건값이 요전서부터 인상되었지만 많이 도와주시고 해서 나도 최대한으로 해 드리려고 하고 있습니다. 아! 그래요. 조금 인상시켜야겠습니다. 아! 그렇게 하세요. 대화로, 인간적으로 통했다고. 그래 했기 때문에 거래관계가 오래 존속이 되었다고. 오래 존속이 되었는데 그 양반이 포항제철 박태

"인간관계가 참 중요하지. 사회 생활도 역시 저 양반은 이야기를 해도 대화를 해도 그 사람이 사회 생활을 하면서 불신받으면 그건 낙오자라고."

김동호는 약 30년 동안 포항제철에 참깨와 고추를 납품했는데 납품하던 기간 동안 포항제철 직원식당 사장이 경질되고 군대령 출신이 식당업을 맡게 되었을 때도 납품을 계속해서 돈을 많이 벌었다고 구술한다.

준 사장한테 인정도가 희박해져 삣는 기야. 그래가지고 그 양반이 한 15년쯤 했는가 그래 하다가 박태준이가 저 사람 못 쓴다 캐가 다른 회사로 대능사라는 회사로 넘어 갔다니까. 대능사 사장은 공군 대령 출신으로 박 사장이라고 했다. 그 양반이 그래 넘어가가지고 우리 집에 찾아 왔더라고. 사장님 제가 최대한으로 해가 드리겠습니다. 좀 도와주십시오. 이래가지고 그 양반한테도 쭉 지속적으로 납품했다고. 인간관계가 좋아야 사업이 잘되는 거 맞아.

우리나라 국민들이 부유한 생활을 하고 있다고

처음에 죽도 시장 가게를 임대했을 때 열 달에 10만 원. 8만 원인가. 그 다음 점차적으로 12~3만 원도 주고 15만 원도 주고 했지. 자네들[16] 쪼맨 할 때 아인가. 그때는 10원 짜리 주고 뭐 사먹으라 카고 했는데 그 당시 만 원 단위만 해도 컸지. 그때 100만 원이면 크다니까. 나쁜 짓을 해가 면서 돈 벌 필요는 없다 카이 내가 볼 때는. 죽도 시장 장 사를 해가지고 묵고 살 만큼 벌어가 애들 공부시키는 거 는 구애 없이 시켰는데 자식들이 공부할 당시에 직감적으 로 내가 이야기를 별로 한 적이 없는 게 생활이 나빴다가 좀 좋아졌기 때문에 돈에 대한 구애는 안 받으이 공납금 다가오고 할 때도 내일 내야 된다 카면 바로 줬으니까 돈 이 중요하다 카는 걸 자식들한테 못 심어줬다 카는 게, 가 정교육이 불충분했다 카는 거를 내가 근래에 와서 느끼고 있다니까. 그런 문제가 좀 미스테리가 있는 것 같고 자식 들이 꼭 교육을 받아야 돈에 대한 거를 느껴야 머리에 들

16 면담자를 지칭함

어가는 거 아니잖아. 철이 들고 고등학교 다니고 대학 다니면서 배우고 사회의 흐름을 알면 자기가 또 알고 실행에 옮겨지는 것도 있는데 내가 우리 아들 볼 때 그런 게 조금 미스가(잘못한 것이) 아니냐 싶은 생각이 지금은 들어.

(처음 죽도 시장에 장사를 하기 위해서 갔을 때 지금의 죽도 시장하고는 달랐습니까? 어땠습니까? 그 당시는 죽도 시장에서는 마누라 없이는 살아도 장화 없이는 못산다는 말을 할 정도로 진흙탕이라고 하던데요) 자네도 그쪽으로 누구하고 인터뷰 했네. 근데 내가 올 때는 그 당시는 벗어났더라고. 그런데 포항제철이 건립이 되지 않았다면 포항 죽도 시장이라든지 포항이 발전될 게 없잖아. 서울하고 부산하고. 부산에서 내가 10년 살았는데 포항에 와서 포항제철 인구가 불기 전에 내가 뭘 느꼈냐 하면 포항에서 애들이 노다지 욕을 하더라고. 근데 내가 참 서울이나 포항 있을 때 고향이 어디냐 하면 포항이라 그랬는데 포항에 와 보니까 참 애들 교육이나 등속 문제가 상당히 수준 이하구나 카는 거를 내가 느꼈다고. 근데 요새는 포항제철이라든지 포항공대라든지 이런 게 형성되기 시작하고 이래 되어 가지고 원래의 포항 시민들은 고기 잡는 시민들보다 수준이 많이 향상되었고 결과적으로 내가 자네하고 대화를 하듯이 둘이 대화가 사회 생활에 궁핍이 없는 대화를 하면 사회가 꽃을 피우는데, 제3자가 질이 안 좋은 거를 하고 다른 사람도 사회 생활에 질이 안 좋은 거를 하면 그런 게 생기듯이 나도 금년에 딱 70세가 됐으면서 원하고 싶은 거는 좋은 말들도 많은데 좋은 말로써 갈등이 안 생기게 하는 어떤 사회 생활을 했으면 안 좋겠냐 하는 생각이 나고 그라고 지금 현 정부가 조금 시끄럽고

"내가 참 서울이나 포항 있을 때 고향이 어디냐 하면 포항이라 그랬는데 포항에 와 보니까 참 애들 교육이나 등속 문제가 상당히 수준 이하구나 카는 거를 내가 느꼈다고. 근데 요새는 포항제철이라든지 포항공대라든지 이런 게 형성되기 시작하고 이래 되어 가지고 원래의 포항 시민들은 고기 잡는 시민들보다 수준이 많이 향상되었다고."

"우리나라 국민들이 지금은
양말 안 뚫어진 거 신고,
옷 안 뚫어진 거 입고 있잖아.
우리는 양말 제대로
신지도 못하고 살았다고.
이래 사는 것만 해도 역사
이래로 국민들이 부유한
생활을 누리고 있는 거 아니냐.
요즘 뭐 경제가 어렵다 어떻다
해도 난 상당히 그렇게
생각한다고.
상당히 우리나라 국민들이
부유한 생활을 하고 있다
카는 거를 생각하고 있다고."

여야간에 상당한 갈등이 있는데 서로 자기 욕구만 채우지 말고 서로 한 발짝씩 물러선 상태에서 그러이 물러나면서 후세들을 생각해라 이런 얘기라. 내 아들, 손자들은 나중에 어떻게 살아갈 것인가 하는 생각을 하면서 정부에 요직들에 앉아서 국가와 민족을 위해서 한다고 하는데 말뿐이 아니냐 싶은 생각을 한다꼬. 나도 못 배워가 촌에 들어앉아 있지만 그런 거를 느끼겠다고. 왜냐하면 고구려가 당나라한테 망하기 시작하고 그 뒤로는 쭉 한반도에 살고 있는 사람들 노다지 어깨 제대로 펴고 힘주고 살아 보지 못했다고. 2차대전 후에 해방이 돼가지고 우리나라가 얼마나 발전이 돼가 박정희 대통령이 혁명 일으켜가 그 양반이 잘못 했는 거도 있지만 잘 했는 게 더 많으니까 잘 했는 거로 봐야 되는 거 아닌가배. 많은 발전을 가져와 가지고 우리나라 국민들이 지금은 양말 안 뚫어진 거 신고, 옷 안 뚫어진 거 입고 있잖아. 우리는 양말 제대로 신지도 못하고 살았다고. 이래 사는 것만 해도 역사 이래로 국민들이 부유한 생활을 누리고 있는 거 아니냐. 요즘 뭐 경제가 어렵다 어떻다 해도 난 상당히 그렇게 생각한다고. 상당히 우리나라 국민들이 부유한 생활을 하고 있다 카는 거를 생각하고 있다고. 정치하는 것도 자세를 낮춰가지고 그렇지만 지구상에 딱 올려놨을 때는 강대국한테는 힘 못 쓰고 있는 거 아닌가배. 너무 뛰지 말고. 우리가 휴대폰이라든지 전자 계통이라든지 세계적으로 두각을 나타내고 있는 게 있지만은 사람이 못 살다가 재산 조금 불어놓으면 말이지 남 옆에 사람 보는 기 아주 모든 거를 견줘 봤을 때 형편없는 사람이지만은 괜히 힘 줘가 큰 소리 꽝 치고 말이지. 포항이나 대도시에 살면 그런 사람 더러 있더라고. 옛날 속담에 곡식도 익으면 고개를 숙인다고. 그런 게 100% 속담이라도 비합리적인 게 있기는 있지만은 사람들은 재산도 있고 돈도 벌고 하면 주변사람들이 자동적으로 어디 가십니까 카는 남이 인정해 주는 사람이 되어 될긴데 이건 보면 제대로 되지 않은 생야단인 사람들도 더러 있더라고.

(동국제강이나 극동철강에 다니실 때와 죽도 시장에서 장사를 하실 때 흔히 사농공상이다 이렇게 말씀하지 않습니까? 신분상의 변화를 느끼신 적은 있으십니까?) 조금 그런 게 자기 프라이버시에 대한 문제가 좀 있더라고. 한 마디로 시장 장돌뱅이 아이가. 시장서 장사하는 사람은 시장 장돌뱅이라 캤거든. 회사에 작업복을 입고 일하는 현장 기능직으로 월급 버는 직장 생활 하고 있다 캤을 때는 남들 보는 시선이 조금 다르지만은 시장에서 장사한다니까 시장에서 장사하는 사람들 중에는 깍쟁이 같은 사람 있잖아. 물건 속이는 사람들 말이야. 그런 사람들과 모델 케이스로 같이 넘어가 뿌는 기라. 죽도 시장에서 장사합니다 이랬을 때는 김동호 저 사람도 그와 같은 사람 아니겠느냐 이런 거를 받을 때는 좀 그렇고 끝까지 시장 장사는 해야 되겠다 카는 의욕은 별로 없더라고. 장돌뱅이다 카는 참기름 장사도 별로 좋은 장사는 아니더라고. 사업이나 장사나, 장사가 좀 커지면 사업 아닌가배. 그래 되는 형식인데 그런 시각을 장돌뱅이라는 시각을 받는 게 조금 못마땅했지만은 나는 떳떳한데 아까 선 프린스 영감 캤잖아. 그런 영감님이 내하고 열 살 차이라고. 열 살 차이라도 그 영감이 별로 나보다 위세를 부릴 이야기를 못 하는 기야. 왜 그렇냐 하면 그 양반들 바닷가 출신으로서 그랬고

"회사에 작업복을 입고 일하는 현장 기능직으로 월급 버는 직장 생활 하고 있다 캤을 때는 남들 보는 시선이 조금 다르지만은 시장에서 장사 한다니까 시장에서 장사하는 사람들 중에는 깍쟁이 같은 사람 있잖아. 물건 속이는 사람들 말이야. 그런 사람들과 모델 케이스로 같이 넘어가 뿌는 기라. 죽도 시장에서 장사 합니다 이랬을 때는 김동호 저 사람도 그와 같은 사람 아니겠느냐 이런 거를 받을 때는 좀 그렇고 끝까지 시장 장사는 해야 되겠다 카는 의욕은 별로 없더라고."

나는 우리 할아버지가 선비고 그렇기 때문에 남하고 대화를 해도 아주 모지게 나쁜 이야기 같은 거는 못하는 사람이라. 나쁜 이야기를 가정적으로 못하는 사람이라. 저런데 가면 이장들 한 20명 되는데 언질이 나쁜 사람도 있더라고. 나이 한두 살 차이 나는 사람들한테 사회 생활 하면서 좋은 말도 천진데 그렇게 나쁜 말 하지 마라 말이지 입 더러워진다고. 내가 이 송라면 지경 3리 동장을 오래 하고 있을 때 면장이 바뀌더라고. 면장이랑 인사하면서 면장이 동장님 잘 좀 도와주십시오 카면서 무슨 이야기를 하냐면 나도 촌에서 산다 하니까 면장이 처음에 농사 안 짓고 시내에 계신 분으로 보인다고 하더라. 그렇게 이야기 하고 이래 있어도 국회의원 출마하시는 분들이라든지 우리 집에 와가 차 한잔씩 하고 내 그런 사람들 대부분 안다 카이. 도의원이라든지. 여기 와가지고 송라면 쪽에 학교를 안 나와가 송라면 사람들 몰랐는데 자기 처신이 원만해야 된다는 생각이 들더라고. 나는 질 안 좋은 사람들 하고는 내가 양보해 뿐다 카이.

포항 죽도 시장에는 주로 인자 1·4 후퇴 때 넘어와 가지고 이북 사람들이 많았고 그 다음에 포항 지역 출신들이 많이 있었는데 원래 포항 출신들이 일제 치하에 있을 때 고기 잡고 하던 데 아이가. 질적으로 낮더라 카이. 낮았는데 요즘은 많이 포항 달라졌지. 부산에서 내가 오니까 포항에 주먹쟁이. 반 주먹쟁이가 아주 안 좋은 행위를 하는 사람들이 죽도 시장에 많이 팽배해 있더라 카이. 왜 그렇냐 하면 거기 포항 장돌뱅이 자식인기라. 시장 장돌뱅이 자식. 장돌뱅이라도 행위나 이런 거 조심해서 하면 장돌뱅이 소리 안 들을 거 아닌가배. 장돌뱅이들은 술이나 묵고 남들한테 땡깡(행패) 부리는 것이 일인데 보는 견문이 뭐가 있겠노. 딱 한 가지지. 요즘은 많이 달라졌지. 포스코나 이런데 직장 생활하는 사람 부인들도 들어와가 장사하는 사람도 있을 끼고. 우리가 처음 포항제철 설립돼가 직장 들어가면 직장 아닌 과외 사업은 못한다고.

포항제철 건립으로 외지인들이 기술 부문 쪽으로 많이 들어오고 했는데 결과적으로 그때 당시에는 일본이나 미국이나 독일이나 오스트리아 이런 데는 말이지 대한민국 철강보다 몇 십 년 앞서 있었는 기라. 그 양반들이 우리나라에 들어오는 호응도는 상당히 좋아야지. 앞서가는 사람들한테 뭐라도 들어가 내 머리에 넣어야지. 국가에서 그런 활동을 할 거 아닌가배. 다른 사람들도 대략 그랬을 끼라. 대한민국이 포항제철 건립되기 전에는 철강업이 굉장히 희박했다고. 그때는 소꿉장난 비슷한 스타일이었고. 포항제철이 설립돼 돌아가니까 지금 현재 상태로는 철강의 재질관계는 앞서가는 선진국한테 따라가지는 못하지만 우리나라도 외국에 수출도 많이 하고 하기 때문에 상당한 단계에 올라왔는 거 아닌가 하는 생각이 들고, 대한민국 산업 발전이 시작된 하나의 원동력도 포항제철이 설립이 되었기 때문에 상당히 철강업이 밑바탕이 아니었나 하는 생각이 든다고.

포항제철 박태준 회장이 군 출신이기 때문에 옛날에 군대에서 하는 식으로 한다는 소리를 듣고 별로 나도 달갑게 생각은 안 했는데 근데 지금 현재까지 모든 거를 일으켜 세우고 지금은 종합제철 회장도 다른 사람이 하고, 하지만은 초창기에는 상당히 그런 게 필요했지 않느냐 생각했고 뭐 고충이라고 하기 전에 정신적인 압력을 받으면서

"포항제철 박태준 회장이 군 출신이기 때문에 옛날에 군대에서 하는 식으로 한다는 소리를 듣고 별로 나도 달갑게 생각은 안 했는데 근데 지금 현재까지 모든 거를 일으켜 세우고 지금은 종합제철 회장도 다른 사람이 하고, 하지만은 초창기에는 상당히 그런 게 필요했지 않느냐 생각했고 뭐 고충이라고 하기 전에 정신적인 압력을 받으면서 너거 묵고 사는 데는 내가 보장해 주께 하는 생각으로 가지고, 어디라 캤노 지곡동 같은데 만들어가 포스코 직원들 배려해 주고 등속으로 했다는 게 상당히 저돌적이야. 내가 포항제철 회장을 했다면 그만큼 못했다는 거를 내가 느끼겠다고."

너거 묵고 사는 데는 내가 보장해 주께 하는 생각으로 가지고 어디라 캤노 지곡동 같은데 만들어가 포스코 직원들 배려해 주고 등속으로 했다는 게 상당히 저돌적이야. 내가 포항제철 회장을 했다면 그만큼 못했다는 거를 내가 느끼겠다고. 그런 거 상당히 잘 했는 거 아이가. 포항제철 직원들에게 집하고 월급도 제대로 주니까 전심전력을 다 해가 제대로 해라 데모 같은 거 하지 말고. 이래 했는데 이런 얘기 끝에 하는 얘기가 박정희 대통령이 대한민국 국민들한테는 몸에 맞는 옷을 입어야 한다 헌법이나 모든 것도 대한민국 국민들한테 맞는 정치를 해 나가야 한다 하는 게 상당히 천재적인 게 아니겠냐 나는 이렇게 생각한다고.

(지금 포항 송도 해수욕장 상가 문제가 포항제철하고 송도 상인 상가 대책위원회 간에 어느 정도 해결이 되어 가는 것 같습니다. 지난주에 찾아가니까 해결이 잘될 것 같다던데. 태왕건설이라는 회사가 중학교 자리에 아파트를 짓는다고 하고 송도 해수욕장 상인들은 송도 땅에 놀이 기구를 설치하여 사람들을 많이 오게 하고 싶다는데 그 부분에 대해서는 어떻게 생각하십니까?) 내가 맨 처음에 죽도 시장에 들어올 당시만 해도 송도 해수욕장이 상당히 활기가 있었다고. 대구 저쪽 사람들하고 경주 저쪽 사람들도 많이 오고 종합제철이 설립되면서 차차 바다 쪽으로 메꿔 가다 보니까 해수욕장에 오물도 많이 나고 바다의 조류라는 게 우리 지식으로선 잘 모르잖아. 그로 인한 피해가 결국 송도 해수욕장으로 왔다 이렇게 느끼면서 옛날에 서울 동국제강이 부산 용호동으로 옮기면서 내려왔다고. 60년도에 내려오면서 그 옆에 부산 수산대가 있

었다고. 수산 대학 옆에 동국제강이 제철에서 나오는 슬라그 있제 찌끄러기[17]인데 동국제강도 바다를 차차 메꿔나갔다고. 결국 수산대학 있는 데는 찌끄래기만 남았다 송도 해수욕장도 같은 현상이라.

처음에는 그래 되는 거는 내 업무에 바쁘다 보니까 짐작 못했지만 현재에 와서 보면 부산 용호동 수산 대학하고 그와 같은 현상이 여기도 똑같은 현상으로 나타나는구나 요렇게 느낀다고. 요기 북부 해수욕장 있제. 거기도 조만간 엉망이 되어 뿐다고.

(면담자는 근 현대 민중의 의식주 변천에 대해 묻고자 우선 라면에 대한 기억을 김동호에게 물어보았다) 5 · 16 혁명 이후에 부산 동래서 수영 쪽으로 내려가는데 라면 공장이 있었다고. 라면 공장이 거기 있었는데 왜 그걸 먹었느냐? 61년도가 맞아요. 부산서 내려와 가지고 현재는 그기 한보철강이 되었다고. 그기 주인이 금호로 바뀌면서 무슨 덕수인가 그래 바뀌었잖아. 그 라면을 언제 먹었냐 하면 당시에 철강이 날개 돋친 듯이 팔렸다고. 팔리니까 주야로 24시간씩 2교대로 교대하면서 공백 기간이 두 서너 시간 되는 거지. 야간 할 때 저녁에 쉬면서 [야]참을 먹어야 할 거 아이가. 참을 주로 벤또[18]를 조금씩 싸와 가지고 라면을 끓여 먹었다니까. 그 라면이 삼양 라면이라니까. 삼양 라면밖에 없었다니까.

자동차는 대한민국에서 언제 만들었는 거는 확실히 모르겠는데 내가 전에 서울 올라갈 때 시발택시라고 있었다니까. 뭐로 만들었냐 하면 드럼통을 망치로 두드려가 시발택시라든지 버스를 만들더라고. 내가 그걸 봤는데 그걸 서비스 공장이라 카는데 서비스 공장에서 그런 거를 만들

17 영어로는 slug이며 조그만 쇳덩어리라는 의미이다.
18 도시락을

더라고. 시발택시라는 걸 만들더라고. 그게 아마 54, 55년
쯤 될 끼라.

사업을 하다가도 그보다 큰 재산을 버릴 수도 있고 마음의 자세를 다 씻어 버리고 새로운 자세로서 살아나가야 한다

지경리에는 98년도에 왔어. 죽도 시장에서 장사를 그만
둔 지는 95년도고. 그때 사업을 정리하게 된 이유는 경섭
이가[19] 공장하자 캐가 그렇지. 그쪽으로는 이야기 안 할라
카이. 그때 살던 집은 3층 건물이지. 78년도에 5천만 원인
가 5천 8백만 원 들여가 지었구만. 포항에서 장사해가 벌
인 돈을 다 버리고 손에 돈이 없었다니까 돈이 없고 나도
촌에 우리 어른이 열심히 노력해가지고 논도 몇 십 마지
기 가지고 있고 했는데 내가 주손이지만은 내가 먹고 살
만 하니까 동생이 어른을 모시고 있었는데 야! 니 논 다해
라 했다고. 이래 놨더니만 지 앞으로 이전등기를 다 해 놨
더라고. 내가 부도가 나니까 동생이 저 아래 논 8백 평하
고, 여기 천 4백 평하고, 이 집하고 형님하소. 우리 집안 제
일 맏인데 형님이 살아야 안 됩니까 캐가지고 내 집에 안
어른도 계시고 해가 할 수 없이 고향 떠나가지고 10년이
되면 고향 안 들어온다 카디만은 우선 발등에 불 떨어져
봐라꼬. 10년, 20년 생각이 안 나더라고. 우선 여 들어 와가
집이라도 지어가 안 어른(부인)이라도 조금 모시다가 돌아
가셔야 될 게 아니냐 그래가 동생도 논도 주고 하는 거를
여 들어와가 살게 되었다고.

김동호는 큰 아들과 삼일정공이라는 기계제작소와 공구 회사를 세우기 위해 1995년도에 죽도 시장의 가게와 시내 중심가에 있는 3층 건물을 처분했다. 어느 정도 사업기반이 잡혔을 때 주거래 회사의 부도로 인해 약 10억 원의 손실을 입어 연쇄 부도를 당해서 이곳 지경리로 이주하게 되었다. 김동호는 이에 대한 사실을 가급적 언급하지 않으려고 했다.

19 김동호의 장남

(아무리 형제간이라도 재산 문제와 관련되면 대개 오리발 내밀고 이래 되는데 어떻게 동생분이 잘 처신하신 것 같은데 특별히 형제간의 우애가 옛날부터 좋았습니까?) 형제관계도 상당히 좋은 현상이기도 하고 내가 부산서 직장 생활 할 때 대학은 못 나와도 동생이 고등학교를 부산에서 학교 다니는데 뒷바라지를 많이 했다 카이 까네. 돈을 많이 댔다 카이. 집에 어른이 농사 지면 쌀 같은 거 보내 주잖아. 막내 동생이 고등학교를 부산서 나왔는데 요새 가수 나훈아하고 동창 아이가. 나훈아가 부산 영남 상고를 나왔지. 내 막내 동생도 거기서 공부를 일등 했는데 포항 중학교 댕길 때도 저거 반에서 1등 했다고. 부산 상고에 시험치니까 안 되더라니까. 부산상고 시험쳐가 떨어져가 영남 상고에 들어갔는데, 그 학교는 2차라 카이. 그 당시 부산 상고에 들어가는 것은 어려웠어. 부산 상고 쪽이 수재들이라. 포항 중학교에서 저거 반에서 1, 2, 3등 이래가지고 자신 못하는 기라 안 되더라니까. 그래가 동생이 영남 상고에 들어갔지. 그 위에 죽은 저거 형도 동지 고등학교, 동지 상고 나오고 그러니까 우리 마을에서 여기서 이래 캐도 우리 형제들이 10명, 20명 되는 사람들 중에 뒤처지지 않는다 카이.

부친의 특별한 가훈이나 그런 건 별로 없고. 자식들을 키워가지고 부모 어렵게 하고 이런 거 없이 사회 생활 해도 그냥 살아나가니까 그걸로 만족하다는 기분으로 사시고 정이 굉장히 많은 분이었다 카이. 지금 나는 촌에서 살고 있지만 지금까지 농사 안 짓고 살아서 농사에 관한 것도 잘 모르고 지금 가리늦까[20] 논을 간다든지 하는 생각도 별로 없고 자식들이 세 놈 있으니까 저거들이 열심히 해

> "요즘은 사람이라는 게 사업을 하다가도 그보다 큰 재산을 버릴 수도 있고 마음의 자세를 다 씻어 버리고 새로운 자세로서 살아나가야 한다. 과거와 같은 스타일을 연계시켜가 살아가서는 안 된다."

20 매우 늦게

가지고 좀 뭐 남은 여생에 저거가 좀 뒷바라지 잘 해 주면 좋을 끼고 안 해 줘도 할 수 없고. 논을 남을 줘도 묵을 양식은 되거든. 되니까 할 수 없는 게 아니냐. 내가 자식들한테 디기(매우) 나쁘게 안 했기 때문에 나에게 나쁘게 안 할 거 아니냐 그런 생각하지. 경섭이도 마찬가지고. 경섭이 재산을 내버릴 때는[21] 많은 갈등이 있었지. 그러나 요즘은 사람이라는 게 사업을 하다가도 그보다 큰 재산을 버릴 수도 있고 마음의 자세를 다 씻어 버리고 새로운 자세로서 살아나가야 한다. 과거와 같은 스타일을 연계시켜가 살아가서는 안 된다. 사회 생활 하면서 글태이. 내가 욕을 하다가 이게 정도로 잘 안 가진다고 했을 때는 어떤 시점(그렇다)에 가서는 과감하게 결정할 수 있어야 돼. 뭐 이래 됐다고 돈 1억 원 꽂아 놨다, 5억 원 꽂아 놨다 캐도 안 되는 거는 과감하게 버려야 돼. 새로운 정신을 가지고 새로이 닦아나가는 기 올바른 거 아니냐고.

나도 돈 씀씀이 상당히 좋았데이

(죽도 시장에서 하루 생활 하시는 것을 말씀 좀 해 주십시오. 몇 시에 일어나시고 몇 시에 가게에 나가시고 몇 시에 점심을 드시고 점심을 대개 어떤 메뉴로 식사를 하시고 봄·여름·가을·겨울에 특별하게 하신 일이 있으신지요) 아침은 6시나, 6시 반에 가서 가게 문을 열어야 되고 열어놓고 가족이 집에서 밥 먹고 나오면 교대로 내가 집에 들어가 밥 먹고 나와가 타 지역에 물건 하러 안 간다든지 할 때는 가게 일 도와주고 저녁에 수금할 때는 수금

21 재산을 탕진할 때는

도 도와주고 이래 하면서 처음에는 그래 했는데 손님이
너무 많을 때는 한달에 15일은 점심 굶었다고. 돈이 없어
굶는 게 아니고 묵을 여가가 없어서 굶었다 말이다. 그렇
게 하니까 돈을 벌인다는 자체가 돈을 쓸 여가가 없어야
돼. 돈을 쓸 여가가 없어야 축적이 많이 되더라고. 업무가
계속 하루 10시간이면 10시간 연계되가 바쁘니까 돈 쓸
여가가 없잖아. 뒷주머니에 돈을 10만 원, 20만 원 넣어놓
으면 그때 장이 하얘지더라고.[22] 돈을 쓸 여가가 없어. 자
네가 내 친구라 해도 김형 오랜만이시더 캐가 회 한 사라
사가, 소주 한두 병 사가 가게 손님 본다고 기다리고 있는
데 내가 미안하지만은 내 너무 바쁘니까 좀 봐도가 캐가
온 적이 한두 번이 아니라고.[23] 나도 내 일에 대해서는 최
선을 다해가지고 내가 가야 할 포인트에 대해서는 그 길
을 제대로 닦았다고. 친구는 이해하면 되는데 손님 떠어
뿌면(놓치면) 장사는 끝나거든. 그걸 끝까지 사수해가 잘
닦고 했고, 예를 들어가 물건 같은 게 딸리가[24] 물건 떠러
밤 늦게 제천을 간다든지 충주로 간다든지 안동도 다니고
밤차로 내려오기도 하고 젊을 적에 사업할 적에는 최선을
다해가 열심히 했다 카이. 점심을 먹을 때는 손님이 밀려
오기 때문에 가장 빨리 먹을 수 있는 거 국수 같은 거 묵
고 퍼뜩 무야(먹어야) 되잖아. 장사 잘 될 때는. 시간 있으
면 좋은 거 시켜가 묵을 시간 있는데 자꾸 손님이 밀려와
가 뭐 주소, 뭐 주소 그 카는데 국수를 다 묵도 못하고 줘
야 되는데 시장의 장사꾼들이 돈을 번다는 게 어렵다는
게 역시 이런 이유 때문에 그렇다니까.

어제 아래 죽도 시장 갔다 왔는데 가만 보면 장사하는
사람 새롭게 보여지더라고. 돈을 저래 벌인다는 기 우리

*"젊을 적에 사업할 적에는
최선을 다해가
열심히 했다 카이.
점심을 먹을 때는
손님이 밀려오기 때문에
가장 빨리 먹을 수 있는 거
국수 같은 거 묵고
퍼뜩 무야 되잖아.
장사 잘될 때는. 시간 있으면
좋은 거 시켜가 묵을 시간
있는데 자꾸 손님이 밀려와가
뭐 주소, 뭐 주소 그 카는데
국수를 다 묵도 못하고
줘야 되는데 시장의
장사꾼들이 돈을 번다는 게
어렵다는 게 역시 이런 이유
때문에 그렇다니까."*

22 날이 밝았다는 의미이다.
23 비록 친구를 만났어도 가게
에 손님이 있을 때는 친구의
양해를 얻어 먼저 자리에서
일어난 적이 여러 번 있었다.
24 물건이 모자라서

그날 가가지고도 누구 집에서 꿀하고 잣하고 돈 10만 원 치 사가 왔는데 이 양반이 돈 10만 원 어치 팔면 만 5천 원 이나 이만 원 남지만은 역시 아침에 나와서 역시 열심히 해야 되는구나 나 역시 장사를 해 봤기 때문에 그런 생각 이 들었어.

우리 장사할 때는 마진이 30% 안 됐겠나. 사람이 산다 카는 게 과거하고 지금하고 이 상거래라든지 이런 게 완 전히 밝아졌다니까. 내가 요런 물건 구매한다 캐도 누구 집에 가니 요런 물건 얼마 하더라 귀 동냥이라도 들으면 요집에 가가 물건 천 원 하는데 저쪽 집에 가가 천 5백 원 하면 스타일이 틀리구나. 천 2백 원 정도 하면 되는데 바 가지 씌울라꼬 카는 거는 틀렸다. 나도 죽도 시장에서 한 30년간 장사를 했는데 손님들한테 명확하게 요거 사실은 만 원 주고 샀는데 만한 3천 원 주고 구입했다 캐가 그러 면 손님이 천 원 정도 안 깎겠나 만 2천 원 정도로 팔면 만 족한다 이런 식으로 해야지 만 원 주고 샀는 거를 만 8천 원 주소, 2만 원 주소 캐가 4, 5천 원 깎도록 만들어가 거래 가 형성된다 카는 거는 불신이 많이 잠재되어 있기 때문 에 안 될 기라. 나는 과거에 장사를 그래 했다. 이렇게 이 야기 해 줬다고.

대개 가게에서 저녁 8시나 9시에 주로 퇴근했다. (춘하 추동 가게 운영하는데 특별하게 하신 일이 있었습니까?) 그런 거는 없고. 매일 그대로 돌아가고. 내가 처음 초창기 에 가게를 시작했을 때는 한 달에 한 번도 안 쉬었다고 한 달에 한 번도 안 쉬었는데 그 이후에 각 분야별로 조합이 라는 것도 생기기 시작하고, 예를 들어 식품부다, 참기름 압축 유리 제조부다 부분별로 조합이 생기고 그 위에 사

"나도 죽도 시장에서 한 30년간 장사를 했는데 손님들한테 명확하게 요거 사실은 만 원 주고 샀는데 만한 3천 원 주고 구입했다 캐가 그러면 손님이 천 원 정도 안 깎겠나 만 2천 원 정도로 팔면 만족한다 이런 식으로 해야지 만원 주고 샀는 거를 만 8천 원 주소, 2만 원 주소 캐가 4, 5천 원 깎도록 만들어가 거래가 형성된다 카는 거는 불신이 많이 잠재되어 있기 때문에 안 될 기라."

단 법인체가 보사부로부터 인가도 나고 이래 되었을 때는 조합이 형성되가 내가 개인이 장사하는데 억지로 문을 열지 마라, 장사하지 마라라고 하는 건 이건 억압이라고. 업자들한테 상당히 납득이 갈 수 있게 설득을 해서 우리가 몇 십 년 장사를 해가 돈 벌어가 죽을 때 가져가는 것도 아닌데 하루씩 쉬어가면서 여름 되면 이 더운데 가게 안에서 땀 흘리면서 장사를 하는데 해수욕도 한 번씩 갔다가 그래 장사하자고 처음에는 종용을 했는데 상인들 중에 90%는 놀고 10%는 문 열어놓고 장사하고 그래 해가지고 한두 번 문을 열고 장사하는 그 집에 가가 옥신각신 싸움을 하고 내가 포항에 업자들 중에는 조합장을 한 10년도 하고 그랬다고. 그걸 상대방한테 납득을 시킨다든지 모든 거를 역할을 잘 해야 되겠더라고. 대중들 앞에 앞장서가 나갈라 카믄 타인의 모범이 되야 하는 거는 분명하더라. 그런 게 있더라고. 나중에는 뭐 요새는 휴일이 일주일에 한 번씩 놀끼라. 사람 생각이 많이 바뀌었다고.

죽도 시장이 예전보다 활기가 못하다. 그 대신 식생활 쪽으로 필요한 물건은 그냥 아직 거래가 되고 있구나. 의복 종류라든지 그런 거는 시내 쪽으로 상가가 있다든지 대리점이 있다든지 하기 때문에 상당히 기성복 많이 이용할 때와는 상당히 차이가 나지만은 식품 쪽으로는 아직까지 농촌에서 생산해가지고 다이렉트로[25] 거래가 된다 카는 거는 아직까지 거리가 먼 거 같고 일단은 시장에서 판때기 놓고 거기서 구매해 가는 거는 지금도 형성되어 있지 않으냐고 생각은 하지.(죽도 시장 상인들의 공통된 의견이 상권이 죽어가고 있는데 여러 가지 기타 사정, 그러니까 열악한 주차장 시설이라든지 있지만은 가장 큰 원인

1990년 이래로 죽도 시장은 상권이 약화되기 시작하는데 주요 원인은 대형 할인 마트의 등장과 시장의 열악한 시설을 들 수 있다.

25 생산자와 소비자 간의 직거래를 의미함

이 대형 할인 마트가 생겼기 때문에 재래 시장의 상권이 약화되고 있다고 말씀 하시는데 그 점에 대해서는 어떻게 생각하시는지요?) 재래시장의 상권이 약화되고 있는 것은 사실이지. 그것은 시대의 흐름이다 나는 이렇게 생각하지. 수퍼라는 게 생기기 시작했잖아. 많은 상품들을 종류별로 진열해 놓고 해서 몰리기 시작했는데 요즘은 그 수퍼가 대형화되어 가지고 대형 마트가 되었잖아. 과거에는 수퍼라 캐도 식품류는 진열 안 했다고. 진열 안 했는데 공산품들만 진열했는데 요새는 식품부부터 시작해가지고 별의별것 다 갖다 놔 버리니까 결과적으로 죽도 시장은 타격이 크다. 큰 대신 과거에는 죽도 시장에 가게를 열 평이나 열다섯 평 가지고 있다면 지가가 비쌌기 때문에 세를 얻어도 집세주고 먹고 살라면 예를 들어 20, 30% 마진을 남가야 된다는 기라. 남가야 유지가 되는데 요즘 딴 데 대형 마트가 생기니까 그 계산이 안 나오는 거지. 그러니까 경기가 없다는 기라. 그래 되는 거 아이가. 과거에는 점방세도 비쌌고, 점방세도 줘야 되고 저거도 묵고 살아야 되고 하니까 20%, 30% 마진을 봤는데 요즘 장사가 안 되니까 집세도 좀 내려주소 카는 문의도 발생될 거고 하니까 결국 경기가 없다는 거지. 본인 가게를 가지고 장사를 하면 그나마 형편이 괜찮다.

요즘 죽도 시장 가서도 그걸 봤다고 나도 그 가게를 한 4억 원에 팔았는데 내가 가지고 있던 가게가 카도에[26] 16 평인데 그런 가게만 가지고 있으면, 무조건 두 내외가 열심히 하면 한 달에 4백만 원 내지 5백만 원 버는 거야. 벌어진다꼬. 지금 현재도 죽도 시장을 가 보니까 자기 가게 한 10평 되는 거 가지고 있으면서 열심히 노력하면은 남

"참깨를 한 천만 원어치 사놨다. 참깨 한 200가마이, 300가마이 사놓으면 그때 한 30만 원 할 때 300가마이면 천만 원 아이가. 딱 사놓으면 두서너 달 놔두면 참깨가 30만에 사 놨는 기 40만원 씩 되어 뿌는 기라. 물건은 팔리는 대로 팔리고, 이래 양질로 벌어 뿌까네 우리 가게 같은 경우도 500만 원, 700~800만 원, 천만 원씩 벌어지고 했다고. 계산을 못 했던 거지. 얼마가 벌어졌는지 몰랐다고."

26 길 모퉁이에

의 가게를 빌려도 한 3백만 원은 벌어질 거다. 자기 가게가 있으면 한 4, 5백만 원은 벌어진다. 벌어지면 그게 보통 벌이가 넘는다고. 옛날에 가게에서 7, 8백만 원 벌이던 거 생각난다꼬. 그건 그때 호랑이 담배 피던 시절이라. 예를 들어, 참깨를 한 천만 원 어치 사놨다. 참깨 한 2백 가마이, 3백 가마이 사놓으면 그때 한 30만 원 할 때 3백 가마이면 천만 원 아이가. 딱 사놓으면 두서너 달 놔 두면 참깨가 30만 원 사 놨는 기 40만 원씩 되어 뿌는 기라. 물건은 팔리는 대로 팔리고, 이래 양질로 벌어 뿌까네 우리 가게 같은 경우도 5백만 원, 7~8백만 원, 천만 원씩 벌어지고 했다고. 계산을 못했는 거지. 얼마가 벌어졌는지 몰랐다고. 그러이까 죽도 시장에서 4년 장사해가 중앙동 그 집을[27] 지었던 거 샀는 거 아이가. 딱 5백만 원 주고 샀다고. 요새 같으면 5천만 원 더 할 거 아이가. 그래가 한 4년 더 해가 죽도 시장 가게 4천만 원 주고 샀지. 4억 받고 팔았는거. 그래 돈 벌어질 때는 양질로 벌어지니까 그때 생각하면 안 된다는 거라. 그때는 포항 죽도 시장에서 장사하면서 도매 형성이 울릉도 도매 했제, 구룡포 도매 했제, 경주 도매 했제, 안강 시장 도매 했제, 대구 서문 시장에도 보냈제, 부산 부전 시장에도 보냈제, 도매상에 울진까지. 도매하는 거 계산하면 계산이 뭐 안 나오는 거지.

내가 소매로 물동량을 많이 죽이니까[28] 결국 물동량 구입을 딴 집에는 참깨를 10가마이씩 갖다 놓는데 나는 한 달에 소비시키는 기 50가마이에서 60가마이 가게에서 소비시키니까 물건 갖다 놓는게 백 가마이에서 2백 가마이 있어야 된다 카이. 물건 값이 탁 올라 뿌도 아까 거래하는데 조금씩 봐주고 카는 거 있잖아. 물동량이 많이 있어야

27 김동호가 구입한 포항 시내 중심 가에 있는 3층 주택건물
28 물건을 많이 파니까

되니까 물건을 1개 사는 사람하고 10개 사는 사람하고는 가격을 조금 싸게 해 달라 카믄 싸게 해 준다고 구매처에서. 내가 조금 싸게 가져오면 A라는 사람은 한 달에 참깨를 2가마이, 3가마이 죽인다고 보면은 김 사장 아이구 내테 부쳐가 쪼매주소 카믄 자연적으로 그래 되더라고. 내가 도매를 할라 캐가 한 게 아니고. 자동적으로 그래 되더라 카이. 식용유 같은 거도 한 차씩 불라 뿌이까네 그거 몇 병 내 좀 주소라고 부탁을 받으면 그거도 실어다가 갖다 주고, 참깨도 실어다가 갖다 주고 그런 형식이야. 자동적으로 도매를 했다 카이. 내가 도매를 해야겠다 캤는 게 아이고. 전라도 목포 같은 데는 열차 곳배 띠기로 올리고 그랬다니까. 곳배 띠기는 기차 한 칸씩 도매로 물건을 파는 것이지. 한 차씩 돈 안 보내도 포항에서 부산 기름집 그카니까네 그 양반 포항제철도 납품하고 장사 잘한다고 서울서도 다 알았다고. 대구서 제일 크게 하는 사람들 날 모르는 사람 없었다고. 부산서도 마찬가지고. 기차 한 칸 같으면 물건 값이 뭐 수천만 원이지. 그때 장사 밑천으로 1, 2억 원 가량 가지고 있었는데 퍼뜩 벌었다 카이. 그래 벌어가지고 돈 안 줘도 전라도나 서울 저런 데서 전화 온다카이. 김 사장 깨 좀 필요 없어요? 깨 좋은 게 몇 백 개 들어왔는데 이래 연락 온다고. 깨 시세가 우예 되겠소 카믄 앞으로 좀 희망 있겠습니다 카믄 돈이 없어도 되겠어요 카믄 김 사장 가지고 가세요.

장사하는 데 그런 신용이 중요하지. 그 대신 내가 일주일 내지 열흘 만에 예를 들어, 그때 당시 5천만 원이라 카거든 일주일 내지 열흘 만에 가게에서 팔고 등속으로 도매 내는 거라든지 5천만 원 맨들어 준다 카믄 3천만 원 내지 3천 5백만 원 맨들어 줄 자신이 있어서 10일 이내로 해드리겠습니다 캐가 돈을 끌어 모두면 5백만 원 내지 천만 원 모자란다 카믄 융통해가 틀림없이 약속을 지켜야 돼. 그래가 참깨 대금 값을 보내고 그 대신 그 양반들한테 잘 하면 물건 시세가 오른다든지 김 사장 좀 가져 가세요 확보해 두는 게 좋을 겁니다 카는 히네도[29]받을 수 있고 등속으로 결국 아까 내가 얘기했잖아. 대화하면서도 서로의 신용관계를 얼그러지지 말아야 된다 카이.[30] 요즘 뭐, 1억 쯤 벌어진다고 남몰래 탁 이런 거는[31] 별로 좋은 상거래 형식이 아니다. 그런 거야. 내가 그래 포항에서 도매할 때 죽도 시장에서 장사를 하는 어떤 사람이 바람이[32] 와가지고 머리 수술 해가지고 경북 대학 병원에 입원해 있는데 참깨 한 가마이 20만 원 하던 게 40만 원 돼 뿌는기야. 그 집 아주머니가 "아저씨요 우리 참깨 하나도 없심더 하나도 없어요." 캐가 마 참깨 한 가마이 20만 원씩 해가 10가마이 드릴께요 그래서 도와준 적이 있는데. 이 양반들이 아직 죽도 시장에서 장사를 하는데 내가 나가면 식사대접이다, 점심 사 드릴께요 카고 다방에서 차도 사고 내가 부도나니까 찻값도 10만 원씩 봉투에 넣어가 주기고 하고 은혜를 안 잊어버리더라고.

나는 내 기분대로 살아. 나는 그때 깨 몇 백 가마이 있으니까 열 가마이 캐도 돈 2백만 원 안 벌어도 살잖아. 머리 수술해가 내일 모레 죽니 사니 카는 데 그래 봐줘 뿌이요새 그 사람 살아가 한 20억 재산 되는데 영감 할마이 부부가 그래 장사해도 한달에 한 3백만 원, 4백만 원 번다꼬 할랑하이.[33] 내[가 그 가게에] 가이 김형! 밥 무러 가시더 그카고 그란다고.

29 정보도
30 서로 신용을 지켜야 한다
31 신용을 어기는 것은
32 중풍을 의미함
33 별로 고생하지 않고

나는 내 고향 친구들 하고 있제 전복 이런 거 많이 날 때 전복 같은 거도 내 잘 돌아갈 때[34] 나도 돈 씀씀이 상당히 좋았데이. 전복은 이런데 와가 3만 원씩 3만 몇 천 원씩 하는 거 멤버들 한 6, 7명 됐다. 전복 몇 관씩 사가 실컷 한 번 먹어보기도 했다. 요새는 동해선로에 횟감 좋은 거가 안 나오는데 그때는 횟집이 별로 없어가지고 고기 통(수조)에 가면 이런 거 범 도다리라고 꺼칠꺼칠한 거 있다. 그래 그런 회 이런 거 우리 맘대로 아이가.[35] 그때는 요거 하고 저거하고 해 달라 카믄 그래 해 준다 카이. 요새는 뭐 횟집에 장사 안 되니까 고기를 푹 몇 달씩 놔 뒀던거라서 고기 맛이 없어요. 고향 친구들은 내가 부도나도 내 집짓고 돌담 같은 거 얼그러지고 그랬는 거 쌓고 이 자식들 와가 예를 들어 내가 자네하고 동기라 카믄 내 주미에 볼록하면[36] 내 위상 세우기 위해가 돈 다 써야 될 거 아이가. 우리 체면 유지해야 될 거 아이가. 우리 고향 친구들은 음료수 한 병 안 사오더라. 그래가 내가 요놈들아 내 술하고 전복하고 숱하게 먹은 기억나제 김동호 죽어도 곧 죽는 거 아이다. 너거한테 음료수 한 병 안 먹어가 죽는 거 아니지만 안 노친네도[37] 계신데 음료수 사와가지고 안 노친네들 바다 봐야 되는 게 정도 아이가[38] 캤다. 니는 내보다 못한 놈이라는 거야. 내보다 나은 놈은 처신 그래 안 하지. 남보기에는 내 첫 인상은 굉장히 쌀쌀해 보인다 이카지. 이야기를 쭉 해 보면은 우리가 좀 순한 축이라.

직장 생활이나 사회 생활에서 리듬 같은 것이 있어야 우리가 사회 생활 하면서 자네는[39] 학생들 가르치고 있는 입장이지만 자기 정도의 포인트는 살려가면서 살아야지. 자기 집구석은 엉망진창인데 밖에 가가 잘 해도 소용없는

---

34 내가 장사를 잘해서 돈을 많이 벌 때
35 횟집에서 돈에 별로 구애받지 않고 비싼 고기를 시켜 먹었다 는 뜻이다
36 내 주머니에 돈이 많으면
37 김동호의 부인
38 부인에게 안부 인사라도 해야 옳 은 일이 아닌가.
39 면담자를 지칭함

거 아이가. 어떤 사람들은 저거 집에 가가 마누라하고 아들하고 싸움이나 하고 바깥에 나와가 술이나 마시고 그런 사람 태평양 바다에 가가 죽어야 돼. 최소한도 열심히 노력하면서 시간이 주어지면은 내가 이런 것도[40] 잘한다고 여러 사람 놀고 할 때 분위기 띄우고 이런 것도 잘한다고. 잘 해가지고 내보다 나이 젊은 사람들이 부인들하고 섞이가 놀러 오이소 동장님 불러가 같이 놀러가자 그 카믄 안 가기도 하고, 심심하면 가기도 하고 그런데 남인테 지적 당할 짓은 절대 그런 짓은 안 한다고. 술로 어디가가 분위기 좋고 하면 소주 한 병 더 묵는다고. 평상시에는 술 입에도 안 댄다. 술 그거 평생 먹어 봐야 뭐 하노 어디 뭐 분위기 좋으면 한잔 묵고 곡게이도 좀 지기고[41] 사람 웃기기도 해야 되지. 그런 거도 한다 카는 자체가 역시 뭐 자기 머리에서 안 돌아가면 못 하잖아. 매사가 그렇잖아. 내[가] 송라[면에] 와가 계모임 가지자 캐가 내 나이가 칠순이래가 아래 뿐에[42] 2박 3일간 한 집에 가족끼리 몇 십만 원 내가 놀다왔는데 그 계중에는 농촌에 초등학교 정도 나와 가지고 농촌에 쭉 농사지으면서 살아왔는 사람 있잖아. 이런 사람들하고 같이 놀러갔는데 두 집 나무꾼 있제 딱 그런 스타일이라. 나는 자네가 경섭이하고 친구니까 기탄없이 이야기 하는데 서해 바다 저쪽으로도 놀러가고 그라믄 그곳에서 뭘 하냐믄 서해 바다에서 해산물 같은 거 좋은 거 나는 거 있잖아. 좋은 거 나면 내 기분적으로 몇 만원 주고 한 사라 산다고. 친구들 여 온나(여기 오너라) 소주 한 병 묵자. 내 술 별로 안 좋아하잖아. 좋아 안 하지만 촌에 죽 살아왔는 사람 내가 이번에 놀러가 가지고 두 번 세 번 음식값으로 돈을 냈다고. 피조개라든지 개불 같은 거 있잖

"술 그거 평생 먹어 봐야 뭐 하노 어디 뭐 분위기 좋으면 한잔 묵고 곡게이도 좀 지기고 사람 웃기기도 해야 되지."

40 분위기를 잘 조성하는 일도
41 객기도 부리고
42 이틀 전에

아. 생소하잖아 동해선로에서는. 서해 바다에 가니까 싱싱한 거 살았는 거 몇 사라 사가 소주 한잔 하고 좋다 카고 개불 사 묵기도 하고 그랬는데 죽 여기서 살았는 사람들은 사람은 살면서 약간의 쇼맨십은 있어야 되는데 리듬이 있어야 된다고 보는데 서해 바다에 가놓으니까 여기 쭉 그래 살던 사람들은 그런 게 부족하더라고.

함께 여행간 사람은 나이 동갑인 사람들이지. 옛날에는 모르는 사람들이지. 나는 장사초등학교 나왔으니까 송라는 잘 모르는데 상사로 제대한 군인 한 사람 한 둘이 있고 뭐 그래한데 인제 역시 나는 자네가 내 얘기를 들으니까 내가 사회 생활하는 데 온갖 풍상을 많이 겪은 사람이제. 풍상을 굉장히 많이 겪은 축에 속한다고 그러면서도 용기를 잃지 않는 그런 사람이지. 그래 나는 자네가 잘 봐 주니까 좋네. 인자 이야기했는 거처럼 직장 생활이나 전체 사회 생활에서 약간의 리듬 같은 거는 있어야 된다.

사람 성질내야 될 때는 성질내야 된다고. 동장하면서 성질 낼 때 저쪽 입구 같은 데 전에 다른 사람이 동장할 때 입구에 차 도는 거라든지 그런 거 해달라고 얘기 했느냐 카이 안 했습니다 그라더라고. 이 사람이 그런 거도 얘기 안하고 이 동네 산다고 할 수 있나 말이지. 내가 동네 사람들에게 방송해가 전부 15명 이상 나오라 캤어. 나오라 카고 요 앞이 예비군 훈련장이라고 군대는 특별한 사유가 발생했을 때 기동력이 많이 움직이기 때문에 차가 소통이 원활하게 되어야 되는 게 정상이잖아. 군부대도 지원해 달라고 하자. 현장 소장[43]한테 얘기 하니 거[기] 어떻게 들어갑니까. 거 대장이 육군 중령이라. 육군 중령인데 내 자식뻘 되는데 가자 내가 앞장 서꾸마. 마을 동장이

"강하게 나갈 때는 강하게 나가야 된다고. 부드럽게 얘기 하면 사람 무시해 뿐다고. 사회 생활이 그렇다고."

43 현재 송라면 지경 3리 지역에서 수로 공사를 하는 현장 소장을 의미한다

라 캐라. 내가 그래 앞에 가가 얘기했다고 이래저래 해가
내일 아침에 같이 협조합시다 카이 예 그래 하죠. 다음날
그 부대 대대장하고 중대장, 인사계 4, 5명이 왔더라고. 현
장 소장도 왔더라고. 그럴 때는 처음에 부드럽게 나가면
안 된다고. 이 양반 소장 당신 여기 마을 있다는 거 알죠.
예비군 훈련소 있다는 거 알죠? 예 압니다 카고. 그러면서
입구에 말이지 숨도 못 쉬구로 코 구멍 틀어막아 뿌고 당
신 되겠어요?[44] 사람 어떻게 무시하고 이래요. 여기 논 몇
평 사가지고 소통할 수 있도록 만들어라 말이지. 현장 소
장이 예, 그렇게 하겠습니다 그 카더라고. 강하게 나갈 때
는 강하게 나가야 된다고. 부드럽게 얘기하면 사람 무시
해 뿐다고. 사회 생활이 그렇다고. 촌에 와가지고 그렇더
라고. 촌에 쭉 살던 사람은 자네 방금 얘기했듯이 리듬 감
각이 있어야 되는데 내 나이 70이기 때문에 어른요 캐사
면 내가 어른은 어른이다 카면서 어른의 위치로서 어른이
이야기해야 될 거 처신 못하는 사람 어른 아이다 그렇게
평하고 싶다. 나이 많다고 어른이지는 않다는 거지.

　나는 뭐 좀 생각이 좀 그런 감각이 있다고. 요 먼저도
요쪽에 송라면 내 골프장 생기잖아. 덤프 트럭이 12대, 13
대가 하루 12번, 13번 지경리 지역을 다닌다고. 덤프 트럭
들이 소음을 내고 먼지를 내고 글타고 그래가지고 가만
보니까 우리 관내인데 골프장 건설 사업체를 하는 거는
좋은데 이 양반은 영덕에 가가는 인사도 하고 이래 왔더
라 카는 소리가 내 귀에 들리는 기라. 요 아래 가가 새마을
지도자 한 5, 6명 데리고 덤프 트럭 가는 길 막아라 했지.
그래서 길 막았어. 내 좀 과감한 면도 있데이. 트럭 운전
기사들하고 십 몇 명이 지랄, 지랄을 하지. 그래서 내가 이

44 마을 입구가 좁아서 사람과 차량이 통과하는 데 애로사항이 많으므로 동장인 김동호가 현장 소장에게 길을 넓혀 달라는 의미에서 하는 말이다.

양반들 말이야 소음내고 먼지내고 사람들을 개코로 취급하나. 당신들 사장 불러라. 그래서 사장 불렀다. 사장이 전에 예천 시장 했다 카대. 사장 한 60살쯤 됐다 카대. 나는 못 댕기게 하겠다고 카고. 그 양반이[45] 오더라.

그 회사 사장을 보면서 처음 뵙겠습니다. 나는 이 동네 몇 호 안 되는데 동장 하라고 해서 동장 하고 있습니다. 지금 현재 덤프 트럭이 1, 2개월 전부터 많은 차량이 다니면서 소음도 내고 한데 우리 관내에서 대사업을 경영한다는 거는 우리도 심적으로 지지해 주고 도와야 할 일이지만은 한편으로 생각하니까 섭섭한 면도 있어 가지고 사장님 뵙자고 했습니다. 차가 많이 다니고 먼지가 많이 나면 지역 주민들한테 와가지고 이러 이러하니 협조해 주십사 하는 이 한마디 하고 넘어가는 게 정도 아닙니까? 처신을 와 그리 합니까. 영덕군 사람은 사람이고 포항시 쪽에 우리 마을 사람은 사람 아닙니까? 거리는 비슷한데 그렇게 처신해 가는 안 됩니다. 그 사장이 아! 잘못했습니다. 거서는 잘못했다는 거 말고 방법이 있나. 우리는 좀 섭섭하다. 별로 할 얘기 없더라. 돈 돌라 카나 뭐라 카노. 노인들이 촌에 농사짓고 사니까 차가 너무 세게 달리면은 아까운 생명 가뿌면은 보험 있다 카지만은 그 사람만 설븐 거 아닙니까? 트럭 속도 좀 조절하고 먼지 좀 덜 내게 물도 좀 뿌리고 민폐 안 끼치도록 이렇게 좀 해 주시기를 부탁드립니다 했지.

"돈 돌라 카나 뭐라 카노. 노인들이 촌에 농사짓고 사니까 차가 너무 세게 달리면은 아까운 생명 가뿌면은 보험 있다 카지만은 그 사람만 설븐 거 아닙니까? 트럭 속도 좀 조절하고 먼지 좀 덜 내게 물도 좀 뿌리고 민폐 안 끼치도록 이렇게 좀 해 주시기를 부탁드립니다 했지."

45 지경 3리 부근에서 골프장을 건설하고 있는 업체의 사장을 의미한다.

살림도 있을 때 다독거려야, 잘해 놔야 될 것 아닌가배

여행을 간 곳은 춘향이. 성춘향이 있는 전북에, 2박 3일로. 정읍 지나가지고 남원, 거기 갔다가 지리산 밑에 온천장 큰 데 있데. 온천장 호텔서 목욕하고 잠자고 그라고 장항 저리 가가 서해 바다 해산물 먹고 서해 고속도로 났는데 다리 긴데 구경하고 인천 가가지고 꽃게탕하고 회도 묵고. 인천도 가가지고 해상 나이트 클럽 같은 거 있데. 소련 여자들이 와가 춤추데. 소련 여자들이 춤추는데 아무나 가가 흔들어도 되는데 그런 거도 내 우야다[46] 그 사람들 러시아 아가씨들하고 춤추니까 그런 거도 해 봐야 하는데 내가 일빠따로[47] 나갔다 카이. 딴 사람들도 몇 백 명 있었제. 거가 너리드라고[48] 맥주 같은 거도 팔고. 그 후에 비행기 타고 영종돈가? 비행장 맨들었는데 가가 비디오도 사 가져왔다.

충청도 내려오면서 충주 댐에 물 솟아 오르는 거 있데. 백 5십미터 2백미터 올라가더라 카이. 대우에서 맨들어 놨는데 텔레비전에서 고려 사극 나오는 거 촬영장을 거 맨들어 놨대. 그것도 거 있고 구경 캐도 대한민국에 별거 있나 나는 마 가족끼리, 가족끼리 갔는데 동해 해산물은 우리 많이 먹었는 거 아이가. 서해 쪽으로 가가지고 꽃게탕이라든지 개불이라든지 피조개라든지 이런 거 해가 가족도 좀 먹게 하고 우리도 입이 좀 즐겁게 하자 캐가 갔더니만 완전 땐땐 무지들이라. 촌에서 컸는 사람들이 돈을 쓸 데는 써야 된다 카이. 쓸 때는 확 써 뿌고 그래 해야 되

46 어떻게 하다 보니
47 첫 번째로
48 그곳이 넓더라고

는데 마 미지근하더라고. 내 기분이 그렇더라고. 이 사람들이 그런 견문도 있어야 하지. 봐야 하지. 주미에(주머니에) 돈 백만 원 들어 있으면 뭐 하노 돈 쓸 줄 모르는데. (철마다 여행을 다니시는지요?) 칠순이라꼬. 칠순은 가정에서 해야 되잖아. 자네도 아다시피 내 아들이 서인데[49] 며느리 하나 못 봤잖아. 올해는 며느리 하나 보지 싶은데 광섭이가 요새 아가씨 만나고 있거든. 집에서 칠순 잔치를 하면 명이 많으면 경비 소요도 많이 난다카이 까네. 우리 이래 놀러가는 거는 한 5십만 원만 하면 쩨지거든(충분하거든).

여행은 관광버스 회사를 통해서 갔다. 인천 공항 가니까 가이드 나오데. 여행지에 대해 전부 설명해 주더라고 그래서 가이드에게 돈 좀 주고 그랬지. 칠순은 그렇고 육순 때는 그냥 넘어 가뿌렸다니까. 포항서 그냥 넘어 가뿟지. 그때는 팽팽할 때 아이가.

(지금 북한 금강산 여행이 가능한데 거기는 가 보고 싶은 생각이 있으신지요?) 그런데 가 보고 싶은 생각이 별로 없다 카이 까네. 외국이라든지 가고 싶은 생각 별로 없다 카이. 내가 돈만 많이 있고 나는 차 운전 면허증도 없거든 없어가지고 대한민국 전역에도 다니면 공기 좋고 그런 데 얼마나 많노! 왜 돈 쓰고 댕겨도 대한민국에서 쓰는 게 낫지 왜 외국에 쓰노!. 이런 식으로 가다가는 후세가 걱정된다. 이래 잘살 때, 살림도 있을 때 다독거려야, 잘해 놔야 될 것 아닌가배. 이런 이야기 하는 거 내가 진심이라 카이 까네. 내 같은 경우도 이래 사는 거 부자 아이가. 이 정도 뭐 남한테 돈 빌리러 안 가제 양식이 떨어졌나 저 뒤에 가면 나락가마이 천지제.[50] 금방 찧었는 거가 밥 해 먹제 그

"돈 쓰고 댕겨도 대한민국에서 쓰는 게 낫지 왜 외국에 쓰노!. 이런 식으로 가다가는 후세가 걱정된다. 이래 잘살 때, 살림도 있을 때 다독거려야, 잘 해 놔야 될 것 아닌가배. 이런 이야기 하는 거 내가 진심이라 카이 까네. 내 같은 경우도 이래 사는 거 부자 아이가. 이 정도 뭐 남한테 돈 빌리러 안 가제 양식이 떨어졌나 저 뒤에 가면 나락가마이 천지제."

49 김동호의 슬하에 아들 삼형제가 있다. 장남은 경섭이고 둘째는 진섭, 막내 아들이 광섭이다.

50 쌀가마니가 많아 양식 걱정할 일도 없다.

러이 이럴 때일수록 잘해가지고 살아야 되는데 전부 이조시대 당파싸움 하는 것 같다고. 대구 쪽으로는 박근혜가 한나라당 총재 되었으니 까네 공기가 달라질라나.

이쪽 관내 사람들이[51] 이쪽 동해선로 사람들보다 물론 개중에는 나쁜 사람도 있겠지만은 전체적으로 좀 낫다. 내륙이고 해안이고 차이가 좀 있을 것 같애요. 그러이 해안 쪽에 사는 사람도 질을 뜯어고쳐야 돼. 내가 얘기를 할께. 내가 부도 나쁘고 여기 있으니까 초등학교 동창이라도 동호야 동호야 카고 내가 인자 부도 나쁘고 여 와가 집을 짓고 살았는 기라. 요 아랫 동네 있는 사람인데 초등학교 나올 때 저 꼬래비에서(꼴찌에서) 1, 2등 했는 친구지. 그 친구가 내 인테 오더니만 목에 힘을 주고 큰 소리 뻥뻥 치는 거 있제. 사람이 그래가지고 안 되거든. 그렇다고 내가 저거 뒤에 따라다닐 놈은 아니잖아. 한 번은 송라면 농협에 앉아있으니까 나는 이쪽 문 소파에 앉아 있으니까지는 저쪽 문으로 들어오더라고. 나는 이쪽 문에 앉아 있으이 저쪽 문으로 들어오더니 손을 가지고 이래 들었어.[52] 지 볼일 보고 소파 있는데 오디 연뜨라야 눈까리까 빠이 보고[53] 인사할 줄 모르노 이카는 기라. 눈까리까 빠이 보고 인사할 줄 모르노 카는 이야기는 내가 서울에서 생활할 때 그런 얘기 못 들어본 얘기라. 이놈아가 저거 집에 배가 있어 고기도 잡고 그랬단 말이야. 아주 저질적인 인간이구만. 그 안에 젊은 직원들이 꽉 앉아 있는데 이놈아야 뭐 그런 말이 있노 카든 좋을 게 뭐 있노. 자네한테 손들어가 인사를 했는데 니가 먼저 하나 내가 먼저 하나 관계없는 거 아이가. 좋은 말 놔 두고 눈까리가 빠이 보고 그러냐 해필, 말 그렇게 해야 되겠나. 그 친구 덩치는 내보다 좀더

51 경상도 내륙 사람들
52 친구를 알아보고 손으로 인사를 했다는 의미이다
53 이 사람아 눈을 빤히 쳐다보고

크다. 나는 저쪽으로 아까 들어올 때 인사 안 하길래 우시개 소리로 좀 했다. 이놈의 새끼 타게트 딱 걸렸다. 그래가 그날은 그걸로 끝냈다. 거서 옥신각신 해 봤자 우산기라.[54] 그래가지고 저거 노인이 요쪽 너머에 있다고 한날 오토바이 타고 가길래 불러가 이놈아! 야! 순 생고기 배나 찔러 묵고 고기나 잡아 묵던 처신 가지고 송라 농협에 거 사무 보고 하는 사람 고등학교 졸업 이상 대학 나온 사람인데 나이 칠십 묵어가 눈까리 빠이 쳐다보고 있노 카는 말을 어떻게 하노. 배때지를 들고 차뿔라마. 이놈의 새끼. 아무 데나 말 칙칙 거린다고 다 말이 아니야. 바보 같은 새끼 이런 새끼가 있어. 아무 말도 못 하는기라. 이놈의 새끼 뱃놈의 새끼 내가 그때 일을 생각하고 욕을 막 해댔지.

초등학교나 중학교 친구들과는 지금 연락은 별로 안 하고 살아. 내가 부도가 나가 들어오니까 내가 포항 있을 때나 그때 동호야 어디 놀러가노 놀러갈 때 같이 놀러가자 카던 친구들이 항상 학교 다닐 때도 내가 대략 그랬다고. 친구들이 보기 힘들고 돈 몇 푼 있다고 뭐 캐싸터라고. 사람이 세상에 태어나가 돈이 전부가 아이데이. 처신 제대로 하고 살아라 내 이렇게 얘기하고 치웠는데 내인테 돈 몇 푼 있다고 목에 힘주고 그런 스타일로 생각하는 거 싫다고. 내가 친구를 만나면 요새 건강 좋제 저 다방에 가가 차나 한잔 하자 그러면 좋잖아. 친하게 지내고 경과가 어떠노 카고 지내고. 수준이 쪼금 얕은 사람들은 절차의 격식도 모르는 사람이지. 니는 어디 가가 학교라도 좀 배운 사람들하고는 얘기 못할 존재다 싶고.

여 동네사람들도 내 동생 친구지. 나이 한 60살씩 57, 58살 정도 되는 아들도 숨을 못 쉴 정도로 처신할 때도 있더라고. 촌놈들 모아가 이 동네 사람 모여가 저 건너 내하고 중학교 동기 내보다 나이 서너 살 적은 놈 있어. 촌에 살아도 질이 못된 놈 있잖아. 고함지르고 욕해대고 하니 여 못 있는 기라. 내가 3천만 원 공사비를 받아가 들에 물 내려가는 데 있잖아 다 맨들었다. 내가 들어와서 5, 6개월 있다가 동장 맡았다 카이. 그래 그거 하고 있으니 그놈이 와가 씨발놈 미친 개고기 쳐 묵었나 욕을 하더라. 나이 몇 살 내보다 적은 놈이 저거 논이 내보다 30마지기씩 40마지기씩 더 가지고 있는 사람들이 있다고. 이 사람아! 좋은 말도 많은데 굳이 욕 섞어 가지고 할 것도 없고 뭐뭐 잘못됐다고 지적을 해도. 우리 마을에서 수정할 수도 있고 포항시랑 얘기해서 수정할 수도 있는데 거다 욕을 하고 그라면 해결이 나나. 그러면 뭐 어떻다 하더라. 이 사람아 공사 설계가 이게 포항시에서 설계 해가 나왔는데 공사 이래 하는데 포항시에 가가 이야기해라. 인뜨라 깜냥도[55] 별기 아니거든. 여 온나 술이나 한잔 해라. 그래가 그 뒤에 동생뻘 되는 60살씩 59살씩 되는 이 사람들아 내한테 주먹 한 찰 맞아 죽는 한이 있더라도 내한테 얘기할 건 해야 될 거 아인가. 꼭 내가 이야기해야 되나. 그러니까 깜냥이 안 되는 사람은 갈바도[56] 소용없다는 이야기라.

농약도 갈라주다가 누가 적다 카믄 내꺼 가져 가소 하며 내꺼 주고 나는 사다 쓰지 뭐

내 여기 생활은 송라면에 화투치러 나가고, 면에 나가고, 내일도 동장 회의 나가야 되고, 지시 사항 받아가 방송

[55] 이 사람 성질도
[56] 혼내 주어도

도 하고, 비료도 나눠주고, 농사 철되면 바쁘대이. 비료도 전부 논 부치는 거 파악해가 국가에서 지원해주는 농약 같은 거, 비료 같은 거도 해 줘야 되고 무슨 물건이든지 국가에서 배정되는 거는 공평하게 갈라가지고 보고를 다 해 줘야 된다 카이. 동장이 더 챙길 필요도 없고 어떤 사람들은 정부 매상 카는 거 알제. 정부 매상이 나와 가지고 한 집에 몇 십 가마씩 배정이 되가 해 놓으면 서른 가마이 배정 받아 해 놓으면 동네사람들 안 한다고 카다가 나중에는 더 달라꼬 사정을 하고 아지매 보소 정부 매상 하면 한 3만 원 더하고 일반으로 내면 한 가마니에 60, 70kg 내면 한 3만 원 덜 받고 그라거든. 그거 때문에 생야단을 지기고 아지매 내꺼 10가마이 가져가소. 그게 편하더라고. 나도 큰 집에서 살던 사람이 돈 몇 만원 가지고 아주머니하고 다투는 것도 싫고. 농약도 갈라주다가 누가 적다 카믄 내꺼 가져 가소 하며 내꺼 주고 나는 사다 쓰지 뭐. 아! 그래가 되는교 카면 괜찮니더 카지.

동네회관에 아지매들 10원짜리 화투 내도록 치면 천 원이나 이천 원 헐어가 나도 한 번 쳐보시더 카다가 돈을 따면 아주머니들 다 갈라줘 뿐다. 여 아지매들 60대, 70대 화투치고 노는 사람들 맨날 그래 노는데 돈 천 원씩 동전 바꿔가 치다가 이것 가지고 재미 보소 카고. 괜히 돈 몇 백 원까 인상 찌푸리고 고성 높이고 하지 말고 우야등동[57] 재밌게 놀면 되지. 그래 이야기 하면 동네사람도 내가 처신 그래 하니까 김동호 저 양반이 나이 70 돼도 내가 또 젊게 살라칸다고. 아픈 데 없이 이래 살면 뭐 좋지. 그 대신 강자한테는 강하게 하면서 산다.

일전에 송라면에 가가지고 내 공사할 거 있으면 딴 동

[57] 어떡하든지 간에

네는 동장들 동제 크니까 끗발 좋아가지고 다 가져가 뿌고 한쪽 구석에 낙후된 부락 조금만 주소 카고. 그런 것도 해보니까 자네니까 이야긴데 이야기 해가 통하는 사람이래 되야 대화가 통하고 거기 가가 입도 안 띠고 카믄 없다 카이. 여기서 동네 일이 있어가지고 이야기 할 문제 있으면 송라 면장이나 지서장 통해가지고 시청이나 구청 바로 가뿐다. 딱 만나가 얘기 해뿐다. 상수도 문제라든지 내 돈 써가 안 댕겼나. 원칙 그대로. 지역 주민 어려움이 이런 게 있습니다. 선처 좀 해주십시오 카고. 아는 사람 있으면 구청장이나 상수도과 소장이나 아는 사람 있으면 전화 한 번 해도 카믄 내 친구 한 번 찾아뵈라고 그래서 왔습니다 카고. 정중하게 인사하고. 이야기하면 이 영감이 쪼매 그냥 그래도 앞뒤가 그래도 행실 챙기는구나. 그렇게 하고 있다고.

내 요새 동장 수당 월 24만 원씩 하고 영농회장 5만 원하고 좀 나오는데 그거까 내 용돈 쓰기도 하고 모지라면 광섭이가 안 주나. 지 요새 잘 돌아가니까 세금하고 전부 지가 세금 쪼가리 가져 가가 내고. 우리도 인제 아들이 5형제이지만 5형제 중에는 똑똑하게 사회 생활 하는 사람이 있고 못하는 사람도 있고 하지만은 자네도 자네 집에서 맏인가 둘짼가는 모르겠는데 형제들 서이 있든 너이 있든 간에 머리 좀 잘 돌아가고 그 가정을 잘 유도해 나갈 만한 사람 인물이 등장한다 카이 까네. 형이 아니라도 막내 동생이라도 등장한다 카이 까네. 경섭이 지가 원만하게 처신 못하면 광섭이는 조금 짜다 카이. 짠 놈이 있어 놓이 까네. 경섭이한테도 니가 이 집 맏이라고 해가 니가 사장이다 대장이다 이걸 해야 되는 거는 아니다. 동생이라

"여기서 동네 일이 있어가지고 이야기 할 문제 있으면 송라 면장이나 지서장 통해가지고 시청이나 구청 바로 가뿐다. 딱 만나가 얘기 해뿐다. 상수도 문제라든지 내 돈 써가 안 댕겼나. 원칙 그대로. 지역 주민 어려움이 이런 게 있습니다. 선처 좀 해 주십시오 카고. 아는 사람 있으면 구청장이나 상수도과 소장이나 아는 사람 있으면 전화 한 번 해도 카믄 내 친구 한 번 찾아뵈라고 그래서 왔습니다 카고. 정중하게 인사하고 이야기 하면 이 영감이 쪼매 그냥 그래도 앞뒤가 그래도 행실 챙기는 구나. 그렇게 하고 있다고."

▲ 김동호와 아들 삼형제가 찍은 사진

김동호와 큰 아들 경섭은 삼일정공과 삼일공구사를 함께 운영하다가 거래 회사가 부도가 나는 바람에 연속적으로 부도가 났다고 한다. 이 때문에 김동호는 살고 있었던 포항 집을 팔고 송라면 지경리에 들어와 살게 되었다고 한다. 현재는 셋째 아들이 사업을 크게 일으켰기 때문에 김동호는 이 셋째 아들에 대해 자부심을 가지고 있는 듯 보였다. 그리고 김동호는 형제 간의 우애를 지켜 주기 위해 장남인 경섭의 사업 실패를 단지 실패가 아니라 셋째 아들의 사업 성공을 위한 발판이 되었다는 점을 강조하고 있다.

도 벌이가 좋고 광섭이는 사업적으로 클 승산도 있고 포스코 쪽에도 계약하고 했고 딴 거도 말 잘하고, 힘 있는 사람도 회사에 넣어 놨다. 그 사람에게 차도 이천만 원 주고 사주고. 경섭이가 우리 집 주손이지만 경섭이가 잘못 했는 사항도 많잖아. 그 대신 막내가 사업을 해가 일으켜 세우고 했잖아. 경섭이가 잘못한 거는 잘못한 거지만 과거에 공장 쪽에도 거래처를 알았고. 그래가 내가 광섭이에게 야! 이노무 새끼야 너거 아부지 어무이 돈 벌어가 너거 형이 하는 바람에 다 면이 생겼고 그게 연속이 됐다고 그래 볼 수 있는 거지. 한 번씩 뭐라 캐 뿌면 요놈이 성질이 뻴 나다 카이. 광섭이가 어떤 때에는 타탁거려도 내가 기분이 좀 그래가 있으면 지도 좀 느낀다고. 나이 서른 몇 살 묵었는데 그거 모르면 안 되지. 내가 집에서 돈이야 가져갔지만 뒤에서 받쳐 주는 사람 없어가 공부를 많이 못했

다고. 주변에서 전부 그런 거를 잘해 줘야 된다 카이. 바른
거는 바르다고 얘기해 줘야 되고. 경섭이가 나쁜 점이 많
이 있다 카이. 글타고(그렇다고) 저거 형제들한테 요것도
나쁘고 저것도 나쁘고 그 카믄 안되잖아. 경섭이도 동생
들한테 고맙게 생각하고 열심히 하면 야야 맏집인데 동생
들이 큰 형을 굶겨 죽이겠나. 앞으로 서로 형제간에 의좋
게 살면 좋겠다는 거지.

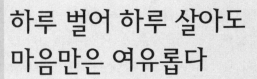

하루 벌어 하루 살아도
마음만은 여유롭다

—남대문 시장 노점상 김관숙의 일과 삶

염철(중앙대학교 인문컨텐츠연구소)

김관숙은 평안도 용강군 다미면 한전리에서 7남매 중 막내로 태어났다. 부친 김덕종은 유학에 대한 신념이 남달라서 한때 서당을 운영하기도 했지만, 진남포 상공학교를 졸업한 맏아들의 권유로 신학문 교육을 위한 소학교를 설립했다. 김관숙은 바로 이 소학교에 4년간 다닌 후에, 마을에서 시오리쯤 떨어진 농업학교에 입학했다.

1937년 농업학교를 졸업한 뒤 그는 겸이포 제철소(현재의 송림 제철소라고 함)에 입사해서 이년제 기술학교 과정을 마쳤고, 이후 전쟁이 나던 1950년까지 약 13년 동안을 기계 제도 및 공장 도면 관리 업무 등을 담당했다. 한편으로 그는 제철소 내에 세워진 야간학교에서 제도와 물리를 가르치기도 했다.

19세가 되던 1938년 그는 아버지의 제자였던 한 전도 사의 중매로 첫 번째 아내(당시 18세)를 만났다. 아버지와 함께 아내가 될 여성의 집에 찾아간 김관숙은 첫 만남에 서 약혼 서약서를 쓰고, 다음해에 결혼해서 1남 1녀를 두 었다. 대동아 전쟁이 시작되던 시기였으므로 결혼식은 목 사님의 주례 하에 약식으로 치러졌다. 결혼 후 부부는 장 인 장모님을 모시고 신혼살림을 시작했다.

1950년 전쟁이 나자 김관숙은 그 해 12월 가족과 함께 월남했다. 서울 마포에 있는 용강 초등학교에 부인과 자 녀 둘을 남겨 두고 제2국민병으로 나갔는데, 가족과는 이 때부터 소식이 끊겼다. 1980년대 이산가족 찾기 방송에 사연을 내 보았지만 가족의 소식을 알 수는 없었다. 1961 년 함께 월남한 형님의 소개로 재혼을 했는데, 둘 사이에 는 자녀를 두지 않았다.

월남해서 통영, 수원, 군산 등지로 옮겨 다니다가 1953 년 8월 서울에 정착했다. 이때부터 남대문 시장 내의 '대 도 아케이드'에서 지퍼 장사를 시작했는데, 일년 만에 실 패하고 이후 줄곧 남대문 시장에서 노점상을 운영해 왔다. 주로 미제 중고품이나 미군 불하품을 취급했으며, 약간의 자본금을 모아 소규모로 작업복이나 신사복을 취급하는 점포를 내기도 했다. 그러나 양심껏 장사를 하다 보니 이 윤이 별로 남지 않았고, 이내 다시 노점상으로 나오게 되 었다.

1970년대 초 그는 북쪽에서의 경력을 살려 포항제철에 취직하기 위해 이력서를 냈다. 하지만 학연과 지연의 장벽 때문에 포항제철에 들어가는 것은 포기해야 했다. 이 때부터 그는 단순하게 살기로 마음먹었다고 한다. 노점에 나와 교통비와 하루 생활비 정도를 벌면 만족하기로 했던 것이다. 이후로 그는 틈이 나는 대로 독서를 하거나 전도에 열중했고, 침술을 배워 60세부터 75세까지 봉사 활동을 하며 살았다. 지금은 노점상에 나와 하루 벌이 삶을 살고 있다.

김관숙의 가계도

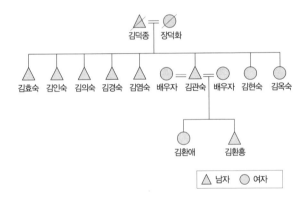

김관숙의 연보

1921년(1세) 평안도 용강군 다미면 한전리에서 아버지 김덕종
의 8남매 중 막내로 태어났다.

1934년(14세) 부친이 세운 한전리 소학교를 졸업.

1937년(17세) 다미면 농업학교를 졸업하고 겸이포 제철소에 입
사하여 전쟁이 나던 1950년까지 근무.

1938년(18세) 아버지의 제자였던 교회 전도사의 중매로 처음
선을 보던 날 약혼 서약식을 하고 다음해에 결혼식을
올렸다.

1950년(30세) 중공군 개입 소식을 듣고 가족과 함께 월남해서
마포 용강 초등학교에 임시 수용되었다가 제2국민병으
로 차출되어 통영 수산학교에 배치되었다. 이때 가족과
헤어진 뒤로 아직까지 만나지 못하고 있다.

1951년(31세) 이 해 6월부터 53년 8월까지 강원도 양구 지역
부대에서 근무했다.

1954년(34세) 형이 마련해 준 돈으로 남대문 시장에서 노점
상을 시작했다

1961년(41세) 가족과 헤어진 지 십 일년 만에 형의 소개로 재
혼하고, 남대문 시장 내 '대도 아케이드'에 점포를 마련
했다.

1968년(48세) 남대문 시장 근대화 과정에서 다시 노점상으로
나왔다.

1972년(52세) 포항제철에 입사하려 했으나 학연과 지연의 장
벽으로 좌절되었다.

1986년(66세) KBS 이산가족 찾기 프로그램에 출연했으나 가
족을 찾지는 못했다.

2004년(84세) 여전히 남대문 시장 노점에서 장사를 하며 지
낸다.

가족 관계

고향은 [평안남도] 용강군 다미면 한전리야. [마을에서는] 한밭골[이라고 불렀어]. 세 부락에 한 백 세대 [정도가 살았지]. 지금은 [서울] 중랑구[에 살고 있어.] 8남매 중에 막둥이로 태어났어. [아버지 함자는] 덕자 종잔데 농업 하시고 이장[이었어]. [연세가] 1 · 4 후퇴 때 59세였지. 아버님이 글을 읽는, 유교를 하신 분이어서, 정(正)자가 조부, 아버님은 새벽 종(鍾)자였고. 어머니는 6남2녀를 두셨어. 8남매를 길렀어. [성은] 장씨[고 이름은] 덕화[였지].

"8남매 중에 막둥이로 태어났어."

(형제들의 이름은 어떻게 되나요?) 숙자 항렬이야. (숙자 항렬이요?) 응, 아래가 숙자 항렬[이지]. [이름은] 효(孝), 인(仁), 의(義), 경(敬), 염(廉), 관(官)이 형제들이고, 여자는 현(賢), 옥(玉)이래. 김해 김씨 족보를 보면은 다 나와 있어. 환(桓)은 다음 [항렬자야.] 우리 딸은 애(愛), 아들은 흥(興)이야. 환애, 환흥. 불 화자하고는 달라요. (한자를 써서 보여

▶ 구술을 하고 있는 김관숙의 모습(2004. 4)

주면서) 이거는 환이라고 해요. 항은 불 화자고. 제일 맏형
은 아버지하고 20살 차이가 나고, 3년 터울씩이야.

한전리 소학교 졸업 후 겸이포 제철소 입사

아버지는 학원 설립자야. 소학교인데 1학년부터 4학년
까지만 있었어. 이름은 없고 그냥 한전리 소학교라고 해.
거기도 정식으로 허가받은 학교라 졸업장도 있었지. [아
버지는] 유교 사상이 투철했어. 다른 분이 같이 해가지고
세 마을에서 합동으로 서당을 건설해가지고 마을 앞에다
가 나무를 심었어. 학교를 지을 때 그 나무를 뽑아다가 지
었지. 지붕은 함석지붕이 됐어. 세 부락이 합쳐가지고 세
부락 가운데 중간에다가 학교를 세운 거지.

(소학교를 세우실 때 부친께서 유교사상이 있으셨다고
했잖아요. 그럼 신학문에 부정적이지 않으셨나요?) 맏형
이 진남포 상업학교를 나와 가지고 학교 세우는 데 앞장
섰지. 부친이 맏아들 얘기니까 들어준 거지. (학교와 교회
를 주로 해서 교육시키는 데 부친의 반대 없으셨나요?) 유
교사상 있지만 특별한 반대는 없었고. (뭐 생각이 열리신
분이었나 봐요?) 그렇지. 그때 선생님들은 세 분 정도 있
었을 거야. 아마 근데 4학년에서 6학년까지는 독습으로 간
거지. 그래야 중학교 가니[까]. 4학년 선생님이 [수업을] 다
[맡아]하시지. 선생님들이 젊은 분들이었는데 지금 기억에
남는 선생님은 없어. 지금은 다 돌아가셨지. 이름을 잊어버
렸지. 근데 선생 가운데 집의 맏형이 있었지.

[김일성이 정치실세로 들어와서는] 그때 지주들을 삼십

"맏형이 진남포 상업학교를
나와 가지고
학교 세우는 데 앞장섰지."

리 밖으로 보내고 [그랬는데]. (그럼 어르신은?) 뭐 특별히. 영세농이어서 뭐. (소학교 세우실 정도면 뭐 부농 아니었나요?) 소작 절반 자작농 절반[이니까]. (그럼 소학교 규모가 아주 작은 거였나 봐요?) 1학년에서 4학년 오십에서 백 명 [정도 되었지.] 동네에서 합쳐서. (자작은 얼마나?) 평수는 모르는데, 빚은 안 졌어. 모자르게 되면 뭐 사다가 팔고 [살았지]. (뭐 정치적으로는 억압을 받거나 하지는 않으셨나요?) 우리는 기독교 신앙이 있으니까, 다른 사람보다 [억압을 덜 받았지]. 교회 나갈 적에 주일학교 송림 중앙 교회라고 거기서 세례 받고, 거긴 벽돌집인데, 아직도 남아 있을 거야.

[그때는] 학문을 배운다는 거이 초등학년 때는 천자문하고, 소학하고, 명심보감만 배웠거든. 그 담엔 대학, 중용, 사서삼경 그거 그때 사람들은 배왔거든. 학문 시대에 기반이거든. 지금 우리가 요구하는 것은 21세기에 어떻게 통일되는가 그것이 기본인데. (그전에는 사서삼경 같은 거 배우셨잖아요?) 응 그럼. 초등 학문은 천자문하고, 소학하고, 명심보감이 초등 학문이야. 거기서 조금 상급으로 올라가믄 대학하고, 중용, 그 다음에는 사서삼경이거든. 말하자믄 논어, 맹자, 서경, 시경, 주역 그런 거 이제 학문의 기본이 되지. 고학문 시대에는 그거를 주로 [배웠어.]

그 다음에는 일제에 의해서 초등 학문은 4년제로 학년이 하나씩 신설했어. 그렇기 때문에 시기가 돼야 6학년제를 줬어. 그래가지고 중학교는 5년제. 그거이 말하자믄 일제 하의 교육이야. 일제 전에는 한문으로 이렇게 하구. 정서로 보면 일제가 1908년부터 한국을 도식했거든. 왜 한국을 침략했냐 하면은 중국으로 통하는 통로야. 그래서

"말하자믄 논어, 맹자, 서경, 시경, 주역 그런 거 이제 학문의 기본이 되지."

일제 때는 군사 정치를 하기 위해서 서울하고, 평양에 연대를 뒀어. 일본 군대[를]. 그래가지고 평양 군대는 38선까지 서울이 주관하고, 38선 이북은 관동군이라고 거기서 관할해.

(한전리 소학교 졸업하시고는?) 다미면에 농업학교가 있었어. 거기는 마을에서 한참이나 떨어져 있었거든. 결국 농업학교는 시오 리 이십 리 정도 되는데 거길 통학한 거야. 졸업은 1937년에 했어. 그 담에는 7월 달에 겸이포 제철소[1] 설계과에 들어갔어. 제철소에서는 또 2년 동안 기계 제도 또 습득하고 [했지.] 기술 전문학교에서. 야간에는 기술학교 제도하고 물리하고 강사로 한 2년 정도 하고, 거서 14년 근무했는데 제도공에서 기수로, 뭐 지금 말로 하면 설계사 정도, 기수, 기사 아래 정도 되지. 1950년에 거서 50년 2월에 월남했지.

(제도 관련 일 하셨다고 하셨는데, 기계 제도 하셨나요?) 공장 도면 관리. 일본 제철소인데 그 제철소가 철판 나오는 거[가] 하루에 천 톤씩 쇠가 나오고 그랬어. (그게 세워졌을 때 느낌이 어땠는지?) 기술 습득이지 뭐. (예를 들어 기차 들어오면 신기해 하고 불안할 것 같다든가 그런 느낌은 없으셨나요?) 그런 건 없어. 이미 발전이 되어 있어서 뭐 그런 건 없지. 동네 분들도 들어오나 보다 하지. 왜정 때는 2차 전쟁이 일어나자 공업의 발전으로 나가야 되겠다는 생각으로 제철소로 기술 습득으로 나간 거지. [처음에는] 농촌 계몽으로 나간 게 [나중에는] 공업 발전으로 나간 거지. 기술 습득으로. 그렇기 때문에 농촌에 있을 때도 개똥을 모판에 뿌렸어. 겨울에. 농촌계몽[한다고] 학교서 과수 심으면 [과수 심는 거] 소독하면 소독하는 거

"왜정 때는 이차 전쟁이 일어나자 공업의 발전으로 나가야 되겠다는 생각으로 제철소로 기술습득으로 나간 거지."

1 겸이포 제철소는 현재의 송림 제철소를 가리킨다. 겸이포는 일본인 소유주의 이름이었다고 한다.

똑같이 배워가지고 똑같이 하는 거지 뭐. 말하자면 근면과 정직으로 사는 거지.

(일본에 대해 반감은 없으신지?) 기술 쪽에, 그쪽은 기술 쪽이니까 반감은 없지, 별로. 기술 습득이 목적이니까. 해서 한 사람이라도 더 기술을 배워서 낮에 점심시간에 그걸 습득하는 거야. (나중에 집안에 있는 온통 쇠란 쇠는 다 긁어갔잖아요 대동아 전쟁 시작되면서 놋그릇까지 다 가져가고, 천황 폐하를 위한 전쟁이라고 하면서?) 시골에 있으면 몰라도 도시 공장에 있으면 그게 느껴지지 않아. [우리는] 현지 징용이 돼 있어[가지고.] 공장에 있는 건 그게 징용이야. 그게 안전하지. 공장에 있으신 분들은 별로 일본에 대해 별로 반항심 [같은 거] 이런 게 별로 없지. 새로 들어온 사람은 3개월 정도 훈련시키고, 기술을 습득하게 하는 거야.

(일본이 나중에 원자폭탄으로 망하잖아요, 해방된 사실을 언제 아셨나요?) 그건 라디오가 있었으니 방송 듣고 금방 알았지. [그런데 그때] 한국 사람 기술진이 중책에 있던 사람들이야. 전부 발전소에 관계하는 [사람들이었는데,] 발전소에 [관련된 기술하고] 철판 뽑는 데 [관련된 기술하고] 그걸 한국 사람들이 인계받았어. 기술진 중에 상공부 [에 보고하러 간 사람이 있었어.] 민병관이라고 [하는 분이었는데, 해방 되고] 영등포 대동 펌프 공장에 설계사로 있었지. 38선 때문에 못 넘어갔지. 정부에 보고를 하러 왔다가 못 갔지. [제철소] 시설 관련 [자료를] 모두 보고하러 와 있다가 [그렇게 된 거야.] 상공부 관련 책에 기록되어 있을 거야. 민병관이란 분이 천주교인인데, 우리가 30댄데, 이 사람은 50대 정도 [됐어].

"그쪽은 기술 쪽이니까 반감은 없지, 별로. 기술 습득이 목적이니까."

당시 제철소 근로자들은 현지 징용 상태였으므로 다른 사람들에 비해 신변의 안전이 보장되었다고 한다.

(8월 15일 날 만세 같은 건 부르셨나요?) 만세는 일본 사람들이 있으니까, 그 사람들하고 그저 마찰 없이 그저 잠잠한 거야. 서울 같으면 만세 부르고 [그랬겠지만] 거기는 일본 사람들이 많이 있으니까, 어떻게 처리하는가 [하면] 한국 사람이 있던 집으로 바꿔치기 해서 한 군데로 집결시켜서 서울로 넘어와서 부산으로 가게 [해 주는 거야.] 하나도 마찰 없이 그런 정리 방법으로 운영해 갔어. 근데 우리는 기술 관계니까 별로 관계 안 했지, 왜 그런가 하면 그 사람들이 총칼을 갖고 있으니까.

"만세는 일본 사람들이 있으니까, 그 사람들하고 그저 마찰 없이 그저 잠잠한 거야."

결혼 그리고 6 · 25 전쟁

(어르신, 북에서 결혼을 했다고 하셨잖아요. 결혼은 언제쯤이나?) 스무 살에. 아들 하나 딸 하나 있어. (북쪽에 계시는 사모님은 나이 차이가 많이 났나요?) 한 살 차이, 한 살 어렸지. (중매로 하셨겠네요?) 그래, 아버지 제자가 전도사였는데 그 전도사가 중매해서 했지. 교회 전도사하고 집에 사람은 잘 아는 사이는 아니었는데, 별로 관계가 없었어. [그런데] 다른 마을의 교회 계통으로 해서, 그 전도사가 그 교회 있어서 [그냥 알고 있었던 거지].

(처음 만났을 때 호감이 가시던가요?) 아버지하고 같이 가서, 처음 만나서 약혼 서약식을 했지. 집에 아버지가 가실 날이 얼마 남지 않아서, [아버지가] 나이도 있고 해서, 자기 살았을 적에 막둥이를 결혼시키려고 [서둘렀지.] 아버지가 강을 건너가야 하니까, 유언서를 미리 받아 놓은 거지. 결혼식은 대동아 전쟁 나던 해에, 1939년에 [했어.]

처음 만나서 곧바로 약혼 서약식을 한 것은 부모님이 연로하실 뿐만 아니라 정신대 문제로 신부측에서 결혼을 서둘렀기 때문이라 할 수 있다.

만나고 다음해에 결혼했지. 당시엔 여자들도 끌고 가고 해서. 그 뭐 정신대 있잖아.

(결혼은 교회식으로 하신 건가요?) 그럼. 가정에서 목사가 주례하고 음식이나 이런 건 전통식으로 하고. 뭐 약식이지, 뭐. 화관족두리 이런 건 안 하고, 면사포 이런 것도 안 하고 약식으로. 전쟁 시기여서 [어쩔 수가 없었지]. (신부 집에 가거나 이런 건 안 하고요?) 안 하고. [약혼하고] 얼마 [안] 있다가 결혼식 했으니까. 아들이 없으니까 내가 처음에 장인 장모님을 모시고 살았지. 장인이 70이 넘으니까. [전쟁 나고] 장모는 가산이 아깝다고 안 나왔지. 우리 식구만 나왔어. 장모는 이모님 식구들하고 지냈지. 누가 벌어 먹일 사람도 없고 [어떻게 됐는지 모르지].

(그 뭐 어떻게 월남하셨어요?) 1950년 12월 7일에 신천역²에 도착했어. (잠실이요?) 으, 아니 마포[야.] 가족이 나하고 1살 아래 마누라, 딸이 8살, 아들이 4살, 그렇게 해서 마포 용강 국민학교에 임시 수용됐드랬어. 그래서 나는 12월 17일 저 제2국민병으로 일시 통영까지 갔다 왔어. 그때는 가족을 데리고 부산까지 간다든가, 그냥 경복궁으로 동원돼서 백 명씩 인솔해 나가는데, 백 명씩 인솔 책임자로 끌고 나가는 거야. [나도 경복궁에 동원돼서] 17일 떠났는데, 마산 극장에서 자고 일어나니까 51년 초하루야. [내가] 17일 날 떠났으니까, [가족들은] 언제 나갔는지 모르지. 3년 동안 전방으로 가가지고 인제, 화천, 그래서 53년 7월 27일 휴전됐는데, [53년] 8월 4일에 그때부터 [서울로] 나와서 영등포에 있다가 여기³[로] 왔어.

서울에 와서는 서울에 주소가 없으니까, [처음에는] 관수동에 [자리를 잡았어.] 청계천이야, 관수동이. 거기서 아

"가족이 나하고 한 살 아래 마누라, 딸이 여덟 살, 아들이 네 살, 그렇게 해서 마포 용강 초등학교에 임시 수용 됐드랬어."

2 마포에 있는 신천 역.
3 남대문 시장을 가리킨다.

는 분을 찾아가지고, 영등포에 대동 펌프 공장이 있었어. 8 · 15 해방 되고 [제철소에서] 같이 [일하던] 민병관이라는 사람이 있었어. 기사인데, [그] 기사가 상공부에, 해방돼 가지고 그 시설[4]을 보고하러 왔댔어. 그래서 그 사람을 찾아갔어. 형이 있는 주소를 거기서 알아서 [형을 찾아갔지].

영등포에 장 공장이 있었어. 소방서 밑에 거기서 만났어. 간장공장, 거기가 수용소였거든. 거기서 형을 만났어. 형은 [월남할 때] 그냥 육로로 평양서 걸어서 여기까지 왔고, 지금은 미국서 열심히 살아. 지금 서신 통신을 안 하고 있어서 [어떻게 사는지 잘은 모르지]. 시방 여든 아홉인가 구십인가 되는데, 연락 안 하고 있어. 조카들이 여럿 있고.

그 다음에는 영등포에 있다가 도강증을 해서 53년 8월 달에 나왔으니까, 9월 달쯤 됐어. 9월 달에는 도강증이 있어야 여기 들어오지. 처음에는 도강증으로 들어왔다가, 그 다음에 남창동으로 이사 왔어. 지금은 뭐 이태원 있다가, 남창동 있다가, 이태원 있다가, 서대문 냉천동에 있다가, 시방은 저 중랑구에 있어. 거기서 지금까지 있는 거야.

잃어버린 가족 찾기

[마포 용강 국민학교에 수용된 사람들을] 50년 12월 25일에 내보냈다고 하더라고. 그때 같이 있었던 사람들을 만나야 하는데, 안 돼. 여기서 7일 날 신촌역에서 내렸어. 3일 날 [고향에서] 떠나가지고 7일 날 신촌에 도착했어. 17일에는 난 [제2국민병으로] 나가고, [거기 있던 다른 사람들] 25일에 내보냈대. [1 · 4 후퇴 때] 51년 4월 달에 수

4 겸이포 제철소를 말함.

원까지 후퇴가 있었어. [그때 나는 통영 수산학교[5]에서 나와서 서울로 들어가려고 했는데] 서울을 못 들어오고 말았어. [그리고는] 51년 6월 달에 그때부터 53년까지 [여기저기 떠돌아다닌 거야].

(그런데 가족이 전부 다 내려오셨다고요?) 그렇지. 네 식구가 신촌까지는 다 왔지. 10년 독신 있다가 재가했지. 지금 마누래[하고]는 [월남해서] 10년 있다가 재가한 거지. 이북에서 결혼한 사람은 헤졌지. 제2국민병 나갔을 때 마포 용강 국민학교에 마누라하고 아이들은 남겨두고 [갔거든. 그런데 지금까지] 무소식이지. (돌아가셨는지, 소식이 안 닿는지 알 수 없나요?) 알 수 없지. 아이들도 전쟁에 죽었는지. 그래서 극동 방송이랑 그런 거 [나가서 열심히 찾아 봤지]. 83년도에 여의도 나갔어도 [못 찾았어]. 두 번씩 나갔는데, 새벽에 [나갔어]. 장사해야 되니까. 이산가족들 찾는 것도 86년인가 몇 년 KBS에서 찾았는데 새벽에 나가니까 찾지를 못했어. 30분 프로에 나갔어. 인터넷에 장사하는 사람한테 부탁을 해서 올려놨는데, 3년 전에 해당 경찰서에서 조회를 했어. 연령이나 이름은 같은데 아니래. 세 명 다 아니래. 상대편이 찾으려고 해야 나오지 내가 해가지고야 [어디 찾을 수가 있어야]. 전국에 조회했어. 경찰서에, 이름만 가지고 찾아갔지. 다 해도 없다, 아니라고 [그래]. 내가 나이가 많아서 안 나서는지 알 수가 없지. 해당 동에 가서 조회하면 [역시 마찬가지야].

(월남하실 때 부모님들은 다 고향에 계셨구요?) 그럼, 아버지는 육십이고, 어머니도 그렇고. 내가 여기 오는 거 몰라. 강 건너 있기 때문에. 9·28이 없었으면 내가 없었지. 10월 보름께까지 북진해 갔는데, 중공군이 왔어. 후퇴

"상대편이 찾을려고 해야 나오지 내가 해가지고야."

5 김관숙은 월남 직후 제2국민병으로 차출되어 통영 수산학교에 배치되었다.

해서 수원까지 온 거야. (가고 싶지 않으세요?) 금강산에서 이산가족 만나는 거 자꾸 가잖아. 나는 과거에 [금강산에] 갔기 때문에 가족 만나는 게 목적이지. 갈 필요 없어. 나중에 육로로, 경원선 [연결되면] 통일원에서 신청 받아 가지고 [가려고 그래.] 왜 그런가 하니, 부모 형제 다 돌아가[셔]서 이젠 가 봐야 뭐 만날 사람도 별로 없어. (아니 이산가족 상봉할 때 가실 기회가 없었나요?) 시방 적십자에 신청을 했는데 전에는 3천 번에 있던데, 시방은 6천 번으로 내려갔어. 근데 시방 90세 이상[인지] 85센지 그런 사람을, 직계가족을 어느 정도 확인이 돼야 들어가나 봐. MBC에도 등록을 했는데, 어떻게 되는지. 인터넷에도 등록을 했는데 [잘 모르겠어].

저 생각에는 죽기 전에 해결되면 다행이고, 마음으로 안정을 가지는 거야. 그저 뭐 슬피 울 것도 아니고, 12월 17일에 내가 떠나고서 12월 25일에 거서 내보냈대. 뭐 [그] 마포 [있잖아]. 내가 다 안 데리고 나와서 그렇게 되었으면 모르겠는데, 데리고 나와서 그렇게 되었으니 [마음이 더욱 아팠지]. 거길[마포 용강초등학교] 있던 사람을 만나질 못해. [서울] 수복해가지고 극동 방송에도 나갔는데, 기독교 TBC 방송, 시방 남산에 있어. 시장에 있는 거 찍어 가지고 내보냈어. [그런데 만날 수가 없어].

(북의 가족에게서 연락은 없었나요?) 한 번도 받아본 적이 없어. 말하자면 멀찌거니 인줄[6]이 없어서 깜깜[하지]. (형님이 살아 계신지도 모르시고요?) 시방 살아 있더라도 [나이가 많아서 날 알아볼 수나 있을지 몰라]. 조카들이 오십이나 되었으니까, 가도 조카들이나 만나고 그 외엔 알 수 없지. 뭐 가족 상황은 그런 상태[야].

"부모 형제 다 돌아가셔서 이젠 가 봐야 뭐 만날 사람도 별로 없어."

6 연줄, 아는 사람을 뜻한다.

[남쪽에 내려온] 형님이 있었지. 그 형은 시방 LA에 있지. 무소식이지. 88 [올림픽] 때 [서울에 들어]왔지. 그 후로는 소식 없지. 조카들이 시방 의사들인데, 내과, 치과 의사인데, 소식이 없어. 독불 장군, 소식이 없어. 죽었는지, 형님이 연락을 안 해. 작년 6월쯤에나 전화를 넣어. 나도 필요성이 없어. 형님이 소식이 없어. [재혼할 때] 중매는 형님이 여기서 살았을 적에 [했어. 형님은] 88년에서 7년 전[7]에 미국에 갔지.

(미국에 조카들이 얼마나?) 넷이야, 딸 셋에 아들 하나. 다 의사들이야. (네 분이 다?) 아니 셋이야. (그전에는 미국 가기 전에 왕래가 좀 있었나요?) 오면 시장으로 들렀지. (미국 조카가 미국 가자고 그러지 않으셨나요?) 젤 처음에 왔을 때 그랬는데, 제주도도 안 간다고 그랬지, 집의 사람은 과거에 북경에 있었거든, 해방 전에 북경에, 과거 처갓집에서 다 이사를 가서, 어렸을 적에, 4, 5살 적에, 가산 청산하고, 해방 이후에 인천으로 들어왔지, 해서 외국이라면 [질색이야]. 외국 나가는 걸 싫어해. 어디 댕기는 걸 싫어해. (그래서 초청해도 미국에 가시지 않으셨군요. 형님 보고 싶지 않으세요?) 뭐 마음으로 매일 기도로 [하지]. (형님하고는 전화 통화도 안 하고?) 내가 전화를 안 했으니까. 처음에는 [형님이] 돈 보태주고 그랬어요. 88 때 왔을 때[도]. 자기도 [이제는] 미국 정부에서 주는 돈으로 살고, 자기 생업은 없고, 조카들 있으니까, 죽으면 거기서 묻히고 [그러겠지]. 죽었다고 울면서 찾아가고 [그럴 필요는 없어.] (강한 어조로) 뭐 이런 걸 기록하는 걸 내가 생활의 신조 철학을 지금까지 한국의 철학자 그런 사상으로 머리가 꽉 차 있기 때문에 하나도 흔들리지 않는다. 어딜 댕

"형은 시방 LA에 있지. 무소식이지."

김관숙 씨는 얼마 전까지 전화를 놓지 않고 살았다고 한다. 특별히 연락할 데도, 연락받을 데도 없기 때문이라고 말하지만, 그 말 속에 회한이 녹아 있음을 느낄 수 있었다.

7 1982년을 가리킨다.

겨도 정정당당하다. 폿대로, 건전한 정신에 [그렇게 하는 거야].

(형님이 82년쯤에 미국 가고 혼자되신 거네요?) 5·16 때 결혼했지. 형님이 소개해서 결혼을 했지. 10년 동안 혼자 있다가 재가했어. 거기 [북쪽에]서도 10년 부부생활 하다가, 10년 기다리고, 그러니까 30대에서 40대까지 혼자 생활했어. 신앙생활을 했지. (남쪽에서 결혼하신 분의 친척은 없으셨나요?) 처가 쪽 친지가 있긴 하나 별로 연락을 안 하고 살지. (사모님은 그럼 댁에만 계시나요?) 장터에 와 본 적도 없어. 시장에 자리도 몰라. 버는 게 뻔하니까, 그냥 믿고 사는 거지. 나 사는 동안에는 걱정없다 [이런 태도야]. (사모님은 아무 일도 안 하시고 어르신이 벌어다 주시는 걸로 생활하시고 그러나요?) 그렇지. 과거에 내가 벌이를 제대로 못하니까 뜨개질 [같은 거] 요새도 자기가 해. [옷을] 사질 않아. 자기가 재단해서 짜 가지고 해 입고, 남편이 사주는 걸 입질 못해. 자급자족이야.

월남한 형님의 중매로 북쪽에서 결혼한 아내와 헤어진 지 10년 만에 재혼했지만 슬하에 자녀는 두지 않았다.

"십년 동안 혼자 있다가 재가 했어."

전쟁기의 생활—통영에서 양구까지

(월남 하셔서는 어떻게 지내셨어요?) 12월 17일에 제2 국민병으로 나가서 그때서부텀 51년 4월 20일 경까지 통영 수산학교에 있었어. 뭐 말하자면 피난민[이지.] (피난민 수용소였어요?) 아아니 그 임시로. (그럼 피난민 임시 거처였네요?) 거서 의무대 관리했지. 51년에 4월 달에 해산했거든. 통영 수산학교에서. 그게 한 대대 편성이니까 그게 해산되어가지고 1·4 후퇴 때 수원까지 오니까, 통영

통영 수산학교에서 나와 서울에 들어가려고 했으나 1·4후퇴 때문에 뜻을 이루지 못하고 군산으로 내려가야 했다. 김관숙씨는 이 때문에 가족을 잃어버렸다고 생각하고 있다.

"거기 양구에 들어가면 고향에 날래 갈 수 있다고 생각했지."

경복궁에서부터 걸어서 17일 만에 통영 수산학교에 도착하다.

8 나무 막대기를 가리킨다.

에서 수원까지 온 거지. 그래가지고 4월까지 중공군이 [수원으로 밀려온 거야. 그래서] 다시 수원에서 군산으로 내려간 거지. 군산에서 유월 달에 노무자로 있다가, KS 부대 양구서 있다가 53년 8월 휴전 협정 안 날 서울로 왔어. 서울 관수동으로 [말이야.]

(자세히 좀 이야기 해 주시겠어요?) 50년에 6·25지. 9·18 인천 상륙, 고거이 낙동강 전투가 마무리 될 만할 때에 인천상륙작전을 한 거야. 1·4 후퇴는 중공군이 10월 20일 경에 압록강을 넘어왔어. 9·18 돼가지고 백두산까지 갔더랬어. 그때 우리는 그냥 거기서 정지 상태에 있었는데, 이제 12월 3일에 압록강에 중공군이 들어온다고 해서 그냥 피난을 해서 나온 거야. 그래서 3일날 떠났는데, 12월 7일에 떠나가지고 마포에 있었는데, 17일에 제2국민병, 말하자면 나이 많은 사람들을 전부 그냥 데리구, 저기 어디까지 가냐면은 통영까지 갔어. 거기 가니까 [51년] 초하루날이야.

경복궁에서 17일[날 출발했어]. 마포 경찰서에서 경복궁으로, 수용해 놓은 사람들을, 남자는 전부 경복궁으로 인솔했어. 인솔해가지고 17일 동안에, 마산에 도착했어. 51년 초하루니까, 마산에서 자고 일어나니까 초하루야. 17일[간] 행군했어. 행군할 때 백 명씩, 군무부에서 백 명씩 편대를 지어서 인솔해 나가는 거야. 통영서 4월 20일 경까지 임시 정착해서 훈련하는 거야. 참대 대[8]로 훈련하는데, 담요 배급을 안 주고, 가마니때기를 줬어. 거기서 책임자들이 사건이 생겼어. 줘야 될 것을 안 줘서. 식기도 없어서 소라를 이렇게 솜으로 막아가지고 그거를 식기 삼아서 그러다가, 식기를 공출해다가 쓰고, 그 다음에 4홉씩 줬어.

처음에는 주먹밥으로 주다가 생선에다가 주먹밥을 해서 주면은 식사 당번이 나눠주고 그랬어.

통영서 몇 명씩 있었냐면은 7백명씩 있었어. 칠백 명 경비 서는 데 선출됐어. 경비하는 사람이 한 15명인가 됐을 거야. 그거 하다가 나중에 후임부대를 맡았어. 나중에 51년 4월 24일경에 식량 한 3일분하고, 찬거리, 몇 천 원하고 줘가지고 해산시켰어. 해산시켜서 내려갈 적에 문경 쪽으로 내려갔거든. 대열들이 내려오면서 쓸 만한 고무신짝에 담배 같은 거 떡 같은 거 뺏어먹고 그러면서 인심이 나빠진 거지. 돌아올 적에 삼천포로 해가지고 여수로 왔어. 여수로 오는데, 며칠 걸려서 오는고 하니, 내려갈 때는 17일 걸렸는데, 올라올 때는 10일 걸렸어. 거기까지 수원까지 올라왔어. 거기서 서울을 못 들어가기 때문에 거기서 올라올 때에는 안동으로, 공주로 해서 올라와서 수원으로 왔어.

수원으로 오니까 1 · 4 후퇴가 있었어. 그래서 논산으로 해서 군산까지 7일 걸렸어. 걸어서 7일. 그래서 군산에서 고향 사람들이 수용소의 통장이 됐어. 거기서 통장이 숯장사를 해. 숯을 한 가마니 사가지고, 쪼개가지고 두 가마니를 해. 그래서 음식점에 하루에 한두 바퀴 이상 순회하면서 파는 거야. 그게 처음에 파는 친구가 있었는데, 문경으로 넘어가면서 마산에 가서는 헤어졌어.[9] 난중에 4월 24일경에 연대로 가니까 그 사람 친구가 있어가지고, 같이 내내 가고 군산까지 같이 가고, 숯장사도 같이 하고 그랬어. 하루에 대두 한 되 쌀을 버는 것 같아. 쌀을 벌면 깡통에 밥을 하면 먼저 왔던 수용소 사람들이 김치 같은 찬거리는 가져오지. 먹고 사는 거는 처음에 마포에 왔을 때는

9 통영 수산학교로 내려가는 길에 헤어졌던 사실을 말한다. 나중에 통영에서 다시 만나 함께 군산으로 이동했다고 한다.

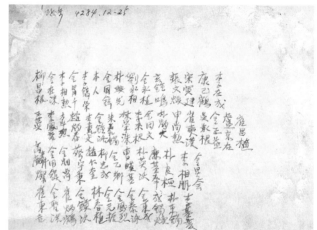

▶ 군대 시절 사진의 앞면과 뒷
면(1951. 12. 25)

정부에서 줬어. 정부에서. 처음에 개성에 들렀다, 서울 들
렀으니까 7일 날 차로 도착했지. 먹는 거에는 마음이 그러
지 않아. 신앙생활을 하기 때문에 어디서든 먹는 거는 주
실 거라는 믿음 때문에 세 끼 먹다가 한 끼 먹어도 생명은
이을 수 있으니까.

7일 중에서는, 일단 5월 초순 될 거 아니야, 5월 7일쯤
됐으니까, 거기서 6월 20일 경에 양구 전방에서 노무자를

모집했어. 5월 달에 중부 전선에, 전방에, 판문점에 평지 쪽은 미군이 점령했는데, 산악 쪽은 한국이 맡아가지고, 7사단이 맡아가지고. 김일성이 여러 고지를 차지했어요. 거기 [양구에] 들어가면 고향에 날래 갈 수 있다고 생각했지. 어쨌건 시방 전신데, 노무자 모집하는데, 남자는 전부 나갔어. 왜 그런고 하면은 그 후로는 배급을 안 줘. 그러기 때문에 일할 수 있는 데라도 있으니까 대구 와가지고 대구에 집결해가지고 2, 30명씩 타고 원주로 갔어. 미 제2공병단, 도로 닦는 데에 한국 예비 사단이 거기에 속했어요. 현역 사단이 아니라, 한국 예비 사단이. 거기에 노무자들이 거기에 배속이 되는 거야.

배속돼서 중대에 속해가지고 도로 닦는 거를 10월 달까지 도로 닦는데, 삽질을 하는 거야. 그래서 점점 추워 가는데 저 안에 들어가서 일해야겠다, 그 생각을 하는데 연대 본부에 소환됐어. 연대 본부에. 그래서 인사 행정[을 맡아봤어]. 그거는 육군 본부에 한 달에 두 번씩 상반기, 후반

강원도 양구 지역 미 제2공병단에 배치되어 군사용 도로를 닦는 작업을 하다.

휴전이 되면서 부대에 남아 있을 필요가 없게 되자 서울로 나오게 된다.

◀ 군대 시절 표창장

기에 인원 보고 · 신원 보고 하는 거를 시켰거든. 중대, 대대 총합해가지고 행정 보고, 나가서 가시 철망 같은 거 안 하고. 육군 본부에서 행정 사무를 보는데, 창립 기념일 때 모범 표창 받았어. KS 부대 노무재[로] 지도 같은 거 만들고, 확대해서 그려서 주고 했고, 인사계에 있고, 51년 6월 달부터 53년 8월 초하루까지. 나는 거기서 51년 6월 달에 들어갔으니까 53년 8월 4일 날, 휴전 협정에 7월 27일 휴전이 됐지. 우리는 이미 마무리가 됐어. 노무자는 배속돼 있을 필요가 없으니까. 8월 4일 날 연대에서 서울에 후송해 줬어. 그날 연대장님 집에서 자고, 사생활로 들어가는 거야.

(도로 닦는 거는 어디서부터 하신 거죠?) 원주서부터 인제, 양구, 일차 도로를 이차 도로로 시설하는 거지. 평지는 군대에서 하니까 토지에 관계없이 그저 직선으로 도로를 째는 거야. 처음에는 MP 차가 전방으로 가고 그 후방으로 따라가는 거야. 일차 도로를 다 닦았으니까, 53년부터는 이차 도로가 되는 거야. 이차 도로까지 제2공병단 연대는 한국 연대가, 53년도에 유추성이라는 연대장이 있었어. 유추성 중령[이라고] 이 사람은 나무를 뜯어도 가까운 데서 하지 말고, 깊이 들어가서 하고, 도토리나무 같은 것도 숯을 만들어서 식량이랑 바꿔 오고, 오이 같은 거 심어가지고 자급자족하고, 깡통 같은 거는 전부 째가지고 먹고, 밖에 함부로 깡통이나 유리 같은 거 두면 다시 농부들이 왔을 때 발 다친다고, 그런 정성으로 그 사람은 있었어.

남대문 시장에서 장사 시작

(그럼 남대문 들어오셔서 어떻게 사셨는지요?) 형이 있
으니까, 형하고 같이 동거하면서 독신생활을 했어. 독신생
활 10년. 처음에는 미제 장사를 하는데, 그때는 국산품이
많지를 않아서, 외제품을 사가지고서 소매하는 거지. 소매
하다가, 60년대부터는 국산을 취급했지. 처음에, 그때가
1954년도였어. 형이 여기 남대문에서 메리야스 장사를 했
거든. 이 안에 대도에서 메리야스 장사를 했지. 형이 하는
거는 54년도부터 한 3년 될 거야. 위탁제품, 피혁 같은 거
를 했지. 그래 형이 침대 다이 하나를
4만 원에 마련해 준 거야. 그때부터
독립생활을 해. 나는 독립해서 장사
하고, 61년까지 동거하다가, 그리고
분가한 거지. 나중에는 여기 남대문
에 대도 아케이드 2층에도 있다가,
그 다음에 여기 1층으로 옮겼다가, 지
금은 D동하고 E동하고 사이에 노점
으로 있는 거지.

*"워낙 박리다매로 해서
돈을 부풀러 말을 해야 되는데,
너무 솔직해서."*

▲ 남대문 시장 노점의 현재 모습
(2004. 4)

(처음부터 남대문 시장에 나오신
거네요?) [그래.] 남대문 시장. 그때는
지금하고는 구조가 많이 달랐지. (그
때도 노점에서 장사하셨나요?) 그저
역시 좌판이지. 넉자 반 정도. 구청에
서 관리해야 하는데, 청소비나 내고
자체 경비 내고 시방 하고 있지. (처

▲ 노점에 나와 앉아 있는 김관
숙의 모습(1995. 12)

음에 장사하실 때는 어떤 것을 주로
취급하셨나요?) 처음에는 자크 장사
를 주로 했어. 지금은 옷장사지만. 54
년에 그때는 미제 중고가 중심이 됐
지, 그 후로 국산이 나왔지. 불하품에
서 나왔지. 그때까지만 해도 미군부
대 불하품, [그게] 정상적으로 나오는
불하품을 떼 오는 거야.

[그때는] 작업복하고, 비옷, 그리고
신발, 모자 그런 상품을 했지. 지금같
이 발달되지 못해서, 비니루 같은 거
를 짤라가지고 팔던 시기였지. 반도
는, 외제는 다 염색해 팔고, 국산은
그냥 작업복으로. 비옷이라든가, 신
발이든가, 침대, 그런 거 취급해가지
고 하는데, 지금도 그렇지만 될 수 있

국산품이 많지 않았던 1950년
대 남대문 시장에서는 미군 불
하품을 주로 취급하였는데, 이
군수품의 상당수가 불법으로 거
래되었다.

으면 군수품은 안 할라고 그래. 처음부터 군수품 할 생각
은 없었어. 시초는 외제니까 처음에는 했지만은 할 수 있
는 대로 군수품은 안 할라고 그래. 왜냐면은 국산도 얼마
든지 팔 수 있으니까, 뭐냐면은 시방은 초등학교도 외제
학용품이나 가방 같은 거 사용하는 게 있기 때문에 국산
이 안 팔려. 초등학교에서부터 국산품을 애용하는 정신이
안 돼 있는 거야. 모든 생활을 생각할 때, 여행 관광을 해
도 시대 변천과 흐름에 구조가 맞는지 생각하면서 다녀야
돼. 왜 그런고 하니, 민족정신도 정신이지만은 어떻게 해
야 이 민족이 일제 시대부터 살아왔기 때문에 그런 게 국
가 유지하는 데 기본이, 자주성이 아니면 안 된다는 그 생

각을 가지고서, 다시 뭐 바꾸는 식으로 하지를 않아. 적정
가격으로 부르는 게 파는 가격이지, 에누리하는 식으로
폭리주의로는 할라고 하지를 않아. 보통 장사는 3할 이상
이라고 해. 3할이라고 늘 생각하는 거야. 큰 이익은 없지
만, 의식주는 해결하는 거야. 시방도 나이도 이제는 다 찼
지만은 복권 사서 크게 행운 누리겠다는 그런 생각은 별
로 안 가져. 워낙 박리다매로 해서 돈을 부풀러 말을 해야
되는데, 너무 솔직해서. 초창기에 엉터리로 불렀으면 억대
벌었을지 모르지. 2백원 3백원 하는 거 천 원 받고 그러질
못했지, 내내.

　(그럼, 54년에 남대문 시장 나오셨을 때 규모가 지금과
는 비교가 안 됐겠네요?) 처음에는 대도 아케이드가 있었
는데, 그 다음엔 대도 아케이드에서 대도 백화점으로 왔
는데, C, D, A 세 동이 큰 건물이 건축됐어요. (54년에요?)
응. 그전에는 천막으로만 됐지. (건물이 아예 없진 않았을
거 아니예요?) 처음에는 단층 건물로 시작이 된 거야. 그
래서 3층으로, 3층이 된 거지. (그럼 54년도에 건축이 된
건가요?) 응, 54년도 이후부터 건축이 된 거지. 수복 시초
니까. [건물이 아예 없었을 때에는] 천막 치고들 [장사한
거지]. (건물이 전혀 없었나요?) 응, 그럼. 전혀 없었어. 터
만 있고, 다들 천막 치고들 [장사를 했어]. [3층으로 높여
지은 거는] 그게 아마, 57년경[일 거야. (54경에는 단층으
로 짓고, 57년경에는 이렇게 3층으로 짓구요?) 그럼. (천막
치고 하셨을 때도 할아버지께서는 장사를 하셨죠?) 그럼,
노점에. 처음에 5만 원인가 얼마 주고 산 게 그게 시초야.
　그때는 미군 [제품] 염색 개조하고 수리해서 옷 해 입는
게 주로고. 미제든가, 중고든가. 그래서 제품이 시작되고,

"60년도 지나서부텀은
옷 디자인[이] 생겨서,
대량생산 도매시장이
생겨서 됐지.
60년대 하반기서부터
70년 초반 사이에."

도매가 시작되고, 소규모[로] 작업복, 신사복[을 하고], 60년도 지나서부텀은 옷 디자인[이] 생겨서, 대량생산 도매시장이 생겨서 됐지. 60년대부터 하반기서부터 70년 초반 사이에. (68년인가요, 박정희 대통령이 남대문 시장하고 동대문 시장 근대화 발표하고 그 일환으로 된 거 같거든요.) 게서 그때는 소규모 개인집에서 가게에서 제품화됐는데, 재단사하고 디자이너가 적극적으로 나가서 강습받은 사람들이 배치되어 가지고 대량생산 되어 나왔어. 교복 같은 거 가게에서 쪼끔씩 했는데, 중소기업 같은 데서 교복을 제품해서 학교에 납품하게 됐어. (여기서요?) 아니 남대문 시장엔 소규모밖에 없었어. 80년 지나서 개조되었어. 현재 큰 건물은 70년대 새로 신축한 거여. 60년대는 그냥 재래식 가옥이고.

남대문 시장 화재

(혹시 당시에 시장에서 사진 찍은 거 있으세요?) 사진 찍은 거 별루 없어. 70, 80년대 사진 찍은 거는 있는데, 60년대 건 없어. 그때는 사진을 찍는 사람이 없었어. (70, 80년대면 이미 건물이 바뀐 다음이네요?) 그럼요. (60년대에 와서 건물 바뀌기 전에 사진 가지고 있을 만한 사람이 없을까요?) 없어, 없어. (그 집사님[10] 같은 경우는?) 없어. 그때는 사진을 찍는 사람이 별로 없었어. 재래식 가옥이었으니까, 50년도에도 단층 건물로 돼 있었어. 60년대 3차 화재 일어나가지고 수리하고 그랬지, 아주 무너지지는 않고. 한 집에서 하고 개인집에 갖다 됐는데, 위층에 불붙고 했

남대문 시장의 화재는 3회에 걸쳐 일어났다.

10 남대문 시장의 또 다른 구술자로 일명 도깨비 시장에서 잡화를 취급하는 분을 가리킨다.

는데, 내 보따리는 불 안 붙었어. (그게 언제였죠?) 그게 아마 1차 화재 때[던가.] 화재 났을 때 [나는] 화재 당하질 않았어. 그때는 벽돌집을 쌓어. 그래서 불이 번져 오질 않았어. 게서 물건을 피해를 안 당했어. (기술자여서 그런지 방화벽 쌓는 거 그런 거 좀 아셨나 봐요?) 가족은 잃었지만 손해는 당하질 않았어.

(화재에 대해서 좀더 자세히 이야기해 주세요?) 화재 보험에 모두 안 들었을 때야. 그냥 손해 보는 거야. 그 다음에 화재 한 번 난 다음에는 화재 잘 난다고 보험을 안 해 줘. 보험을 안 해 줘. (그럼 불이 났을 때 크게 났었나요?) 응. 그럼. (사람들이 어떻게 대피를 했는데요?) 그건 밤에 났으니까. 밤에 자부동, 전기장판에서 불이 났어. 그게 디동 가운데 전체가 몽땅 불이 났어. D동, E동은 괜찮고. (그럼, 화재 보험도 안 들었으면?) 장사하는 사람들 그냥 손해 보는 거지 뭐. (장사를 안 하실 수는 없잖아요. 다 타버렸어도.) 그래서 건축을 했지. 재건해서. 근데 안에 내용만 고쳤지, 쉽게 무너지지는 않았어. 안에 가게만 조금 상했지. (장사를 아주 못 하는 사람도 있었겠어요?) 그렇지. 다들 그랬지. 내 물건 짐만 [불이] 안 붙었어. 그게 양복집인데, 내가 노점이기 때문에 짐을 맡겼는데, 그것만 안 탔어. 2층에서 불났기 때문에, 이거는 그냥 담벽에 이렇게 붙어서 공구리로 쌌더랬어. 그것만 안 타고 다른 거 다 탔어. (불이 나서 아예 장사를 못하게 되신 분들도 많으세요?) 그럼요. 장사 많이들 못했어. 그리고 안에서 일들이라 우리는 모르고. (재건은 어떻게 하나요? 상인들이 돈을 모아서 하나요?) 하나도 남은 거 없지. 완전히 손해보고 마는 거지. 전부 손해보고. 망한 사람들 많지. 적어도 한 5백세

화재 당시 남대문 시장 상인들 대부분이 화재 보험에 들어 있지 않았기 때문에 상인들이 피부로 느끼는 피해 의식은 생각보다 매우 컸다고 한다.

"화재 났을 때 [나는] 화재 당하질 않았어.
그때는 벽돌집을 쌓어.
그래서 불이 번져 오질 않았어.
게서 물건을 피해를 안 당했어."

대는 망했지. 그렇게 될 거야. 화재 안 난 데는 제품집이 많았고, 대도 아케이드 [말이야]. 화재 난 데는 딴 데서 물건을 사다가 진열해 놓고 팔았어. 그렇게 소매로 들어간 거지. 대도아케이드는 제품을 주로들 하고, 대도 백화점은 아주 밑천 있는 사람들, 이동 같은 데는 자기가 제품해서 진열하고, 뒤에는 다 평화 시장에서 받아다 놓고 팔고 그랬지.

노점운영과 관련된 이야기

"한 다이에 4만 원 정도 했어. 지금으로 하면 20만 원 정도 되었어."

(아참, 그러면 54년에 일년 정도 하시다가 뭐 다른 거 하신 거잖아요. 뭐 하셨어요?) 쭉 자크를 하는데, [54년부터 남대문 시장을] 떠나지 않았어. 없지. 계속 자크 하고, 염색한 것도 하고, 개조한 것도 팔고. 처음에 자크 장사할 때. 가게 두어 번 있다가 그 다음에 완전히 노점으로 나온 거지. (가게 얻으실 때는 돈을 좀 버셨는지?) 그냥 별거 없어.

(54년도에 노점하시는 분이 많았나요?) 있었지. 그때는 이제 시장 주식회사서 나눠가지고 팔고 그랬다고. (그 노점 권리를요?) 응. 한 다이에 4만 원 정도 [했어]. 지금으로 하면 20만 원 정도 [되었어]. (지금은 노점 한 다이에 얼마 정도 하나요?) 지금은 사고파는 게 없고 권리금 있지. (권리금은 얼마 정도 하나요?) 사람에 따라서 그냥 처리해 주는 사람도 있고, 물건 받고 그냥 [넘기는 사람들도 있고], 돈[은] 천만 원 정도 [할 거야]. (거래가 있든지 없든지 한 천만 원이면 산다 이거죠?) [사고파는 건] 정식이 아니지.

(동대문 시장 가 보니까 지게도 잘 나갈 때 권리금이 3천만 원 한다던데 천만 원이면 너무 싼 거 아닌가요?) 글쎄 그건 잘 모르겠어. [그런데] 노점도 철거당하는 거 있고 철거 안 하는 거 있고, [그게 다 정해진] 위치가 있어. 주식회사에서 취급할 따름이야. 시장 관리사무소에서 하기 나름이야. 청소비 내고. 팔고 사게 못하게 하는 거지. 철거당하는 노점은 아무것도 안 내고 그러니까.

(관리비는 얼마나 내세요?) 청소비 뭐, 한달에 5만 원 정도 될 거[야]. (처음부터 자리잡고 있어서 그런 거예요?) 얼마씩 다이 값으로 받는 거지. (어르신은 여기 장사하실 때 관리사무소에다 다이 값 얼마 주시고?) 처음에 할 때는 한 30만 원 줬지. (한 이십 년 정도 전, 그러니까 80년대 초반에 30만 원 권리금 주고 다이 만들었다는 거죠. 그 다이가 이제 좀 큰 편이죠?) 녁자 반 정도. (정사각형인가요?) 아니 녁자 곱하기 녁자 반. 결국은 다이 만드는 값하고. (허가가 된 거는 아니잖아요?) 구청에 임대료를 냈더랬는데, 시장 관리로 넘어온 거야. (노점 하시다가 대도아케이드로 점포를 얻어서 들어가셨잖아요. 그때가 정확히 시점이 어떻게 되나요?) 67년 정도 될 걸. 점포 들어갔다가 다시 나왔잖아. 한 5년 후쯤 된 것 같아.

"처음에 할 때는
한 30만 원 줬지."

노점에 필요한 도구들

(노점상 할 때, 꼭 필요한 도구 같은 거 있을까요?) 필요한 것들? 그런 거 별로 없어. 사방에 돌아다니면서 구할 수가 있으니까. 평화 시장이나 동대문 시장. 고때고때, 매

상 되는 거 봐서 생활비 조금 떼고 [물건을 구해 오는 거야]. (물건은 평화 시장이나 동대문 시장에서 떼어 오시는 거에요?) 그럼. 평화 시장 여러 군데서 조금씩 [떼어 오지].

(할아버지 그럼 이 다이는요, 어디서 만드셨어요?) 처음에는 개별적으로 만들었는데, 이렇게 동포가 생기면서부터 공동으로 주인들이 여기 앞에 쓸라고 다들 다이를 만들었어. 여기 점포 건물 사람들이. 그래서 그 사람들이 나중에 우리한테 팔아먹은 거야. 공동으로. 이 다이가 이 앞에 건물 사람이 팔아먹은 거야. (원래 소유가 이 건물[11] 주인 소유였어요?) 그렇지, 이 건물 주인하고 우리가 타협해서 이렇게 나온 거야. 건물 주인이 소유하지 않고 전부 노점 사람들한테 팔아먹은 거지. 건물에 있던 사람들이 관리했었어. 우리가 저 아래서 나올 적에 단체로 넘겨 준 거야. 그리고 권리를 이 주식회사에서 그 증서를 전부 뺏어 오고. 여기 있는 사람들은 옛날 다이를 서로 다 안 가지고 있어. (지금 쓰시고 있는 다이는 다 여기서 만든 다이겠네요.) 응, 그랬는데, 주식회사에서 지주하고 타협을 해서 공동으로 이렇게 돈 받고 해 놔 버렸어. 지주 너희가 관리할 게 아니라, 주식회사에서 관리한다고 증서를 전부 뺏어가지고, 한꺼번에 30만이라고 했잖아. 여러 변동이 됐어. 한 번 철거했다가, 주식회사에서 맹글고, 여기서 또 나눠주고, 돈 내주고.

(왜 여기가 철거됐었죠?) 그게 박정희 말기에 말하자면, 67년인가? 환경정린가 해서 전부 철거시켰어. (노점을 아예 못하게 다?) 응, 못하게. 그케서 다이를 다시 맹글어 가지고서 우리한테 또 다이 값을 받고서 [그랬다고]. 67년도에. (바로 그랬나요?) 응. (그럼, 그때 다이는 어디서 만들

"처음에는 개별적으로 만들었는데, 이렇게 동포가 생기면서부터 공동으로 주인들이 여기 앞에 쓸라고 다들 다이를 만들었어. 여기 점포 건물 사람들이."

11 노점 바로 앞 상가 건물을 가리킨다.

었나요?) 그냥 시켜서 일제히, 교체했어. 처음에는 다이가 없어졌지. 전부 철거해서 가져가 버렸으니까. 그냥 다이 만드는 값만 줬지. 일괄적으로 목수 맡겨서 전부 만들었지. 다이 값을 개별적으로 만들어서 [낸 거야]. 처음에는 지붕이 다 있었어. 철거하기 전에는. 전기도 해서. 근데 환경미화다 해서 지붕이 다 날아가 버렸어. 건물주들이 쇠로 이렇게 잡아당기면 건물이 손상된다고. (그때 다이를 새로 맞추면서 지붕이 다 없어진 거에요?) 그럼. 그전에는 여기 지붕이 쭉 있었어. (그럼 지금 할아버지께서 가지고 계신 다이는 그때 만든 다이에요?) 그럼, 치수가 다 같아. (다들 똑같아요?) 그럼, 일괄적으로 만든 거지.

(할아버님 가지고 계신 것 중에서 제일 오래된 물건 있을까요?) 재고가 별로 없어. 오래된 거는 제비표 가위! (이게 언제 사신 거에요?) 57년도에 산 거야. (제일 오래 된 거네요. 57년도에 사신 건데 아직까지 사용하시는 거에요?) 그럼. (이게 그래도 좀 사용하면 날이 무뎌지고 그렇지 않아요?) (가위를 들어 보여 주며) 아니, 일제야. 일제. 무디면 갈지. (아무렇지도 않네요?) 응, 아무렇지도 않아. 안 들면 3천 원에 갈아. 예전에는 자꾸[12]를 많이 잘라서, 무디면은 또 갈고 [그래서 물건을] 맹글러서 주고 [했지]. 공장에서 자꾸가 나오지 않고, 백 미터짜리 사다가 짤라서 대가리 끼워서 팔고, 그렇게 해가지고, 맹글러서 주는 거야. 전부 치수 재가지고. (아직도 사용하실 때 괜찮은가 봐요?) 그럼, 관계없어. 가보야, 가보. 허허―. (그 가위 얼마 주고 사셨어요?) 그전에? 기억이 안 나는데, 2, 3원일 거야. 2천 원 정도일 거야. 비싼 거 아니야. 가죽 장갑이 5천 원 할 때야. 일제거든, 국산 가위는 금방 녹슬고, 못 써. 성경

"가보야, 가보. 허허―."

12 지퍼.

에도 처음 시작은 좋지가 않대. 그러니까 중간에 생각해서 살라 이거야.

남대문 시장의 경기

(1954년부터 하셨는데, 54년부터 가게도 있다가 노점 하시다가, 수입이 가장 괜찮으셨을 때가 언제, 경기가 가장 좋았다고 느끼실 때가?) 별로 없어. 덤핑 물건이나 이런 걸 해야지. 변동이 많은 걸 하질 않아. 정상적인 걸 하니까, 별로 없어, 구청에 보고하는 것도 40만 원인가 해. (어르신이 파는 거 말고 그래도 시장의 경기가 좋다고 느끼신 거는?) 80대에서 90년대 사이지 뭐. 2000년대 되고서 경기가 좋질 않지. 그때는 도매가 주로 남대문을 중심으로 됐는데, 백화점이 생기면서 제품이 분산되고 말았어. 게서 중소기업들이 전부 백화점에 넘기기 때문에 시장에 생산력이 뒤떨어지고 말았어. 대기업한테 떨어지지. 그러니까 경기가 침체되고 말았어. 중소기업한테 먹힌 거지. 소생산하는 사람들이 이익을 못 보는 거지. 겨우 현상 유지하는 거지. 적자지. 백화점 들어간 사람들 본전 까먹고 있어. 지주는 임대료 낮추지 않고, 그만큼 판매가 안 되니까 본전 까먹고 있어. 그러기 때문에 전쟁을 안 하면 물가가 싸고 잉여 남는 물건이 많아져. 실업자가 많아지고, 그거이 현상이여. 경기가 좋다고 하는 것이 물건이 많다고 하면서 그래야 하는데, 국산 의류 같은 거는 수출이 잘 안 되지. 그리고 현대 소련이든가 구라파에서 와서 사가는 거는 여자 옷들이지, 남자 옷들은 나가질 않아. 공예품 같

"2000년대 되고서 경기가 좋질 않지. 그때는 도매가 주로 남대문을 중심으로 됐는데, 백화점이 생기면서 제품이 분산되고 말았어."

은 거는 유리는 이태리제, 중공제 뭐 이런 상태지.

(노점에서 장사하시다가 뭐 개시도 못하다가 들어가신 적은?) 뭐 그런 적은 없지. 교통비는 벌어서 나가지. 최하 벌면 만 7천 원 정도. 종이 찢는 정도[지]. 나이 많아서 놀고 있는 사람들이 [나를 보고] 부럽대요. 집의 사람도 건강해서 들락날락해서 [다행이고.] (늘 낙천적으로 사셨어요?) 뭐 그렇지 뭐. (어르신께서 개인적으로 살아온 이야기가 조금 더 필요하거든요.) 그래서 이제 상품 같은 것도 적당한 걸 줘가지고서 바꾸러 오게 하는 법이 별로 없게 하는 거야. 자기가 파는 거는 언제든지 책임지고 바꿔 주든가, 물러주든가. 말하자면 정직성을 가져야지 상인은 신용이 반 자본이라고, 신용이 그래. 약속한 거는 제 때에 약속을 지켜서 물건을 구해 주고, 장사라는 거는 제 때, 제 물건을 구해 주는 거고, 줘서 그 사람의 편리를 도모하는 것이 장사의 목표지.

(장사는 그렇게 신경을 안 쓰셨나 봐요?) 장사에? 먹고 사는 거는 걱정 없으니까. 건강한 동안에는. 그래서 부에 대해서는 그렇게 관심을 안 가져. 골목에 나가서 우산을 가져다가 놓고 팔았다고. 처음에 장사 안 될 적에. 시초에. (처음에는 장사가 잘 안 됐나 봐요?) 노점에 저기서 침대 놓고 할 때에는 잘 안 됐지. 모자 파는 것도 시초에는 아이들 도리우찌, 아이들 모자 같은 게 잘 나갔어요. 시대 변천 되니까 점점 등산모로 발전이 되는 거예요. 등산, 작업모로. 그렇기 때문에 등산복, 사냥복 그런 게 나갔어요. 그러고는 비옷이 시초에는 국산이 생산이 안 돼서, 미제가지고 팔았지. (조금만 자세히 얘기해 주시겠어요?) 형이 제품하는 거를 아는 사람한테 부탁을 해서 내가 받아다가

"말하자면 정직성을 가져야지 상인은 신용이 반 자본이라고, 신용이 그래."

"형이 제품하는 거를 아는 사람한테 부탁을 해서 내가 받아다가 팔았지. 그때가 54년에서 80년대에. 국기 게양대나, 경비복, 모자, 신발 같은 거, 피복, 그런 거를 팔았지."

노점이 철거되면서 대도 아케이드 상가 건물로 옮겨서 장사를 했지만, 결국 다시 노점으로 나오게 된다.

"철거당하면서 8만 원을 마련해서 대도 아케이드로 들어갔지."

팔았지. 그때가 54년에서 60년대에. 국기 게양대나, 경비복, 모자, 신발 같은 거, 피복, 그런 거를 팔았지. 형님은 제품 같은 거를 받았지. 회현동에서.

[거기가] 지금은 도로 됐잖아. 여기 자유시장 입구. 거기서 노점 다이가 한 너덧 개 철거 됐어. 거기 언덕 비탈 위에 가게를 얻었는데 그냥 도로되고 말았어. 철거돼서 거기는 빚으로 하면 백만 원이 넘지 뭐. 도로 공사로 인해서 노점이 다 철거됐어. 침대 다이 하나 있다가 철거를 당했어. 남대문 주식회사에서 얼마 돈을 주고서 그냥 철거를 시켰어. 그때 아마 다이 값을 하나도 안 주는 거야. 시책이니까 어쩔 수 없지. 철거당하면서 8만 원을 마련해서 대도 아케이드로 들어갔지. 물건이 있었으니까, 그거를 팔아가지고. 그래서 안에 들어가가지고 여성복으로 개조를 해서 나올 적에 보상을 받아 가지고, 한 70만 원 돈을 받아가지고, 나와 버리고 말았어. 32만 원은 공동으로 나올 적에 노점으로, 남대문 주식회사에 들어가는 거고, 한 사람에 30만 원 정도. 2만 원은 수고비조로 주고.

(대도 아케이드에 상당히 오래 계셨네요.) 대도 아케이드에 몇 년 있었죠. 저기 2층에 있다가 이리로 옮겨 왔으니까. 아는 집사보고 한 2만 원 꿔 가지고 내려 온 거예요. 무이자로 교회 집사가 그냥 꿔 줘가지고. (원래 54년 노점 하실 때도 이 장소에서 하셨나요?) 이 가게의 정문 들어가는 데[야.] (도깨비 시장 저쪽 끝 편이네요?) 올라가는 데가 한 자리밖에 안 돼. 저 아래로 시계 골목 쪽으로 내려갔다가. 철거당하면서 대도 아케이드 들어가서, 이쪽에 여성복 개조하는 데 들어가서. 총 10만 원이 들어가지고. 70만 원 받고 나온 게 68년[이야.] 실제로 화재가 났는데, 아래

층에 있을 때[는] 불 안 났다고 하지 않았어? 여기에 있을 때는 불이 났는데 여기만 남기고 다 타서, 개조해서 팔았어. 고리짝에다 담아 놨는데. 다 안 타진 게 다행이지. 그게 하나에 4, 5만 원 [정도 했어.] 노인 파카[야.] 미제고, 안에 털 들어간 거 뜯어가지고, 제품을 만들었지.

(어디 계실 때에 장사가 제일 잘되셨어요?) 옷 하면서 자크를 했어. 1층에서. 그전에는 자크만 주로 했어. (장사 하시면서 제일 힘드셨을 때는 없었어요?) 7, 8년 지나니까 집에 들어가서 아침 조반 먹기가 안 돼요. 그전에는 아침 6시에 나왔는데, 6, 7년 동안은 저녁 6시에 나오고 집에 들어가서 아침 먹고 그랬거든. 7년 지나서 10년 될 때에는 시장에서 그냥 사 먹고 그랬어. 형수한테 짐이 되니까는. 나 나름대로 살겠다고 그러고서. 분가하기 한 3년 동안 시장에서 점심, 저녁 사 먹고 들어가. 집에 들어갈 때, 7시, 8시 되면은 상품 중고를 흥정했다가 신품으로 가져가요. 안 보이니까, 막 바꿔 가. 그런 시대야. 중고로 흥정했다가 신품으로 가져가. 그전에는 8시. 겨울에 8시면은 뭐, 어둡지. 짐 싸야 돼. [그래도 내] 이름이 넓은 관자 맑을 숙 자였거든. 원수 맺는 게 없어요. 학교 다닐 때에도 어디든 방해꾼이 한 명씩은 있거든. 시방은 그런 건 모르겠지만, 어디서든 방해꾼이 한 명씩 있다는 거는 생각하고 살아야 돼. 사람이 그 사람을 욕하지만 않으면 돕는 사람이고, 두 종류에요. 어디 가든 하나는 선생이 있다는 것을 생각하고. 겸손해야 하나라도 배워.

유행의 변화와 시장 발전에 대한 전망

(지금은 여기서 파시는 게 뭐죠?) 옷하고 지퍼하고. (처음에 장사 하실 때부터 청바지 파셨나요?) 아니, 처음에는 작업복. 그때는 다 염색해서 팔았어. 군복도 다. 근데 내 생각에는 군수품은 할 수 있는데 안 한다는 생각이야. 다른 사람들은 군수품 갖다 놔두고 그랬는데. (어디서 그런 물건들을 가져올까요?) 그거는 중고로 가져오는 것도 있고, 제대한 사람들도 나오는 것도 있고, 그걸 염색해서 팔았어. (계속 이 자리에서 일을 하신 거예요?) 저 안에 있다가, 노점에 있다가, 안에 품종을 개량하기 때문에 여기로 나와서 [했지]. 유행이 커졌다, 작아졌다가, 길었다, 짧았다 그런 게 있어요. 그렇기 때문에 시초 때에는 고쳐서 입는 거였어. 그게 제품 시작이 되는 거야. 그 다음에는 평화 시장에서 제품하는 거 많으니까 거기서 골라가지고, 여기서 파는 사람들 있고, 또 자기가 자작 만들어서 파는 사람도 있고. 그래서 내가 쓰봉 같은 거 자꾸는 내가 팔 수가 있었는데, 원단 장사들이 자꾸 생기니까 떼오면서 자꾸 사 오니까, 수리하는 자꾸 밖에 안 팔리고. 제품하는 사람들 때문에 잘 나갔어. 처음에는 청바지 국산, 세무 잠바 같은 거 앞 자꾸, 그런 거 전부 대주고 그랬어. 근데 나중에는 떼어 먹는 사람들도 있고.

(그때는 지퍼를 많이 하셨겠네요.) 그럼, 미제 지퍼. 청바지 지퍼도 하고, 국산이 발전이 되니까 국산을 하는데, 국산 자꾸는 종류가 많아요. 쓰리 에스, 쓰리 에프, 그런데 일제만은 YKK 하나밖에 없어. 그거는 세계화 됐지. 일본

"유행이 커졌다, 작아졌다가, 길었다, 짧았다 그런 게 있어요. 그렇기 때문에 시초 때에는 고쳐서 입는 거였어. 그게 제품 시작이 되는 거야. 그 다음에는 평화 시장에서 제품하는 거 많으니까 거기서 골라가지고, 여기서 파는 사람들 있고, 또 자기가 자작 만들어서 파는 사람도 있고."

은 하나밖에 없어. 시초에는 주름치마 같은 거 기계를 사다가 비밀로 내실에서 만들어가지고, 그전에는 한 서너 달에 전국에 쫙 퍼트리면은 기계까지 유행시킨다고. 단번에 여기서 유행을 만들어서 맞춘 거야. 결국에는 여성 옷은 여기가 도매가 됐어. 밤 11시부터 새벽 4시까지 성시야. 그런데 전에보다는 속도가 좀 떠요. (옷 스타일도 많이 달라졌나요?) 여성 옷은 이렇게 견본책이 있어가지고, 집집마다 견본책이 있어요.

(더 발전할 걸로 보세요?) 응, 상인들 지주가 더 화합을 해서 개발에 호응하게 되면은, 동서울에서 지하로 들어오게 될 거고, 청계천이 저렇게 되면은 분위기가 좀 달라져요. 자기 노력 여하에요. 정직해야 돼. 추울 때는 좀 놀고, 자기 몸에 맞춰야지. 먹고 사는 거는 다 되어 있는 거야. [전쟁 끝나고] 남대문 시장은 평화 시장보다 늦게 복구가 됐어. 그랬기 때문에 부산으로 피난 갔던 사람들이 평화 시장으로 먼저 형성됐어, 그 다음에 남대문 시장이 시작된 거야. 도매 시장이 평화 시장으로 몰리고 말았어. 그래서 발전이 남대문 시장이 늦어[서] 됐어. 평화 시장이 도매 시장이 되고 말았어. 수복 시초에 남대문 시장이 자리를 늦게 잡아서. 그래서 남대문 시장이 도매 시장이 못 되고 말았어. 그리고 남대문 시장은 화재가 세 번이나 일어났어. 발전상이 그렇게 늦어져 버리더라구. 도매 시장은 평화 시장으로 몰려버리고, 건설도 거기가 빨라지고. 그래서 남대문 시장은 소매 시장으로 되고 말았다고. 시초가. 남대문 시장 건설된 것이 지금 C동, B동, D동, E동 이것이 저기에 구 대도가 있었는데 처음에 시작이 됐어. 속도가 평화 시장보다 늦어졌다고. 역사적으로는 여기가 5백년

김관숙씨는 전쟁 직후 남대문 시장의 복구가 늦어지면서 평화 시장에 주도권을 빼앗기게 되었다고 생각하고 있다.

"남대문 시장이 재개발되지 못하는 게 여기가 지주가 많아. 그게 합동이 잘 안 돼가지고."

역사야. 그런데 여기 지역이 한강을 중심으로 해서 삼치 형상이 돼 있어. 그래서 남대문 시장으로 돈이 쏠리게 돼 있어. 시초는 소비 시장이 됐는데, 그게 점점 더 발전을 해서 남자 옷 도매 시장은 남대문이 기초가 됐지. 평화 시장은 제품 시장으로 변하면서 새로 시장으로 되고. 그리고 남대문 시장이 재개발되지 못하는 게 여기가 지주가 많아. 그게 합동이 잘 안 돼가지고, 실제로 서울시에서 종합시장으로 개조할라고 서울역에서 지하로 들어오게 계획중인데, 그게 먼저는 2007년인가 그랬는데 그게 안 되고 있는 거야.

내집 마련

(남쪽에서 장사하시면서 집은 전세, 아니면 자택을 가지고 계시는지?) [대도 아케이드에서 나올 때 70만 원 정도 받아서] 30만 원에 다이 장만했잖아. 조금 여유[가] 있어서 예금[을] 해서, 신탁 예금 같은 거, 조금씩 불려가지고 처음에는 40만 원짜리 서민아파트를 샀지. 서대문 냉천동[에다가.] 서민 아파트 열한 평 반짜리[였는데.] 그 담에 철거당해서 [이사를 할 수밖에 없었어.] 16년 전[쯤 되었을 거야. 그래도 그거] 팔아서, 그거하고 보태서 융자를 받아서 얻어가지고 20평짜리 아파트 마련했지. 16년 전에 2천 5백에 주택부금 내가지고. (지금은 한 1억 정도 하나요?) 1억 못돼. 땅이 싸서 한 8천 정도, 7, 8천 되겠지. 그거 팔아가지고 딴 데 뭐…. 집 마련하느라고 신경 많이 썼어.

"처음에 마련하려고 할 때는 시화지구, 과천, 천호동 다 돌아다녔지."

서대문구 냉천동에다 처음 장만한 서민 아파트가 철거되면서 지금 사는 중랑구로 이사를 했다.

처음에 마련하려고 할 때는 시화지구, 과천, 천호동 다 돌아다녔지.

(여기 내려오셔가지고 많이 불편하셨죠. 그럼 어디 사셨죠?) 회현동 형님 집에서 한 10년 정도 있었지 (그때 형님은 뭘 했죠?) 장사했지. (어디서요?) 남대문에서. 결국 형이 다이 사준 거야. (그럼 형이 점포 하시고?) 형은 메리야스 했지. 54년부터 형님도 같이 했지. (근데 형님은 가게 마련할 때 돈도 있었는데?) 그때부터 독립이지. 너는 너대로 [나는 나대로 사는 거야.] (그럼 형님이 좌판 하나 마련해 주시고 그냥 그뿐인가요. 그래도 형님이 여기서 가게 할 정도면 돈이 좀, 이북에서 내려오실 때, 뭐 좀 가져오신 거 아닌가요?) 아니 없었지. 평양에서 내려오면서 뭐 이런 것도 팔고 그래서 껌도 팔고 그러면서 비용을 벌어서 내려왔지. 월남할 때, 나하고 따로, 나는 차 타고, 형은 비용 벌어서. 화신[백화점] 옆 농협에서 빵 장사도 하고. 결국은 나는 나대로 벌어먹고 살고, 독립한 거지. 잠은 형님 집에서 자고 [다녔지만 말이야.]

(재혼 후에 신혼살림은 어떻게 하시고요?) 신혼살림 차리면서 형님 집에서 나온 거지. 해방촌에서, 거기서 한 서너 번 이사했어. 거기서 서대문 냉천동[으로 옮겼어.] 해방촌이 워낙 높고 하꼬방 같은데[였어.] 처음에 하꼬방 같은데 세 들어갔다가, 한 몇 번 이사했다가, 거기서는 조그만 집을 하나 샀는데, 이태원 [집], 그걸 팔아서 40만 원 좀 남겨서 11평짜리 아파트를 마련했지. 거기서 한 17년 살았지. 방 둘 있고. 시방 여기 사는 거는 16년[정도 됐어].

(면목동 이십 평짜리에서 16년 정도 사신 거고요?) 그때 전세는 있었지, 사글세는 없었어. 사글세는 수입이 많아야

월남한 형님의 집에서 십년 정도 함께 생활하다가 재혼을 하면서 독립적인 살림을 시작했다.

*"빚 있는 건 못 참아.
적게 벌건 많이 벌건
실력으로 살아남아.
자급자족하는 거지."*

벼텨 나가지 안 그럼 [감당할 수가 없어요.] 이태원 있을 때 닭도 길러 보고 그랬지. 팔기도 하고 잡아먹기도 하고 그랬지. 사료를 용산 있는 데서 사다가 [말이야.] 시장에서 배추, 줄서서 배추 얻어가지고 멕이고 [그랬어.] (이게 60년대네요. 60년대 초반쯤인가요?) 그래. 그 집을 완전히 땅을 불하받아서 시교육위원회 땅이 되었거든. 불하 맡아가지고 2, 3층을 지었으면 되는데, 힘에 겨운 일은 안 해, 실력 없는 거는 말하자면 남에 돈을 꿔 가지고는 안. 시방 장사해도 물건을 사도 외상을 안 해. 살 수 있으면 그걸 사고 돈 없으면 암만 해도 그걸…. 그 주에 외상하는 거 있으면 그 주에 갚고, 빚이 있는 걸 못 참아. 실력으로 살아남아. 빚 있는 건 못 참아. 적게 벌건 많이 벌건 실력으로 살아남아. 자급자족하는 거지.

포항 제철 입사 시도

(근데, 농업학교 나오시고, 제도도 하시고 관리도 하셨는데. 그러면 사실 능력이 있으신 거잖아요. 그때 그 정도 공부하셨으면 엘리트에 속하는 건데.) 장사하면서 포항 제철소 박태준 사장 알지, 거기 [박태준] 형네 아들이 총무과장이 됐어. 그 사람 제철소 들어가서 기본을 만들어주려고 했는데, 고향사람 아니라고 안 된대. 학력 증명서니 뭐니 다 해가도. 같이 있던 사람이 서류 다 해가지고 가도 말하자면 간판주의, 대학 나온 거, 뭐 그런 거로 채용하려고 하지, 기술이고 뭐고 봐주질 않아. (언제?) 70년 초인가. 명동 성당 앞에 포항 제철 사무소서. 취직 안 되면 장사하

학연, 지연의 벽을 실감한 뒤, 머리 복잡한 게 싫어져 포항 제철에 입사하는 것을 포기했다고 한다.

는 거 있으니까. 안 할라면 말고, 머리가 복잡한 거 싫어서 간단한 거로 돌아선 거지. 들어갔댔자 머리나 썼겠지. 중간 중간 무슨 설계 건설하는 데 견적 그런 사람이 종종 와요. (고향사람 아니라고 안 해줘요?) 어쨌든 조카 되는 사람[13]이 이남 사람 아니라고. 학벌주의로다가, 대학 나온 거로 [평가를 하는 모양이야]. (경력사원으로 들어가려고 하신 건가요?) 들어가서 기계 설계하고 도면 관계되는 거 그런 거 정리해 주고 기반을 닦아주고 나올려고 했거든. 다만 5년이든가 10년이든가. 지금까지의 경험으로… 보면 다 알지, 중공업 제철소 관계는 알아요. 냉중에 말야, 머리 복잡한 거는 싫다. 사농공상 고쳐서 마음으로 말야. 말하자면 철학적 생각으로. 무한대여 무한대. 전문적이 아니고 무한대요, 무한대. 무라고 그래요. 빈 달구지 소리가 더 난다구.

(포항 제철 들어가려고 하실 때 어려웠던 점을 좀더 말씀해 주세요. 심정 같은 거를.) 거기 들어가려면 제철소 토대가 안 돼 있을 때란 말이야. 그래서 기술적 토대가 좀 될까 해서 들어갈라고 한 거야. 생활 못해서가 아니야. 명동 성당 앞에 포항 제철소 사무소가 있었어. 총무과장한테 찾아갔지. 친구처럼 다가갔더니 저 사람이 어디서 날 봤길래 저렇게 하냐고, 막 짜증을 부리더라고. 자기는 포항 제철소 총무로 일하는데 보통이 아니다 이거지.

(송림 제철소에 계시던 분들이 많이 내려왔어요?) 못 만났어. 설계하는 사람들은 카메라 가지고 내려 왔는데, 그 사람 알아가지고 춘천에 들어갔댔어. 소양강 있는데. 설계소에 같이 있었던 사람이야. 소양강 입구에 카메라를 해가지고 주민등록 처음 발행할 적에 사진 찍는 게 있는데,

"거기 들어가려면 제철소 토대가 안 돼 있을 때란 말이야. 그래서 기술적 토대가 좀 될까 해서 들어갈라고 한 거야. 생활 못해서가 아니야."

13 당시 포항 제철 박태준 회장의 조카를 가리킨다.

한 주일인가, 두 주일 도와준 적이 있어. 나는 노는 법이 없어. 훈련소 갔다가 와서도 형에게 달라붙어서 장사도 하고, 말하자면 근면정신이지. 처음에는 알지 못하니까 장사 안 할 적에 무슨 물건을 파나 [하고 살피면서] 그냥 돌아댕겨. 53년 화폐개혁 할 적에 집에 형님은 돈을 가지고 있었으니까, 그거 처분을 위해서 트럭을 한 대 사고, 오징어를 사고 해서. 오징어를 영등포에 가서 아침마다 도매로 넘기는 거 한 궤짝에 넣고 다 처분해 줬다고.

믿음으로 사는 길

참고 사는 거야. 이제는 눈물이 말라서 나오지도 않아. 새벽기도회 다니면서 참 많이 울었어. 54년도부터 60년도

▼ 영락교회 주일학교 초등부
11회 졸업식(1957. 4)

까지 많이 울었어. 혼자 있을 때 많이 울었어. 그런데 극동 방송에 남대문 선교회에서 두어 번 나왔어요. 거기서 녹음해가지고 전국에 방송하고. 그리고 시방은 3시간에서 4시간 정도 [하지]. 기도를 한 20분, 25분 정도를 나를 위해서, 세계를 위해서, 우리 같은 사람들을 위해서, 전쟁하는 이라크인들로 해서, 대통령으

▲ 남대문 선교회 사람들과 함께(1987. 6. 9)

로 해서 계속해서 그 사람들을 위해 매일 기도해. 사형수들을 위해서도, 지금까지 10여 년을 쉬지 않고 기도해.

세상의 씨앗으로 아들, 딸 낳는다는 생각만 하지. 세 사람이 다 죽었구나 하는 생각만 하지. 금강산에 만남의 집을 짓고 그래도, 편지 교환을 해가지고 해도, [통일이] 이루어지기를 기도하는 거야. 그렇기 때문에 모든 집회를 아는 데까지는 참가해. 어디서 살든 마음이 불안하지는 않아. 어떻게든 기원하는 게 이루어질 것을 믿어요. (교회는?) 영락교회는 오십 사년부터 [다녔지]. 53년은 영등포 신일학교 근처 교회에 나가다가, 54년부터 영락교회[에 나가.] 중부경찰서 있는데[야.] 어딜 가나 배운 거를 성경, 노인 성경반[에] 65세 이상 [노인들이 모여서] 성서를 뽑아가지고[14] 내가 돈이 없으니까 임원들이 인쇄해서 전도 [하는 거야.] 시장에 나눠주고 [그래].

(이런 저런 일들을 구체적으로 말씀해 주세요?) 올림픽, 월드컵 있었죠. 그거를 우리 장사하면서 복음을 하기 위해서 각국어 프린터가 있어요. 그걸 프린트 해가지고 나눠주고 했다고. 대량은 못했지만, 일본 사람, 미국 사람, 소련 사람, 불란서 사람 [이런 식으로 외국인들에 나눠주는

*"같은 신앙생활을 해도
발전된 신앙을 해야 해.
깨달음이 없는 신앙은
신앙이 아니야."*

14 '좋은 구절을 발췌해 가지고'의 뜻이다.

▲ 영락교회 전단 속에 담긴 구
술자의 사진

"60년도 정도부텀
내가 60세 때부터
침으로 봉사하는 거야.
일흔 다섯까지."

거야. 어쨌든 팜플렛 해가지고 나눠줬어요. 그리고 시장에 선교단체가 있어요. 남대문에 임마누엘 선교회가 있어요. 마흔 다섯 개의 미자력 교회를 도와주는데, 그게 초창기부터 하는데, 내가 재정적으로 도와주지는 못하는데, 상가에서 3년 6개월에 교육을 받으면서 책자를 만들면서 원가로 나눠 주면서, 지금 영락교회 나가지만 54년부터. 53년에는 영등포에 신일교회라고 있었는데, 거기에 1년, 주일학교 다니고, 영락교회로 와서 [교회를] 61년을 다녔어요. 오늘날까지 교회 사업에 봉사한 거지. 그런데, 지금 성구를 선발했어. 한 백 이삼십 명 돼요. 인쇄하는 거 부담을 해가지고 무상으로 이렇게 나눠 줬어요. 복사해서 나눠주고, 그런 사상책이나 하는 게 아니고. 같은 신앙생활을 해도 발전된 신앙[을 해야 해]. 깨달음이 없는 신앙은 신앙이 아니야. 암만오래 다녔어도.

한 62년도에 서울 역전 앞에서 함석헌 씨 강의를 많이 들었어요. 신앙에 도움이 되기 때문에. 신앙 부흥회 있으면 시간 날 때마다 참가를 하는 거야. 먹고 사는 거는 걱정을 안 하는 거야. 왜냐하면 나는 엔지니어였기 때문에 정신이 맑으면 무엇이든지 습득해 나갈 수 있다는 그런 정신이기 때문에, 근면과 정직함. 그런데, 창의성이 부족하다고. 허허허. 이성적인 생활이 뭐냐면은 근면하고, 정직하고, 창의적인 거야. 책을 봐도 처음부터 끝까지 봐야 돼.

보다가 말면 끝이 맺어지지를 않아. 뭐든지 종말을 예쁘게 마쳐야지. (그러면 계속해서 노점 장사하시면서?) 그러면서 전도하는 거지. 60년도 정도부텀 내가 60세 때부터 침으로 봉사하는 거야. 일흔 다섯까지. 지금은 안 해. 그거 아픈 사람 있으면 도와주는 거지, 돈벌기 위해서가 아니라 봉사하는 거지.

세상을 보는 눈

(여기는 50년대 여기 전차 있었잖아요?) 예. 청량리까지 그거 타고 왔어요. 광나루 거거 뚝섬까지. (신길동까지 갔었잖아요?) 한강, 거 타고 가서 한강에 발 담그고 [그랬어]. 청량리 마지막 코스에 내려가지고. 서울시내 버스 코스 제대로 안 되어 있어 가지고 [전차를 많이 이용했어]. 서대문서 회현역까지 오고 그랬지. 50십년대 후반 60년대 초지. 고가도로는 있었거든. 고가도로는 박정희가 60년 중반에 워커힐까지 고속도로식 고가도로 놓은 거지. 거거는 서울 30년사에 기록되어 있어.

(1960년쯤에 4 · 19 있었잖아요?) 그때 사람들이 학생들이 이동성이 많았지, 시장에 시라이가 많았어. 종이 줍고 꼭대기 줍는 사람들이 (그걸 뭐라고 하죠?) 시라이. (시라이라 하나요. 넝마주이 아니고?) 어어 넝마주이. 넝마주이들이 많은데, 광주사건이 있으면서 다 내려가 버렸어. 아니, 아니, 4 · 19 때. 그때부터 다 내려가 버렸어. 5 · 18 때 넝마주이들이 싹 사라졌어. 시방 실직자가 있어서 훔치고 [그런 사람들이 많았어]. (광주로 내려간 게 아니고 삼청

"남쪽에 온 사람들이야 공산당이 싫어서 온 거지."

교육대로 끌려간 거 아세요?) 글씨. 그거는 잡는다 그러는
데, 그거에 대해서는 관념이 없어. 왜 그런고 하니, 아, 정
치 안정이 목적이지. 잡아가는 사람은 해당하는 사람이
당하는 거지, 딴 사람은 당하는 일은 없거든. 자기가 불량
하든가, 무슨 범죄를 했든가, 깡패짓을 했든가, 그런 거 있
었는데, 신발 놓고 파는 거, 이승만 시대에, 이승만 때 좀
있고 그런 거 없어졌어.

(5 · 18 때는 최루탄 쏘고 그랬는데, 장사에 지장이 없었
는지요?) 별로 그때만 그랬지. 데모하는 사람들 마음에 들
지 않았지. 공부나 하지. 결국은 최루탄이 오니까, 눈물나
지. 군중이 말하자면 선동 당해가지고 혼란 가져오는 거
야. (지금도 공산주의 싫어하세요?) 그거야 온 사람들[15]이
야 공산당이 싫어서 온 거지. 말하자면 자본주의 발달하
는 것이 합리적으로 보면 당연할 거라고. 시방 폭동으로
데모한다든가 그런 건 원측 일본 같은 데는 90년대 초에
이미 파업이 사라지고 [그랬잖아. (어르신 생각하시는 거
보면 자본주의하고는 좀 거리가 멀 것 같은데요?) 독일이
나 불란서 같은데 파업하고 그러잖아. 그런 거 같은 사회
제도가 늘 뭐 복지 사업에 재정 들어가고 노무자에게 혜
택 안 돌아가고 그러니까, 혜택 달라고 하는 게지. 공산주
의가 팽창해서 그런 거는 아니지. 벌써 45년에 이미 갈렸
지. 자본주의하고. 그러기 때문에 시방은 정보 시대가 되
어 놔서 텔레비로 해가지고 국경이 없어지고 경계가 없어
져 버렸지.

(노점상 연합회나 이런 데는 가입 안 하셨겠네요?) 그런
거 없지. (장사 하시다가 기억에 남는 손님들 있으셨나
요?) 별로 없는데, 결국엔 상품 매매 할 적에 고가로 하지

15 월남한 사람들을 가리킨다.

않고 저가로 하기 때문에 그렇게 곤란한 건 없었어. 한 번 사가면 그냥 가고, 시방은 안 맞으면 바꿔 가고 그랬지. (옛날에는 한 번 사가면 바꾸러 잘 안 오구요?) 그럼, 옛날 에는 물건이 없으니까. 그런데 요즘은 물건이 많으니까 치수가 안 맞다고 바꾸러 오고. 나는 무조건 바꿔줘요.

평범한 삶의 추구

(장사하시면서 어렵다고 느껴졌을 때는 언제쯤인지 말 씀해 주세요?) 식구들이 없기 때문에, 식생활은 그냥 유지 해 가는 거야. 집사람이 그저 먹을 거 못 먹고, 검소한 생 활 하는 거니까. (그럼, 할아버지 생각에는 그렇게 어려운 생활을 하신 적은 없다고 생각하세요?) 응, 그럼. 없지. 그 냥 생활 유지는 되는 거야. 평범한 생활은 되니까. 돈을 벌 겠다는 투지는 많지 않으니까 돈은 못 벌었지. (장사 하시 면서 제일 많이 팔린 물건이 있을까요?) 그런 게, 없어. 수 량을 많이 해가지고 도매 낼 수 있어야 되는데, 자본이 안 되기 때문에 거저 팔리는 사람 있으면 가져오고 그렇게 했기 때문에, 재고 덜라고 하고 그래서 물품 판매에 욕심 을 안 낸 거야.

(그래도 여기에 할아버님 뵈러 올 때면 사람들이 주로 할아버지께 지퍼 사러 오던데요.) 응, 지퍼가 처음에는 너 덧 집이 있었어요. 여기에. 근데 지금은 다들 나이 많고, 병 들고 죽어서 이제 나 하나만 남은 거야. 혼자만 현재 남았 고. 전에는 제품하는 사람들이 바지 자꾸를 도매로 떼어 가는데 지금은 점점 없어져서 가봉하는, 수리하는 사람들

"평범한 생활은 되니까. 돈을 벌겠다는 투지는 많지 않으니까 돈은 못 벌었지."

▶ 노점을 닫고 있는 김관숙의 모습

"청바지 하는 사람들,
잠바 자꾸 하는 사람
한 40, 50만 원 떼어 먹은
사람들이 있어."

만 이 부근에 있는 사람들이 와서 사 가지. 인천, 수원 그런 이 근처 사람들이 사서 가지. 옛날에는 이런 데 제품 하는 사람들이 2백 개니, 3백 개니 [할 정도로 많았어]. 그리고 청바지 하는 사람들, 잠바 자꾸 하는 사람 한 4, 50만 원 떼어 먹은 사람들이 있어. (떼어 먹고 안 줘요?) 응 안 줘. 그냥 4, 5십만 원 안 주고. 한 3, 4천 개 이상 가져가고 안 줘요. 그렇다고 못 사는 건 아니거든. (지퍼 제일 많이 팔아 본 게 얼마나 되나요?) 글쎄, 없어요. 그 전에는 바지 자꾸 하고, 잠바 자꾸 하고 주로 국산으로. (그래도 지퍼 많이 파신 거네요.) 응, 다른 것보다도 그래도 지퍼[가 많이 나갔지.] 옷 장사는 덜 되고. (장사 하시면서 잘 팔릴 거라고 떼어서 갖다 놨는데, 잘 안 팔린 것. 그런 것 있을 까요?) 그런 것 없어. 계절 바꿔서 돌아가니까. 춘하추동으로 물건을 사서 놓으니까. 겨울 거, 여름 거 이렇게 [준비를 해 놓는 거야.] (그럼 여름에 떼어 놨는데, 다 안 팔렸다 그러면 어떻게 하세요?) 그러면 놔 뒀다가 다음 여름에 팔고 [그러지.] 물건을 많이 안 사니까. (유행 같은 거 있지 않나요?) 유행되는 거 그런 건 없고. (아, 이 종목은요?) 그럼. 평범한 거 작업복으로. 그러니까 품목을 많이 사지 않고. 그때, 그때 구미에 맞춰가지고 사는 거야. (옛날에 할아버지 젊으셨을 때도 그렇게 하셨어요?) 그럼.

[예전에는] 지하[에 있는 점포]가 이런 데 들어가는 거보다는 쌌어요. 넉넉히 아래 들어갈 수가 있었는데, 안 갔어. 공기가 답답해서. 환경에 따라서 위치를 생각해서 하는 거야. 같은 장사라도 그 해에 고무장갑 같은 게 일찌감치 추우면 잘 팔리거든, 늦게 추우면 안 팔려. 저기 한 집이 있었는데, 김장할려고 추우니까 사람들이 다 사간다 이거야. 딴 사람이 그거 보고 고무장갑 갖다 났거든, 근데 안 팔려. 장사는 위치를 생각해야 돼. 결국 상품이 그 시절에 뭐가 유행하는가 하는 거를 책자든지, 신문이든지를 뭐든 들여다봐야 돼. 유통계통을 생각해야 한단 말이지. 암만 상업학교 나왔어도, 유통을 파악 못하면 안 돼. 한 예가 어떤 예가 있냐 하면, 한 물건을 부산에서 가져와가지고, 그걸 처분해야 하겠는데, 한집에 갖다가 썩 먹인단 말이야. 그러면 옆에 집에서도 나도 달라고 그래, 가져 간 사람이 이거밖에 없다고 그러면서, 또 가져오고, 또 가져오고 그러면서 자기 재고를 말이야 단번에 처리했어. (아, 원래는 재고였는데요?) 응, 자기 재고였는데. 상법이 그래. (부산에서 가져온 거라고 그러구요?) 응, 부산에서 가져왔다고, 이것밖에 없다고. 딴 데 가서는 없다고. 그러면 날래 팔리는 거지.

"[예전에는] 지하[에 있는 점포]가 이런 데 들어가는 거보다는 쌌어요. 넉넉히 아래 들어갈 수가 있었는데, 안 갔어. 공기가 답답해서."

50년 동안의 장사에 대한 소감

(노점상 하시면서 쉬는 날도 있고 그러셨어요?) 주일 날 하고 명절 하고. (쉬는 날은 뭐 하세요?) 1년에 10달 벌어서 12달 먹는 거지, 주일이며 명절, 부활절 빼고. 그러니 10달 벌어서 12달 먹는 거지. 여기 나오면은 그래도 교통비는 벌어서 가지. (일 끝나면 뭐 다른 일 하시는 거 없으세요?) 여기 끝나면은 곧장 집에 가. 집에 사람이 들어올 시간이 지나도 안 들어오면 대개 기다리거든. 누구 만날 사람도 특별히 있는 것도 아니고. 집에 가서 이것저것 읽기도 하고. 신문은 안 빼놓고 봐. 뭐 대 놓고 보는 건 아니고, 시장에 나오면 여기 저기 많이 있잖아. 집에서는 신문을 이것저것 돌아가면서 봐. 서비스로 하는 것 있잖아. 요즘은 4·19나 5·18 관계 책을 좀 읽지. 우리 역사를 이해할려면 그 시대를 알아야 되거든.

(50년 가까이 노점장사 하셨잖아요. 장사하신 소감요.) 뭐냐면, 많은 분들이 찾아오시다가 돌아가시고, 한 댓 명이 그렇게 해서 돌아갔어. 여기에 나와서는 사람을 상대하니까, 뭐 정신은 퇴보가 안 돼요. 신앙생활 하고. 시간 있는 대로 독서를 주로 하지. 주일날은 인사동에서 전시품도 봐요. 미술 전시품도 대여섯 군데씩 봐. 더울 때하고 추울 때만 안 가지. 주일날 교회 갔다가 그냥 돌아오는 게 아니고. 그거이 언제부터인고 하니, 64, 5년서부터 쭉 그렇게 [해 왔어]. 미술 전시회, 서예, 동양화, 서양화, 조각 그런 거 구경하고, 전시가 오면은 5, 6천 원 그렇게 해도 돈 주고 보고 [하지]. 시방 조선일보에서 하는 거, 그거는 돈 주고

"1년에 10달 벌어서 12달 먹는 거지, 주일이며 명절, 부활절 빼고. 그러니 10달 벌어서 12달 먹는 거지."

"여기에 나와서는 사람을 상대하니까, 뭐 정신은 퇴보가 안 돼요."

안 들어가. 왜 그런고 하니, 그것도 그냥 구경할 수 있는데, 경제적 여유가 없어가지고. 둘이 들어갈라믄 만 4천 원씩 들잖아. (그게 할아버님 취미생활이시네요.) 응, 집에서는 신문 같은 거 봤다가 그 날짜 이야기 해 줘서, 내가 안 가고 싶어도 운동 겸 [하는 거지]. 집에만 있으면 안 되니까, 운동 겸 [하는 거야]. 집에 사람 말 잘 들어. 허허, 달력 있잖아, 큰 달력, 그거 그냥 버리지 않아. 거기다가 스케치를 하는데, 한 마흔 댓 장 그렸어. 책 보는 대학생, 저녁에 아가씨가 꽃 사가지고 집에 들어가는 거, 아이 가리키는[16] 선상. 그림은 스케치로, 볼펜으로 그리는데, 초등학생 하는 거, 백 원짜리로 색칠하는데, 내 취미니까. 독서하고 글 읽는 거 하고. (어리셨을 때부터, 그림에 재능이 있으셨어요?) 제도 하는 게 13년을 남아 했어요. 어릴 적에 일이삼학년 적에 동화책 있잖아. 서쪽에 문창 있잖아. 문창 있는데 도화지를 갖다 대고 이렇게 뜨는 거야. 꽃병에 꽃 그런 거같이 그리고.

(노점하시기는 더울 때가 더 힘드세요? 추울 때가 더 힘드세요?) 추울 때가 더 힘들지. 겨울에는 영하 7도까지 견뎌냈는데, 70대까지는. 80대 넘어가지고서는 한 3, 4도 이하 되면은 안 나와. 너무 추우면. 시방도 더워서 목이 쉬잖아. (그럼, 여름에 장마철이고 그러면은 그냥 이렇게 비닐 덮고 하시는 거예요?) 응, 그래. 그거는 관계가 없어. 태풍와도 관계가 없어. 비니루를 치고서 하니까, 눈 오는 것도 자꾸 이렇게 털면서 해. 추울 때는 안 나와. 쉬지. 작년까지 휴가를 3일 이상 놀지는 않았는데, 올해는 10일부터 15일까지 주일이 끼겠지만, 그렇게 놀아도 생활에는 지장이 없어. 집은 있으니까. [그런데] 찬 같은 건 제대로 못 먹지.

16 가르치는

여름에는 생선이 부식되기가 쉽고 해서 생선을 안 먹어. 절대로 지장 되는 건 안 먹어. 집에서 간장이나 이런 거 만들어 먹지, 안 사 먹어. 샘표 간장이나 이런 거 안 사먹어. 조미료를 안 사 먹어. 메주를 한두 되 쒀 가지고, 장 맨들어 가지고서. 정월달에 놀 적에 밟아가지고 메주 쑤지. 자루에다가 넣어서, 밟아서 내가 만들지. 허허.

(요즘도 책 많이 읽으세요?) 새로 나온 거는 봐요. (서점에 가는 거 좋아하시고요?) 아니. (책은 어디서?) 신문에 나오면 구해서, 벌써 21세기가 어떻게 되는지. 신문은 아침에 조간신문을 다 읽어 보지. (신문은 어떤 거 보세요?) 돈이 없으니까, 돌아가면서 보지. 얼마쯤 보다가 또 바꾸고. (그럼 책은?) 보겠다고 하면 사서 보지. (그럼 집에 책이 좀 있으세요?) 없지. 시장에 갖다놓고 그러지. 일본어 알어? 이조사 2만 원 갖다 주면 내일이라도 갖다 주지. 대정 14년에 나온 거지. 그거는 복사하는 집에서 돈 주고서 복사해 왔어. (집에 있는 게 복사본이라고요?) 어, 역사 연구하는 사람 있으면 2만 원 주고 [팔 생각이야.] 시방 생활신조는 뭔고 하니 부지런해서 정직하면 사람이 얻어먹진 않는대야. 건강을 유지하는 데, 육신의 건강은 먹는 거 운동하는 거, 정신의 건강은 서적을 많이 보고 수양하고 기독교 영적 생활 이 세 가지가 건강을 유지하는 거지. 시장에 나와도 사 먹질 않아, 꼭 싸갖고 와.

"시방 생활신조는 뭔고 하니 부지런해서 정직하면 사람이 얻어먹진 않는다야."

박현수
영남대학교 문화인류학과 교수, 20세기민중생활사연구단장
서울대학교 문리과대학 인류학 박사
저서:『소도시의 생성과 구조』
    『조선총독부 중추원의 사회문화조사』
    『산체스네 아이들』(번역)

서현정
서울대학교 비교문화연구소 선임연구원
서울대학교 인류학 박사

임경희
영남대학교 인문과학연구소 연구교수
이화여자대학교 정치학 박사
저서:『조선보부상의 풍속』
    『130년을 이어온 우리상인단체, 고령상무사』

김종숭
영남대학교 인문과학연구소 연구교수
영남대학교 영문학 박사
저서:『키이츠의 상상력과 정치』

염철
중앙대학교 인문컨텐츠연구소 연구교수
중앙대학교 문학 박사
저서:『1930년대 문학과 근대체험』(공저)
    『한국 문학권력의 계보』(공저)

20세기 한국민중의 구술자서전 3.상인편 **장삿길, 인생길**

엮은이 박현수
지은이 서현정 · 임경희 · 김종숭 · 염철
펴낸이 고화숙
펴낸곳 도서출판 소화

초판인쇄 2005년 2월 18일
초판발행 2005년 2월 25일

출판등록 제13-412호
150-037 서울시 영등포구 영등포동 94-97
Tel: 2677-5890(代) Fax: 2636-6393
www.sowha.com

ISBN 89-8410-276-8
ISBN 89-8410-273-3(세트)

값 9,000 원